수학·사회·과학 교과서가 **검정 교과서**로 바뀌었어요.
열공 전과목 단원평가로 대비하세요.

✓ 다양한 검정 교과서 자료와 문제

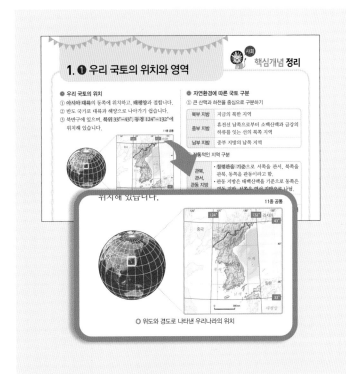

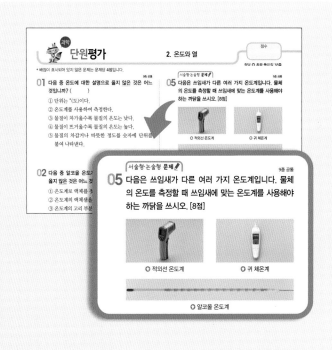

Chunjae
Makes
Chunjae

▼

열공 전과목 단원평가 5-2

편집개발	김동렬, 김현주, 윤순란, 박나현
디자인총괄	김희정
표지디자인	윤순미, 장미
내지디자인	박희춘
제작	황성진, 조규영
발행일	2024년 8월 1일 2판 2024년 8월 1일 1쇄
발행인	(주)천재교육
주소	서울시 금천구 가산로9길 54
신고번호	제2001-000018호
고객센터	1577-0902

전과목

단원 평가

5·2

구성과 특징

" 전과목 단원학습을

국어
- 용어 중심 개념 정리
- 시험에 자주 나오는 제재·지문 선정

수학
- 출제율 높은 대표 유형 문제
- 풀이 과정 중심의 서술형·논술형 문제 수록
- 10종 검정 교과서 주요 개념과 문제

사회
- 풍부한 시각 자료로 이해를 돕는 개념 학습
- 사진, 지도 자료를 활용한 다양한 유형의 문제
- 11종 검정 교과서 주요 개념과 문제

과학
- 꼭 알아야 할 핵심 개념 정리
- 탐구 활동 중심의 서술형·논술형 문제 수록
- 9종 검정 교과서 주요 개념과 문제

"가장 **효과적**으로! "

단원평가 휘어잡기!

1 STEP 핵심개념 정리
각 단원의 핵심만 뽑아 쏙쏙!

2 STEP 쪽지시험
핵심 내용을 쪽지시험으로 바로바로 확인!

3 STEP 단원평가
단원평가를 반복하여 풀면 어떤 유형의 문제라도 척척!

4 STEP 서술형·논술형 문제
서술형·논술형 문제까지 풀면 어려운 문제도 술술!

검정 교과서 완벽 반영했어요!

검정 교과서를 아우르는 다양한 평가 문제

공통 개념과 다양한 검정 교과서 자료

차례

5·2

국어

✏️ 단원별 중요 내용을 알아볼까?

단원명	중요 내용	단원명	중요 내용
1. 마음을 나누며 대화해요 6쪽	공감하며 대화하기 주의를 기울여 듣기 경청하기 **공감 하며 대화하기** 처지를 바꾸어 생각하기 상대의 마음에 공감하며 말해요!	**5. 여러 가지 매체 자료** 26쪽	매체 자료의 특성을 생각하며 읽기 인쇄 매체 자료는 글, 사진, 그림을 살펴보아요. 영상 매체 자료는 소리, 자막, 화면을 살펴보아요. 인터넷 매체 자료는 사진, 그림, 소리, 화면을 모두 살펴보아요.
2. 지식이나 경험을 활용해요 11쪽	지식이나 경험을 활용해 글 읽기 경험 아는 것 농사와 관련 감각한 것 줄다리기에 관한 글 읽기 자신이 아는 내용과 책 내용을 비교하며 읽기	**6. 타당성을 생각하며 토론해요** 31쪽	토론의 절차 주장 펼치기 ➡ 반론 하기 ➡ 주장 다지기 근거 자료의 타당성을 생각하며 토론하기
3. 의견을 조정하며 토의해요 16쪽	의견을 조정하며 토의하기 문제를 파악하고 의견 실천에 필요한 조건을 따져 보자. 1 2 3 4 결과를 예측하고 반응을 살펴볼까?	**7. 중요한 내용을 요약해요** 36쪽	글의 구조에 따라 요약하기 글 글의 구조 파악하기 문단의 중심 내용 간추리기 틀에 내용 정리하기
4. 겪은 일을 써요 21쪽	글쓰기의 과정 ❶ 계획하기 ❷ 내용 생성하기 ❸ 내용 조직하기 ❹ 표현하기 ❺ 고쳐쓰기	**8. 우리말 지킴이** 41쪽	우리말을 바르게 사용하기 비속어 외국어 신조어 ××좋네. 정말 리얼하다. 핵꿀잼이야. 우리말을 잘못 사용한 까닭을 알고 바르게 고쳐 쓰기

1. 마음을 나누며 대화해요

◉ 공감하며 대화해야 하는 까닭
① 상대의 처지를 이해할 수 있기 때문입니다.
② 처지를 바꾸어 생각하면 상대의 마음을 알 수 있기 때문입니다.
③ 상대에게 공감하며 말하면 기분 좋은 대화를 할 수 있기 때문입니다.

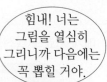

❂ 공감하며 대화하기

◉ 공감하며 대화하는 방법
① 경청하기 → 귀를 기울여 듣기

- 주의를 기울여 집중해서 듣기
- 맞장구치기
- 상대의 말 반복해 주기

② 처지를 바꾸어 생각하기

- 말하는 사람의 처지가 되어 생각하기
- 상대의 처지가 어떻게 다른지 생각하기

③ 공감하며 말하기
- 상대의 기분을 고려해 말하기
- 자신의 잘못은 없는지 생각하며 말하기

◉ 누리 소통망 대화의 좋은 점
■ 누리 소통망: '소셜 네트워크 서비스[SNS]'를 다듬은 말로, 온라인에서 자유롭게 글이나 사진 따위를 올리거나 나누는 것.

① 시간과 공간의 제약이 적습니다.
② 여러 사람에게 동시에 정보나 의견을 전할 수 있습니다.
③ 직접 말하기 어색할 때 누리 소통망 대화로 마음을 전할 수 있습니다. → 부끄럽거나 자연스럽지 않을 때

❂ 직접 말로 하기 서먹하고 어색할 때 누리 소통망으로 마음을 전할 수 있습니다.

◉ 예절을 지키며 누리 소통망에서 대화하기
① 바르고 고운 말을 씁니다.
② 지나친 줄임말을 쓰지 않습니다.
③ 상대가 싫어하는 말을 하지 않습니다.
④ 자신이 할 말만 하고 대화방에서 나가지 않습니다.
⑤ 혼자서 너무 많이 말하지 않도록 합니다.
⑥ 상대가 대화방에 없다고 험담을 하지 않습니다.
⑦ 상대가 대화하고 싶은지 확인하고 말을 걸어야 합니다.

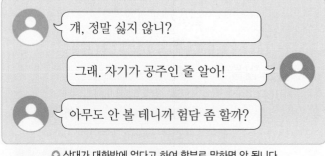
❂ 상대가 대화방에 없다고 하여 함부로 말하면 안 됩니다.

쪽지시험

1 상대의 기분을 배려하며 나누는 대화가 (공감 / 주장)하는 대화입니다.

2 공감하며 대화하려면 (나의 처지 / 상대의 처지)를 먼저 생각하여야 합니다.

3 말하는 사람에게 주의를 기울여 잘 듣는 것을 (조언하기 / 경청하기)라고 합니다.

4 온라인에서 자유롭게 글이나 사진 따위를 주고받는 것을 ☐☐☐☐☐ 대화라고 합니다.

5 누리 소통망에서는 줄임 말을 많이 쓰는 것이 좋습니다. (○ / ×)

* 배점이 표시되어 있지 않은 문제는 문제당 4점입니다.

[01~03] 다음 대화를 읽고 물음에 답하시오.

> **1**
>
> 명준: 지윤아, 너에게 할 말이 있어.
>
> 지윤: ㉠나 지금 바쁜데, 내가 꼭 들어야 하니?
>
> **2**
>
> 명준: 지난번 질서 지키기 그림 대회에서 내가 그린 그림이 뽑히지 않아서 무척 서운했어.
>
> 지윤: ㉡그게 그렇게 중요한 일이니?

01 대화 **1**에서 명준이의 기분은 어떠하겠습니까?

(   )

02 대화 **2**에서 지윤이가 잘못한 점은 무엇입니까?

• 상대의 (   )을/를 생각하지 않고 말했다.

03 공감하는 대화를 하려면 ㉠~㉡ 대신 어떤 말을 하는 것이 좋을지 보기 에서 골라 번호를 쓰시오.

> **보기**
>
> ① 그래서 어쩌라고?
>
> ② 그래? 무슨 일이 있니?
>
> ③ 그랬구나. 정말 서운했겠다.
>
> ④ 다행이다. 내 그림은 뽑혔는데……

(1) ㉠ : (   )

(2) ㉡ : (   )

04 공감하며 대화해야 하는 까닭입니다. 빈칸에 들어갈 알맞은 말을 보기 에서 찾아 쓰시오. [6점]

> **보기**
>
> 주제   처지   즐겁게   빠르게

(1) 대화를 서로 _____ 이어 갈 수 있기 때문이다.

(2) 상대의 _____을/를 이해할 수 있기 때문이다.

05 공감하며 대화하는 방법으로 알맞지 <u>않은</u> 것은 어느 것입니까? (   )

중요!

① 적절하게 맞장구를 치며 듣는다.

② 상대의 기분을 생각하며 말한다.

③ 상대의 말을 집중하여 잘 듣는다.

④ 상대의 처지와 입장에서 생각해 본다.

⑤ 상대의 잘못을 조목조목 따져 가며 말한다.

서술형·논술형 문제✏

06 다음 친구의 처지를 생각해 주는 말을 써 보시오. [8점]

> "청소 구역을 번갈아 가며 바꾸는 것이 어떨까? 나처럼 넓은 구역을 청소하는 학생은 힘든 일을 오랫동안 하게 돼."

_____

_____

07 공감하는 대화를 할 때 경청하는 자세로 알맞으면 ○, 그렇지 않으면 ×표를 하시오.

(1) 고개를 끄덕이며 듣는다. ( )

(2) 맞장구를 쳐 주며 듣는다. ( )

(3) 고개를 숙이고 듣기만 한다. ( )

[08~10] 다음 글을 읽고 물음에 답하시오.

> 엄마께서 놀란 표정으로 물으셨다.
> "현욱아, 혹시 프라이팬도 닦았니?"
> "예. 제가 철 수세미로 문질러 깨끗이 닦았어요."
> "뭐라고? 철 수세미로 문질렀다는 말이니?"
> "예. 수세미로는 잘 닦이지 않아서 철 수세미를 썼어요."
> 엄마는 한숨을 한 번 쉬시고는 다시 웃음을 띠고 말씀하셨다.
> " ㉠ 그렇지만 금속으로 프라이팬 바닥을 긁으면 바닥이 벗겨져서 못 쓰게 된단다."

08 현욱이가 한 실수는 무엇입니까?

• 프라이팬을 ( )(으)로 닦은 것

09 ㉠ 에 들어갈, 현욱이의 처지를 생각한 엄마의 말로 가장 알맞은 것은 어느 것입니까? ( )

① 또 사고를 쳤구나.
② 프라이팬만 망가뜨렸구나.
③ 무엇이든 물어보고 해야지.
④ 왜 시키지도 않은 일을 하니?
⑤ 집안일을 도와주려고 설거지를 열심히 했구나.

서술형·논술형 문제

10 현욱이와 엄마의 공감하는 대화를 완성하시오. [8점]

> 현욱: 죄송해요, 엄마. 집안일을 도와드리려다가 오히려 프라이팬만 망가뜨렸어요.
>
> 엄마: _____
>
> _____

11 누리 소통망 대화의 특성으로 알맞은 것은 어느 것입니까? ( )

① 직접 만나서 나누는 대화이다.
② 상대방의 대답을 받을 수 없다.
③ 주로 말소리로 정보를 전달한다.
④ 비교적 시간과 공간의 제약이 작다.
⑤ 정보를 주고받는 데 항상 오랜 시간이 걸린다.

12 다음 상황과 관련하여 누리 소통망 대화의 좋은 점으로 알맞은 말에 ○표 하시오.

> 말할 기회가 없어서 말을 못 했는데 정말 미안해.

• 직접 말하기가 어색하고 서먹할 때
(얼굴 / 문자 / 말소리)로 마음을 전할 수 있다.

13 누리 소통망 대화에서 지켜야 할 점에 대해 잘못 말한 것은 어느 것입니까? ( )
중요!

① 지나친 줄임 말을 쓰지 않는다.
② 상대가 싫어하는 말을 하지 않는다.
③ 혼자서 너무 많이 말하지 않도록 한다.
④ 자신이 할 말만 하고 대화방에서 나간다.
⑤ 상대가 대화하고 싶은지 확인하고 말을 건다.

서술형·논술형 문제

14 다음 대화 상황과 관련하여 누리 소통망 대화에서 지켜야 할 점은 무엇인지 쓰시오. [8점]

> 개, 정말 싫지 않니?
>
> 응, 아무도 안 볼 테니까 험담 좀 할까?

_____

_____

[15~17] 다음 글을 읽고 물음에 답하시오.

(가) ㉠그때는 일본이 조선을 다스리고 있었어. 일본이 조선 땅을 빼앗았거든. 조선 사람들은 거리로 몰려나와 소리쳤어. 나도 친구들과 거리로 몰려나와 소리쳤어.

"일본은 물러가라!"

"조선 땅에서 물러가라."

(나) 우리 땅에서 또 싸우다 잡히면 죽을 거야. 나는 가족을 떠나 중국으로 가는 배를 탔지. 깜깜한 밤바다, 빼앗긴 내 나라 이제 다시는 못 갈지 몰라. 못 가는 곳이 없던데, 저 비행기란 놈은……

'그래! 진짜로 비행사가 되는 거야. 비행기를 타고 날아가서 일본과 싸우는 거야!'

(다) 중국의 중학교부터 들어갔어. 2년 반 만에 영어와 중국어를 다 배웠지. 중국의 비행 학교를 찾아갔어.

"여자는 들어올 수 없소!"

여자는 날 수 없다네? 중국에서도.

나는 윈난성의 장군 당계요를 찾아갔어.

배 타고 기차 타고 걷고 또 걸어갔어야.

15 ㉠은 어떤 시대를 말합니까? (　　　)

① 한국 전쟁　　　② 일제 강점기
③ 삼국 시대　　　④ 경제 수난기
⑤ 산업 혁명기

16 '내'가 비행사가 되고 싶어 하는 까닭은 무엇입니까?

• 비행사가 되어 (　　　　　　　)과/와 싸우려고

17 글 (다)로 보아 당시의 시대에 대해 바르게 짐작한 것은 어느 것입니까? (　　　)

① 외국인은 학교에 갈 수 없었다.
② 남자는 비행사가 될 수 없었다.
③ 여자는 중학교에 들어갈 수 없었다.
④ 여자는 사회 활동이 자유롭지 못했다.
⑤ 여자는 남자보다 배울 기회가 많았다.

[18~20] 다음 글을 읽고 물음에 답하시오.

(가) 드디어 비행 학교 학생이 되었어. 남학생들과 똑같이 훈련했지. 빙글빙글 어지러움을 견디는 훈련, 비행기를 조종하고 고치는 기술까지 배웠어. 너무 힘들고 위험했어야. 학생들이 많이 떠났지만 나는 하루하루가 행복했어. 내 꿈을 따라서 산다는 게 꿈만 같았거든.

'언젠가 내 나라를 자유롭게 만들 거야. 반드시 저 하늘을 훨훨 날아갈 거야.'

(나) 내 이름은 권기옥. 사람들이 그러지. 처음으로 하늘을 난 우리나라 여자라고.

나는 하늘을 훨훨 날고 싶었어야. 온 세상이 너더러 날 수 없다고 말해도 날고 싶다면 이 세상 끝까지 달려가 보라. 어느 날 니 몸이 훨훨 날아오를 거야. 니 꿈을 좇으며 자유롭게 살게 될 거야.

18 비행 학교에서 '나'의 생활은 어떠하였습니까?
(　　　)

① 도중에 목표를 바꾸었다.
② 여자라는 이유로 존중을 받았다.
③ 훈련이 위험해서 학교를 떠났다.
④ 일본인이라는 이유로 차별을 받았다.
⑤ 남학생들과 똑같이 힘든 훈련을 견뎌 냈다.

19 비행 학교에서 '나'의 하루하루가 행복했던 까닭은 무엇입니까?
(　　　　　　　　　　　)

서술형·논술형 문제 ✎

20 권기옥 선생님이라면 지금 친구들에게 어떤 말을 해 주실지 다음 대화를 완성하시오. [10점]

그 힘든 시기에 비행사가 되어 꿈을 이루셨다니 정말 대단하세요.

고마워요. _____

_____

1 다음 대화에서 밑줄 그은 말을 공감하는 대화에 알맞게 고쳐 쓰시오. [6점]

_____

_____

2 공감하며 대화하는 방법에 맞게 빈칸에 알맞은 대답을 써넣으시오. [6점]

경청하기

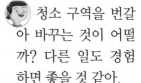 청소 구역을 번갈아 바꾸는 것이 어떨까? 다른 일도 경험하면 좋을 것 같아. | 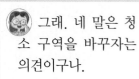 그래. 네 말은 청소 구역을 바꾸자는 의견이구나.

↓

처지를 바꾸어 생각하기

 나처럼 넓은 구역을 청소하는 학생은 힘든 일을 오랫동안 하게 돼. | 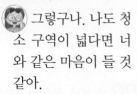 그렇구나. 나도 청소 구역이 넓다면 너와 같은 마음이 들 것 같아.

↓

공감하며 말하기

 그러니까 청소 구역을 자주 바꾸면 좋겠어. |  _____ _____ _____

3 다음 대화를 통해 알 수 있는 누리 소통망 대화의 좋은 점을 쓰시오. [6점]

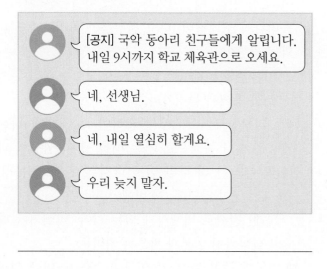

[공지] 국악 동아리 친구들에게 알립니다. 내일 9시까지 학교 체육관으로 오세요.

네, 선생님.

네, 내일 열심히 할게요.

우리 늦지 말자.

_____

_____

4 다음 누리 소통망 대화를 읽고 수영이에게 조언하는 말을 써 보시오. [6점]

▲ 수영 — 너 지금도 졸았지? 정말 게을러.

뭐? 어떻게 그런 말을 할 수가 있어? ▲ 찬호

▲ 수영 — 얼굴 보고 말하는 것이 아니니까 괜찮거든.

누리 소통망 대화를 할 때에는 상대의 얼굴이 보이지 않기 때문에 _____

_____

_____

2. 지식이나 경험을 활용해요

✪ 지식이나 경험을 활용해 글을 읽으면 좋은 점

① 글 내용을 쉽게 이해할 수 있습니다.

② 글 내용에 흥미를 느끼게 됩니다.

③ 글 내용을 깊이 이해할 수 있습니다.

④ 이미 아는 내용과 비교하며 글을 읽을 수 있습니다.

줄다리기를 했던 경험과 비교하며 읽으니까 이해가 쉽구나!

◎ 경험을 떠올리면 쉽게 이해할 수 있어요!

✪ 지식이나 경험을 활용해 글을 읽는 방법

① 글과 관련 있는 내용을 조사합니다.

② 자신이 아는 내용과 책 내용을 비교하며 읽습니다.

③ 글을 읽다가 잘 모르는 내용이 나오면 먼저 관련 있는 지식을 공부합니다.

④ 글을 골라 읽을 때에는 관련 있는 지식이나 경험이 많은 것으로 고릅니다.

> 열로 데워진 공기와 출입구에서 들어오는 바깥의 더운 공기가 지붕의 구멍으로 빠져나가기 때문에 ~ 얼음이 적게 녹는 것이다.
> – 「조선의 냉장고 석빙고」

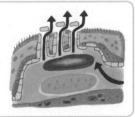

과학 시간에 배운 열의 이동을 떠올리며 읽었어.

더운 공기

차가운 공기

✪ 체험한 일을 떠올리며 감상이 드러나는 글 쓰기

체험 ── 본 것, 들은 것, 겪은 것

감상 ── 생각이나 느낌.

체험을 쓸 때	① 인상 깊은 체험을 중심으로 씁니다. ② 체험한 내용이 잘 드러나게 자세히 풀어 씁니다. ③ 본 것, 들은 것, 한 것 등을 자세히 씁니다.
감상을 쓸 때	① 체험한 일에 대한 생각이나 느낌이 생생하게 전달되도록 씁니다. ② 체험할 때 느낀 감동을 과장하지 말고 느낀 만큼 솔직하게 씁니다. ③ 당시의 생각이나 느낌이 잘 드러나도록 씁니다.

✪ 지식이나 경험을 활용해 함께 글 고치기

① 다른 사람이 쓴 글에 대해 어떻게 고치면 좋을지 함께 말합니다.

② 글 내용에서 보충할 부분을 말합니다.

③ 읽는 사람의 처지에서 이해하기 쉬운 방향으로 말해 줍니다.

④ 글의 목적이 분명한지 살펴보고 말해 줍니다.

⑤ 미리 정한 평가 기준을 생각하며 말합니다.

내용	• 체험한 일을 자세히 풀어 썼는가? • 글 내용이 정확한가? • 어떤 일인지 이해하기 쉬운가?
조직	• 글 내용에 따라 문단을 구분했는가? • 처음, 가운데, 끝으로 나누었는가? • 사실과 의견을 구분해 썼는가?
표현	• 체험한 일을 생생하게 표현했는가? • 정확한 표현을 사용했는가? • 알기 쉬운 표현을 사용했는가?

◎ 평가 기준의 예

점수

쪽지시험

❶ 자신이 실제로 해 보거나 겪은 일을 (지식 / 경험)이라고 합니다.

❷ 지식이나 경험을 활용해 글을 읽으면 글의 내용을 더 쉽게 이해할 수 있습니다. (○ / ×)

❸ 지식이나 경험을 활용할 때에는 아는 내용과 글의 내용을 (비교 / 상상)하며 읽습니다.

❹ 체험한 일에 대해 글을 쓸 때에는 ☐☐ 깊은 체험을 중심으로 씁니다.

❺ 체험에 대한 감상을 쓸 때에는 체험에 대한 느낌을 (과장해서 / 솔직하게) 씁니다.

* 배점이 표시되어 있지 않은 문제는 문제당 4점입니다.

01 다음 빈칸에 공통으로 들어갈 말을 쓰시오.

> • ☐☐ : 자신이 실제로 해 보거나 겪어 봄.
> • 지식이나 ☐☐ 을 활용해 글을 읽으면 더욱 흥미를 가지고 읽을 수 있다.

(   )

[02~03] 다음 글을 읽고 물음에 답하시오.

> 영산 줄다리기는 어른들보다 아이들이 먼저 겨룹니다. 작은 줄을 만들어 어른들이 하는 것처럼 아이들이 경기를 벌이지요. 아이들 줄다리기가 끝나고 어느 편이 이겼다는 소리가 돌면 그제야 장정들이 나섭니다. 장정들은 집집을 돌면서 짚을 모아 마을 사람들과 함께 줄을 만들지요. 음력 정월은 농한기라서 마을 사람이 모두 모여 줄을 만드는 일에만 매달릴 수 있어요.

02 이 글과 관련된 경험은 어느 것입니까? (   )

중요!

① 심부름을 했던 경험   ② 농사일을 했던 경험
③ 피리를 불었던 경험   ④ 줄다리기를 했던 경험
⑤ 숨바꼭질을 했던 경험

서술형·논술형 문제

03 영산 줄다리기를 음력 정월에 하는 까닭을 쓰시오. [10점]

_____

_____

[04~06] 다음 글을 읽고 물음에 답하시오.

> 오랜 세월 동안 농사를 지어 온 우리 조상들의 가장 큰 소망은 풍년이었어요. 농사가 잘되려면 물이 가장 중요하고요. 그런데 우리 조상들은 용이 물을 다스리는 신이라고 생각했답니다. 그래서 용을 닮은 줄을 만들고 흥겹게 줄다리기를 해서 용을 기쁘게 하려고 했어요. 물의 신인 용을 즐겁고 기쁘게 해야 풍년이 들 테니까요.

04 무엇에 대해 설명하였습니까?

• 조상들이 (   )을/를 한 까닭

05 다음 중 이 글에서 말한 조상들의 생각과 관련이 <u>없는</u> 것은 어느 것입니까? (   )

① 용은 물을 다스리는 신이다.
② 용을 기쁘게 하면 풍년이 든다.
③ 가뭄에 제사를 지내면 비가 내린다.
④ 농사가 잘되려면 물이 가장 중요하다.
⑤ 줄다리기를 해서 용을 기쁘게 할 수 있다.

06 자신이 알고 있던 지식을 떠올리며 이 글을 읽은 친구는 누구입니까? [6점]

> 정희: 용에 대한 조상들의 생각이 신기해.
> 주희: 다른 민속놀이에 대해서도 궁금해졌어.
> 소영: 풍물놀이도 풍년을 바라며 해 왔다고 배운 적이 있어.

(   )

[07~08] 다음 글을 읽고 물음에 답하시오.

조선 시대에는 서울 한강 가에 얼음 창고를 만들었는데, 동빙고와 서빙고를 두었다. 동빙고는 왕실의 제사에 쓰일 얼음을 보관했고, 서빙고는 음식 저장용, 식용, 또는 의료용으로 쓸 얼음을 왕실과 고급 관리들에게 공급했다.

07 동빙고에는 무엇에 쓸 얼음을 저장하였습니까? [6점]

(   )

08 이 글에서 알 수 있는 사실은 무엇입니까? (   )

① 조선 시대에는 얼음이 귀했다.
② 조선 시대에 얼음은 화폐로 쓰였다.
③ 조선 시대에는 얼음을 임금만 사용했다.
④ 조선 시대에는 얼음을 쉽게 구할 수 있었다.
⑤ 조선 시대에는 얼음 제조 기술이 발달하였다.

[09~13] 다음 글을 읽고 물음에 답하시오.

석빙고는 온도 변화가 적은 반 지하 구조로 한쪽이 긴 흙무덤 모양이며, 바깥 공기가 들어오지 않도록 출입구의 동쪽은 담으로 막고 지붕에는 구멍을 뚫었다.

지붕은 이중 구조인데 바깥쪽은 열을 효과적으로 막아 주는 진흙으로, 안쪽은 열전달이 잘되는 화강암으로 만들었다. 천장은 반원형으로 기둥 다섯 개에 장대석이 걸쳐 있고, 장대석을 걸친 곳에는 ㉠밖으로 통하는 공기구멍이 세 개가 나 있다. 이 구멍은 아래쪽이 넓고 위쪽은 좁은 직사각형 기둥 모양인데, 이렇게 함으로써 바깥에서 바람이 불 때 빙실 안의 공기가 잘 빠져나온다. ㉡즉, 열로 데워진 공기와 출입구에서 들어오는 바깥의 더운 공기가 지붕의 구멍으로 빠져나가기 때문에 빙실 아래의 찬 공기가 오랫동안 머물 수 있어 얼음이 적게 녹는 것이다.

09 석빙고는 어떤 모양으로 만들었습니까? (   )

① 석탑 모양   ② 흙무덤 모양
③ 원기둥 모양   ④ 직육면체 모양
⑤ 피라미드 모양

10 석빙고의 구조에 대해 바르게 말한 것은 ○, 그렇지 않은 것은 ×표 하시오.

(1) 반 지하 구조이다.   (   )
(2) 출입구가 여러 개이다.   (   )
(3) 지붕에는 구멍이 뚫려 있다.   (   )

11 석빙고의 지붕은 어떤 물질로 만들었는지 쓰시오. [6점]

(1) 안쪽	
(2) 바깥쪽	

12 ㉠이 하는 역할은 무엇입니까? (   )

① 내부에 햇빛을 들여보낸다.
② 내부에 고여 있는 물을 내보낸다.
③ 남아 있는 얼음의 양을 측정한다.
④ 내부에 차가운 공기를 불어넣는다.
⑤ 내부의 더운 공기를 밖으로 내보낸다.

13 ㉡을 이해할 때 가장 도움이 되는 지식은 무엇입니까?
중요!   (   )

① 지구의 공전 현상
② 부피와 무게의 차이
③ 기체에서 열의 이동
④ 해가 동쪽에서 뜨는 까닭
⑤ 밀물과 썰물이 생기는 까닭

14 체험과 감상이 드러나는 글을 쓰는 방법으로 알맞은 것 두 가지를 고르시오. (,   )

① 느꼈던 점을 과장하여 쓴다.
② 나의 성격이 잘 드러나게 쓴다.
③ 생각이나 느낌을 생생하게 쓴다.
④ 인상 깊은 체험을 중심으로 쓴다.
⑤ 체험한 일을 처음부터 끝까지 모두 쓴다.

15 다음 중 체험한 일에 대한 감상은 어느 것입니까?

> ⊙ 상설 전시실 바로 위에는 '한글 놀이터'와 '한글 배움터'가 있었다.
> ⓛ 전통적인 유물과 이를 현대적으로 해석한 현대 작가의 작품을 만날 수 있었다.
> ⓒ 한글을 더 생생하고 자세하게 배우는 소중한 기회를 얻어서 무척 뿌듯했다.

(   )

[16~20] 다음 글을 읽고 물음에 답하시오.

> ㈎ 국립한글박물관을 찾았다. 국립한글박물관은 '한글'로만 기록한 한글 자료와 한글을 활용한 작품들을 전시해 놓은 곳이다. 국립한글박물관은 용산 국립중앙박물관 옆에 있다. 우리 가족은 집 근처에서 지하철을 타고 가서 '박물관 나들길'을 이용해 박물관까지 걸어갔다. 이정표를 따라 걷다 보니 큰 박물관 건물이 눈에 들어왔다.
> ㈏ 처음 ⊙발끝이 닿은 장소는 2층 '한글이 걸어온 길' 상설 전시실이었다. 전시실 이름처럼 '한글이 걸어온 길'을 주제로 마련한 상설 전시실은 총 3부로 구성되었다. 1부 주제는 '새로 스물여덟 자를 만드니'로, 세종 25년 한글이 그 모습을 드러내던 때를 살펴볼 수 있었고, 2부 주제는 '쉽게 익혀서 편히 쓰니'이며, 마지막으로 3부 주제는 '세상에 널리 퍼져 나아가니'이다. 상설 전시실의 이름이 한글의 역사를 잘 말해 주는 것 같았다.

16 어디를 다녀와서 쓴 글입니까?

(   )

17 이 글에 대한 다음 의견에 대해 바르게 말한 것은 어느 것입니까? (   )

> 내 경험으로는 지하철역에서 국립한글박물관까지 걸어가는 길 주변 모습이 인상 깊었다. 이런 부분을 덧붙이면 글이 더 생생하게 느껴질 것이다.

① 글 ㈏에 대한 의견이다.
② 체험 목적을 강조하자는 의견이다.
③ 군더더기 내용을 줄이자는 의견이다.
④ 어려운 표현을 고쳐 쓰자는 의견이다.
⑤ 자신의 경험을 활용하여 보충할 의견을 말하였다.

18 ⊙을 바르게 고쳐 쓴 것은 어느 것입니까? (   )

① 신발이   ② 발길이   ③ 손끝이
④ 바람이   ⑤ 얼굴이

19 상설 전시실의 이름으로 볼 때 다음은 상설 전시실 중 몇 부의 전시 내용이겠습니까? [6점]

> 한글의 원리와 관련하여 한글을 누구나 쉽게 배우고 편하게 쓸 수 있는 까닭을 설명하고 있다.

• 상설 전시실 (   )부의 전시 내용

서술형·논술형 문제

20 다음 평가 기준에 따라 이 글을 평가해 보고, 이 글에서 고칠 점에 대해 의견을 써 보시오. [10점]

내용	생각이나 느낌을 자세히 풀어 썼는가?

_____

_____

국어

1 보기 와 같이 다음 글을 읽을 때 도움이 되는 지식이나 경험을 한 가지만 써 보시오. [6점]

> 아이들 줄다리기가 끝나고 어느 편이 이겼다는 소리가 돌면 그제야 장정들이 나섭니다. 장정들은 집집을 돌면서 짚을 모아 마을 사람들과 함께 줄을 만들지요. 음력 정월은 농한기라서 마을 사람이 모두 모여 줄을 만드는 일에만 매달릴 수 있어요.
> 줄다리기하는 모습을 실제로 본 적이 있나요? 줄다리기에 쓰이는 줄은 엄청나게 굵답니다.

> 보기
> • 짚을 꼬아 줄을 만드는 동영상을 본 일 (경험)
> • 농사일이 바쁘지 않은 시기를 농한기라고 한다. (지식)

_____

_____

2 자료 의 지식을 활용하여 다음 글을 읽을 때, 영산 줄다리기에 대해 알 수 있는 점을 쓰시오. [8점]

> 여기에는 봄기운이 시작되는 정월에 풍년을 기원하고, 줄다리기라는 큰 행사를 치르면서 마을 사람들이 마음을 한데 모아 무사히 한 해 농사를 지으려는 지혜가 담겨 있어요. 영산 줄다리기는 1969년에 국가 무형 문화재로 지정되었답니다.

> 자료
> 국가 무형 문화재 : 탈춤, 판소리와 같이 형태가 없는 문화재 중 중요한 가치가 있다고 판단하여 나라에서 지정하여 보호하는 문화재.

_____

[3~4] 석빙고의 원리를 설명한 다음 글을 읽고 물음에 답하시오.

> 지붕은 이중 구조인데 바깥쪽은 열을 효과적으로 막아 주는 진흙으로, 안쪽은 열전달이 잘되는 화강암으로 만들었다. 천장은 반원형으로 기둥 다섯 개에 장대석이 걸쳐 있고, 장대석을 걸친 곳에는 밖으로 통하는 공기구멍이 세 개가 나 있다. 이 구멍은 아래쪽이 넓고 위쪽은 좁은 직사각형 기둥 모양인데, 이렇게 함으로써 바깥에서 바람이 불 때 빙실 안의 공기가 잘 빠져나온다.

3 석빙고의 지붕을 이중 구조로 만든 까닭과 관련하여 다음 물질은 어떠한 성질이 있는지 쓰시오. [8점]

(1) 진흙 – _____

(2) 화강암 – _____

4 다음 자료 를 활용하여 석빙고에서 얼음을 오랫동안 보관할 수 있는 원리를 설명해 보시오. [8점]

> 자료

> ○ 기체에서 열의 이동

> 주위보다 온도가 높은 기체는 위로 올라가고 온도가 낮은 기체는 아래로 내려오면서 열이 이동한다. 따라서 석빙고 빙실 안의 더운 공기는

_____

_____

_____

3. 의견을 조정하며 토의해요

🌑 의견을 조정해야 하는 까닭

① 의견을 조정하지 않으면 말하는 사람들끼리 갈등이 생깁니다. └→ 다툼이나 갈등을 풀어 합의하는 것

② 문제를 합리적으로 해결하기 위해 의견을 조정해야 합니다.

③ 의견을 조정해야 모두가 받아들일 수 있는 결론을 정할 수 있습니다.

✿ 의견을 조정하지 않으면 말하는 사람들끼리 갈등이 생깁니다.

🌑 토의 과정에서 의견을 조정하는 방법

문제 파악하기	• 해결하려는 문제를 정확히 파악합니다. • 여러 사람의 다양한 의견을 들어 봅니다.

의견 실천에 필요한 조건 따지기	• 자료를 찾아 의견을 뒷받침합니다. • 문제를 해결하기에 적합한 의견인지 생각합니다.

결과 예측하기	• 의견대로 실천했을 때 결과를 생각합니다. • 의견을 실천했을 때 일어날 수 있는 문제점을 예측해 봅니다.

반응 살펴보기	• 어떤 의견을 더 따르고 싶어 하는지 살펴봅니다. • 의견에 대한 토의 참여자의 생각을 듣습니다.

➡ 토의 절차(주제 정하기→의견 마련하기→의견 모으기→의견 정하기) 중 의견을 조정하는 과정은 '의견 모으기' 절차에 해당합니다.

🌑 의견을 조정하는 과정에서 필요한 태도

① 의견과 발언에 집중합니다.

② 해결 방안을 끝까지 알아봅니다.

③ 자신의 생각을 적극적으로 표현합니다.

④ 결정한 의견에 따릅니다.

🌑 자신의 의견을 뒷받침할 자료 찾아 읽기

① 표, 도표, 사진, 책, 신문, 보고서와 같은 자료를 찾아 의견을 뒷받침할 수 있습니다.

자료의 종류	보기 자료	읽기 자료
예	사진, 표, 도표 등	책, 보고서, 설문 조사 등
특징	눈으로 확인하기 쉽다.	글을 읽어야 상세한 정보를 얻을 수 있다.

② 자료에 따른 읽기 방법을 활용해 뒷받침하고 싶은 의견을 찾아 정리합니다.

기사문, 보도문	제목을 중심으로 훑어 읽다가 의견을 뒷받침하는 글을 찾아 자세히 읽는다.
책	차례를 살펴 건너뛰며 읽다가 의견을 뒷받침하는 내용을 찾아 자세히 읽는다.

🌑 찾은 자료를 정리해 알기 쉽게 표현하기

① 중요한 정보를 중심으로 간단하게 요약합니다.

② 사진이나 그림으로 나타냅니다.

③ 차례나 단계 또는 도표를 이용해 나타냅니다.

④ 자료 배치나 글씨 크기를 다르게 해 나타냅니다.

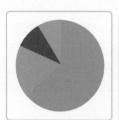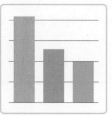

✿ 자료를 도표로 정리하기

쪽지시험

❶ 여러 사람의 의견이 다를 경우 의견을 (조정 / 생략)하는 과정이 필요합니다.

❷ 의견을 조정하는 과정은 토의 절차 중 '의견 ☐☐☐'에 해당합니다.

❸ 의견을 조정하려면 먼저 해결하려는 ☐☐를 정확히 파악해야 합니다.

❹ 의견 조정하기에서 의견에 대한 결과나 문제점을 예측하는 과정은 '결과 ☐☐하기'입니다.

❺ 사진, 표, 도표와 같이 한눈에 이해하기 쉬운 자료를 (보기 / 읽기) 자료라고 합니다.

* 배점이 표시되어 있지 않은 문제는 문제당 **4점**입니다.

[01~03] 다음 토의 상황을 읽고 물음에 답하시오.

> 정호: 날이 갈수록 심해지는 미세 먼지에 어떻게 대처해야 할까요?
>
> 호영: 마스크를 쓰고 생활합니다. 마스크가 몸에 해로운 미세 먼지를 막아 주기 때문입니다.
>
> 수희: 학교 곳곳에 공기 청정기를 설치합니다. 공기 청정기가 공기를 깨끗하게 해 줄 것입니다.
>
> 호영: 공기 청정기가 없는 곳은 어떻게 하나요? 그럼 공기 청정기가 설치된 곳에서만 지내야 하나요?
>
> 수희: 마스크를 쓰는 것은 안 불편한 줄 아십니까? 마스크를 쓰면 답답하고 숨을 쉬기 어렵습니다.

01 토의 주제는 무엇입니까? [6점]

(   )

02 토의 주제에 대해 어떤 의견이 나왔습니까?

(1) (   )을/를 쓰고 생활한다.

(2) (   )을/를 설치한다.

03 토의에 참가하는 호영이와 수희의 자세는 어떠합니까? (   )

① 상대의 의견을 받아들였다.

② 상대의 의견을 존중하였다.

③ 상대의 의견을 비판하기만 했다.

④ 토의에 관심이 없다는 태도를 보였다.

⑤ 자신의 의견을 적극적으로 말하지 않았다.

04 토의에서 의견 조정하기가 필요한 까닭으로 가장 알맞은 것은 어느 것입니까? (   )

① 모두 같은 의견만 내기 때문에

② 토의를 진행하는 사회자가 없기 때문에

③ 합리적인 결론이 필요하지 않기 때문에

④ 여러 의견이 부딪쳐 갈등이 일어나기 때문에

⑤ 항상 다수결로 문제를 해결할 수 있기 때문에

서술형·논술형 문제 ✏

05 다음 토의에서 호영이가 주의할 점을 쓰시오. [10점]

> 수희: 하루 종일 공기 청정기를 켜 놓으면 전기 소모가 많을 수 있습니다.
>
> 호영: 미세 먼지를 걸러야 하는데 그깟 전기가 중요합니까? 정말 뭘 모르시는군요.

_____

_____

06 토의를 진행할 때 다음 상황은 무엇과 관련한 문제인지 보기 에서 골라 기호를 쓰시오. [8점]

> **보기**
>
> ㉠ 토의 진행과 관련한 문제
>
> ㉡ 토의 태도와 관련한 문제
>
> ㉢ 의견 및 근거와 관련한 문제

(1) 상대를 무시하는 말을 한다. (   )

(2) 주제와 관련 없는 의견이 나온다. (   )

(3) 시간이 부족해서 결론을 내기 어렵다. (   )

[07~10] 의견 조정하기 과정을 보고 물음에 답하시오.

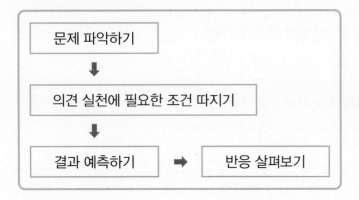

```
문제 파악하기
      ↓
의견 실천에 필요한 조건 따지기
      ↓
결과 예측하기   ⇒   반응 살펴보기
```

07 다음 장면은 의견 조정하기 중 무엇을 나타냅니까?

> 정호: 우리가 토의로 해결하려고 했던 문제는 무엇이었죠?
> 호영: 미세 먼지에 대처하는 방안을 마련하는 것입니다.

(   )

08 근거 자료를 찾아 자신의 의견을 뒷받침하는 것은 의견 조정하기 과정 중 무엇에 해당합니까?

• 의견 실천에 필요한 (   ) 따지기

09 다음은 의견 조정하기 과정 중 무엇입니까?
중요!

> 수희: 제 의견대로 하자면 공기 청정기를 설치하는 데 비용이 많이 들 수 있습니다.
> 호영: 미세 먼지 마스크는 일회용이라 자주 사용하면 쓰레기 문제가 일어날 수 있습니다.

(   )

10 의견을 조정할 때 [반응 살펴보기] 과정에서 하는 일 두 가지를 고르시오. (,   )

① 토의 주제를 결정한다.
② 자료를 찾아 의견을 뒷받침한다.
③ 의견에 대한 토의 참여자의 생각을 묻는다.
④ 의견대로 실천했을 때 문제점을 예측해 본다.
⑤ 어떤 의견을 더 따르고 싶어 하는지 살펴본다.

[11~12] 다음 발표를 보고 물음에 답하시오.

11 ㈎와 ㈏ 중 더 설득력이 있는 발표는 어느 것입니까?

(   )

12 ㈏와 같이 그 내용을 한눈에 확인하기 쉬운 자료를 보기에서 모두 골라 ○표 하시오.

> 보기
> 책   사진   그림   보고서   도표

13 인터넷의 여러 신문 기사에서 필요한 근거 자료를 찾으려면 어떤 방법으로 읽어야 합니까? (   )

① 짧은 기사문만 골라 읽는다.
② 제목을 중심으로 훑어 읽는다.
③ 오래된 신문 기사부터 순서대로 읽는다.
④ 유명한 기자의 신문 기사만 골라 읽는다.
⑤ 처음부터 끝까지 모든 기사문을 자세히 읽는다.

14 의견을 뒷받침하는 근거 자료를 찾기 위해 책을 읽는 방법으로 알맞지 않은 것은 어느 것입니까? (   )

① 차례를 먼저 살펴본다.
② 필요한 내용을 정리하며 읽는다.
③ 무조건 처음부터 끝까지 자세하게 읽는다.
④ 의견을 뒷받침하는 내용은 좀 더 자세히 읽는다.
⑤ 내용을 건너뛰며 읽으면서 뒷받침하는 내용을 찾는다.

15 토의 주제를 정할 때 생각할 점으로 알맞지 <u>않은</u> 것은 어느 것입니까? (   )

① 우리 모두와 관련된 문제인가?
② 해결 방법을 찾을 수 있는 문제인가?
③ 우리가 관심을 가질 수 있는 문제인가?
④ 우리가 변화를 이끌어 낼 수 있는 문제인가?
⑤ 수학 문제처럼 정확한 답이 나오는 문제인가?

[16~17] 다음 글을 읽고 물음에 답하시오.

> 영국의 한 초등학교에서 실시한 건강 달리기 프로그램이 성공을 거두어 큰 관심을 끌고 있다. 이 학교는 날마다 적절한 시간을 정해 1.6킬로미터를 달리게 하고 있다. 학생들을 관찰한 □□대학의 ○○박사는 "이 학교의 학생들에게는 비만 문제가 보이지 않는다."라고 했다.
> 미국 일리노이주의 한 학교 역시 건강 달리기로 하루를 시작한다. 이 학교의 학생들은 건강은 물론 집중력도 향상되었고, 우울증과 불안감은 줄어들었다고 한다.

16 위 자료를 바탕으로 주장할 수 있는 의견은 무엇입니까? (   )

① 미국은 아동 비만이 적다.
② 달리기를 너무 하면 건강을 해칠 수 있다.
③ 달리기로 아동 비만 문제를 해결할 수 있다.
④ 과도한 학습은 비만 문제를 일으킬 수 있다.
⑤ 우리나라보다 영국의 비만 문제가 심각하다.

17 위 자료의 내용을 다음과 같이 정리할 때 빈칸에 알맞은 말을 써넣으시오. [6점]

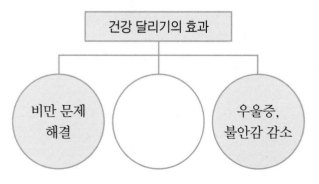

[18~20] 다음 문제 상황을 읽고 물음에 답하시오.

> • 운동장을 이용하는 학생 수가 많다.
> • 운동장에서 학생끼리 서로 부딪치는 안전사고가 많이 일어난다.

<u>서술형·논술형 문제</u> ✏

18 위 문제 상황을 해결할 수 있는 의견을 써 보시오. [10점]

_____

_____

19 다음 의견에 대한 [결과 예측하기]로 알맞지 <u>않은</u> 것은 어느 것입니까? (   )

> 몸집이 큰 5, 6학년 학생들은 운동장을 사용하지 말고 실내 체육관만 이용하자.

① 실내 체육관이 좁아 안전사고가 늘어날 수 있다.
② 5, 6학년 학생들은 더 조용한 분위기에서 수업할 수 있을 것이다.
③ 운동장에서 뛰어놀고 싶은 5, 6학년 학생들에게 불만이 생길 수 있다.
④ 실내 체육관을 이용할 수 없는 다른 학년 학생들에게도 불만이 생길 수 있다.
⑤ 실내 체육관에서 할 수 있는 운동이 많지 않아 만족스럽지 않을 것이다.

20 위 문제 상황에 대한 다음 의견을 뒷받침할 수 있는 자료는 무엇입니까? (   )
중요!

> 하루 중 운동장을 이용할 수 있는 시간을 학년별로 나누어 사용하자.

① 학교 앞 도로가 좁다는 자료
② 운동장이 다른 학교에 비해 넓다는 자료
③ 주로 남학생이 운동장을 이용한다는 자료
④ 운동 기구가 다른 학교보다 부족하다는 자료
⑤ 학년별로 운동장을 주로 이용하는 시간대가 다르다는 자료

서술형·논술형 문제

정답 ➲ 꼼꼼 풀이집 4쪽

1 다음 상황과 관련하여 토의에서 의견 조정하기가 필요한 까닭을 쓰시오. [6점]

_____

_____

2 토의에서 의견 조정하기를 하고 있습니다. 다음 사회자의 말에 따라 밑줄 그은 의견에 대해 [결과 예측하기]를 해 보시오. [8점]

미세 먼지에 대처하는 방안으로 곳곳에 공기 청정기를 설치하자는 의견에 대해, 이 의견대로 실천했을 때 일어날 문제점을 예측해 봅시다.

_____

_____

3 다음과 같은 상황에서 미정이가 신문 기사를 어떻게 읽으면 효과적일지 쓰시오. [6점]

의견을 뒷받침할 자료를 찾아야 하는데 관련 기사가 정말 많구나! 이 많은 것을 언제 다 보지?

_____

_____

4 다음 의견 조정 과정을 읽고, '자율 배식을 하자'라는 의견을 어떻게 조정할 수 있을지 써 보시오. [10점]

의견: 자율 배식을 하자.

⬇

결과 예측하기	먹기 싫은 음식을 가져가지 않아서 남는 음식이 오히려 더 많아질 것이다.

⬇

반응 살펴보기	자율 배식은 오히려 먹지 않고 남기는 음식이 늘어나는 문제를 불러올 것이다.

⬇

조정한 의견 : _____

_____

_____

4. 겪은 일을 써요

● 글쓰기의 과정

① 계획하기	글 쓸 준비를 하는 단계
② 내용 생성하기	쓸 내용을 떠올리는 단계
③ 내용 조직하기	쓸 내용을 나누는 단계
④ 표현하기	직접 글을 쓰는 단계
⑤ 고쳐쓰기	글을 고치는 단계

● 문장 성분의 호응 관계

① 문장 성분의 호응 관계의 종류를 알고 문장 성분의 호응이 이루어지도록 문장을 씁니다.

주어와 서술어의 호응	예 우리가 환경을 보호해야 하는 까닭은 환경 파괴의 피해가 결국 우리에게 돌아오는 것이라고 생각한다. 돌아오기 때문이다
시간을 나타내는 말과 서술어의 호응	예 어제저녁 우리 가족은 함께 동네 공원으로 산책을 나간다. 나갔다
높임의 대상을 나타내는 말과 서술어의 호응	예 할아버지는 밥을 다 먹고 또 일하러 나가셨다. 할아버지께서는 진지를 다 잡수시고

② 호응하는 서술어가 따로 있는 낱말을 주의해서 씁니다.

결코	예 나는 친구가 거짓말을 한 것이 결코 바른 행동이라고 생각한다. 생각하지 않는다
전혀	예 선생님 말씀은 전혀 들어 본 내용이었다. 보지 못한
별로	예 나는 책 읽기를 별로 좋아하는 편이다. 좋아하지 않는

└→ '-지 않다', '-지 못하다'와 같은 부정적인 서술어와 호응함.

● 겪은 일이 드러나게 글 쓰기

① 글쓰기 계획하기	• 글을 쓰는 목적, 읽는 사람, 글의 주제, 글의 종류 따위를 정합니다. └→ 자신이 글로 나타내고 싶은 생각
② 글 내용 생성하기	• 자신이 글로 쓰고 싶은 일이나 생각을 생각그물로 정리합니다. • 어떤 글감으로 글을 쓸지 정합니다. └→ 경험과 같이 글을 쓰는 재료가 되는 것
③ 글 내용 조직하기	• 처음-가운데-끝으로 나누어 일어난 일을 정리하거나 생각 또는 느낌의 변화를 쓸 수 있습니다.
④ 겪은 일이 드러나게 글 쓰기	• 글머리를 어떻게 시작할지 생각해 봅니다. └→ 글을 시작하는 첫 부분 • 자신의 생각을 확인하며 글을 씁니다.
⑤ 쓴 글 고쳐 쓰기	• 글의 내용, 조직, 표현 등이 적절한지 살펴보고 글을 고쳐 씁니다.

● 매체를 활용해 겪은 일이 드러나는 글 쓰기

① 의견을 주고받기 편리한 매체를 정합니다.
② 매체를 활용할 때의 주의할 점을 알고 글을 씁니다.

| 주의할 점 | • 읽기 쉽게 글자 크기와 줄 간격 등을 조정합니다. • 저작권을 침해하지 않습니다. |

③ 매체를 활용해 쓴 글에 대한 의견을 주고받습니다.
④ 주고받은 의견을 바탕으로 글을 고쳐 씁니다.

매체를 활용하니 의견을 쉽게 주고받을 수 있구나.

글을 고치기 편리해.

여러 사람이 동시에 읽고 의견을 쓸 수 있어.

쪽지시험

❶ 글쓰기 과정 중 '내용 ▢▢하기' 단계에서는 쓸 내용을 떠올립니다.

❷ 고쳐쓰기 단계에서 문장 성분의 (호응 / 길이)이/가 바르지 않은 부분은 없는지 살펴봅니다.

❸ '결코'는 '(-이다 / -지 않다)'와 같은 서술어와 호응합니다.

❹ ▢▢는 자신이 글로 나타내고 싶은 생각을 말합니다.

❺ ▢▢은 경험과 같이 글을 쓰는 재료가 되는 것을 말합니다.

* 배점이 표시되어 있지 않은 문제는 문제당 4점입니다.

[01~03] 다음 글을 읽고 물음에 답하시오.

> ㈎ 아버지께서 눈을 크게 뜨며
> "진윤서, 너 왜 동생 울려?"
> 하고 큰소리를 내셨다. 나한테만 뭐라고 하시는 아버지를 이해할 수 없었다. 나는 화가 나서 울며 내 방으로 들어가 침대에 누웠다.
> ㈏ "누나……, 미안."
> 용준이가 씩 웃으며 나를 쳐다보았다. 웃음이 나오려는 것을 참고 아버지 쪽으로 얼굴을 돌렸는데 아버지께서 손으로 하트 모양을 만들고 계셨다. ㉠그만 웃음이 피식 웃어 버렸다.

01 윤서가 겪은 일로 알맞지 <u>않은</u> 것에 ×표 하시오.

(1) 아버지께 화가 났다. ( )

(2) 동생이 사과했는데도 마음이 풀리지 않았다.
( )

02 ㉠을 문장 성분의 호응이 바르게 고쳐 쓰시오. [6점]

( )

03 다음 윤서의 생각을 보고 글쓰기 과정의 어느 단계에 해당하는지 ○표 하시오.

> '문장 성분의 호응이 바르지 않은 부분은 없는지 살펴봐야지.'

(1) 내용 조직하기 ( )

(2) 고쳐쓰기 ( )

04 문장 성분의 호응이 바르게 글을 써야 하는 까닭을 알맞게 말한 친구는 누구입니까?

> 시우: 글을 길게 쓸 수 있기 때문이야.
> 세연: 문장의 뜻을 바르게 이해할 수 있어서야.

( )

[05~06] 다음 문장을 읽고 물음에 답하시오.

> ㈎ 우리가 환경을 보호해야 하는 까닭은 환경 파괴의 피해가 결국 우리에게 <u>돌아오는 것이라고 생각한다.</u>
> ㈏ 할아버지는 얼른 밥을 다 먹고 또 일하러 나가셨다.
> ㈐ 어제저녁 우리 가족은 함께 동네 공원으로 산책을 <u>나간다.</u>

05 ㈎의 문장이 바르지 않은 까닭을 쓰시오.

• 주어와 ( )의 호응 관계가 바르지 않아서이다.

서술형·논술형 문제✐

06 ㈎~㈐의 밑줄 그은 부분을 바르게 고쳐 쓰시오. [15점]

• ㈎: _____

• ㈏: _____

• ㈐: _____

[07~09] 다음 문장을 읽고 물음에 답하시오.

㉮ 나는 친구가 거짓말을 한 것이 결코 바른 행동이라고 생각한다.

㉯ 선생님 말씀은 전혀 들어 본 내용이었다.

㉰ 나는 책 읽기를 별로 좋아하는 편이다.

07 ㉮~㉰의 문장이 잘못된 까닭입니다. (   ) 안에 알맞은 낱말을 문장 ㉰에서 찾아 써넣으시오. [5점]

'결코, 전혀, (   )'와 같은 낱말과 서술어가 어울리지 않기 때문이다.

08 ㉮~㉰의 문장을 잘못 고친 것에 ×표 하시오.

(1) ㉮ 나는 친구가 거짓말을 한 것이 결코 바른 행동이 아니라고 생각한다.   (   )

(2) ㉯ 선생님 말씀은 전혀 들어 본 적이 있던 내용이었다.   (   )

(3) ㉰ 나는 책 읽기를 별로 좋아하지 않는 편이다.   (   )

09 ㉮~㉰와 같이 호응하는 서술어가 따로 있는 낱말을 세 가지 고르시오. (,   ,   )

① 여간   ② 함께   ③ 많이
④ 도저히   ⑤ 그다지

[10~13] 다음 문장을 읽고 물음에 답하시오.

(1) 내가 이번 대회에 참가하면서 느낀 점은 어떤 일에 도전하고 그 목표를 성취하고자 노력하는 순간들도 소중하다는 것을 느꼈다.

(2) 평소 은주는 바른 말을 쓰고 친구들을 잘 이해하는 친구였기 때문에 나는 결코 그것이 은주가 한 행동이라고 생각했다.

(3) 선생님께서 이번 시험 문제가 쉽다고 말씀하셨는데 전혀 쉬워서 친구들이 모두 놀랐다.

(4) 그림책은 어린아이들이나 읽는 것이라고 생각해서 평소에 별로 읽는 편이다.

10 문장 (1)에서 밑줄 그은 부분을 바르게 고친 것은 무엇입니까? (   )

① 소중하다
② 소중하다는 것이다
③ 소중하다고 생각했다
④ 소중하다는 것이 느꼈다
⑤ 소중하다는 것을 느꼈기 때문이다

11 문장 (2)에서 밑줄 그은 부분을 고쳐 쓰시오. [5점]

(   )

12 문장 (3)에서 밑줄 그은 부분이 바르지 않은 까닭을 알맞게 말한 친구의 이름을 쓰시오.

예슬: '전혀'는 현재를 나타내는 서술어와 호응하기 때문이야.
도현: '전혀'는 '-지 않다', '-지 못하다'와 같은 서술어와 호응하기 때문이야.

(   )

13 문장 (4)에서 밑줄 그은 부분을 바르게 고친 것은 무엇입니까? (   )

① 별로 읽는다
② 별로 종종 읽는다
③ 별로 읽기도 한다
④ 별로 읽은 적이 있다
⑤ 별로 읽지 않는 편이다

14 겪은 일을 바탕으로 글을 쓸 때 글감으로 가장 알맞은 것은 무엇입니까? (   )

① 누구나 경험할 만한 것
② 주제가 잘 드러나지 않는 것
③ 내용을 자세히 풀어 쓸 수 없는 것
④ 글을 읽는 사람이 흥미를 느낄 만한 것
⑤ 장소나 등장인물의 변화가 너무 많은 것

[15~17] 다음은 겪은 일이 드러나게 글을 쓸 때 글머리를 시작하는 여러 가지 방법입니다. 물음에 답하시오.

방법	글머리의 예
㉠	하늘에서 물을 바가지로 퍼붓는 듯 비가 내리는 날이었다.
대화 글로 시작하기	㉡
속담이나 격언으로 시작하기	㉢

15 ㉠에 알맞은 방법은 무엇입니까? (   )

① 날씨 표현으로 시작하기
② 인물 설명으로 시작하기
③ 관계 설명으로 시작하기
④ 의성어나 의태어로 시작하기
⑤ 자신의 주장을 펼치는 말로 시작하기

16 ㉡에 알맞은 글머리는 무엇입니까? (   )

① "괜찮아."
   드디어 유나가 입을 열었다.

② 키가 작고 눈이 동그란 그 친구는 항상 웃는 아이였다.

③ 나는 적은 돈이라도 꾸준히 저축해야 한다고 생각한다.

④ 꼼지락꼼지락, 희조는 이불 속에서 나올 생각을 안 한다.

⑤ 10월의 어느 날, 드디어 반 대항 축구 대회가 열리는 날이었다.

서술형·논술형 문제✍

17 ㉢에 알맞은 글머리의 예를 쓰시오. [9점]

_____

_____

[18~20] 매체를 활용해 겪은 일이 드러나는 글을 쓰는 과정입니다. 물음에 답하시오.

1단계	활용할 매체 정하기
2단계	매체를 활용할 때 주의할 점 알기
3단계	매체를 활용해 글 쓰기
4단계	의견 주고받기
5단계	고쳐쓰기

18 각 단계에서 생각해야 할 점을 선으로 이으시오.

(1) 1단계 •   • ① 긴 글을 쉽게 올리고 반 학생이 모두 사용할 수 있어야 한다.

(2) 3단계 •   • ② 친구 의견에서 반영할 부분을 생각하며 처음 썼던 글보다 좋아지도록 한다.

(3) 5단계 •   • ③ 글을 쓸 때 생각해야 할 점을 떠올리며 읽는 사람이 쉽게 읽을 수 있도록 쓴다.

19 매체를 활용할 때 주의할 점으로 알맞은 것은 무엇입니까? (   )

① 잘못된 내용을 쓰지 않는다.
② 비속어나 줄임 말을 많이 쓴다.
③ 누가 쓴 글인지 알지 못하게 쓴다.
④ 자료를 활용할 때에는 출처를 밝히지 않는다.
⑤ 얼굴이 보이지 않으므로 예의를 갖추지 않는다.

20 친구가 쓴 글을 살펴볼 때 생각할 점으로 알맞지 <u>않은</u> 것은 무엇입니까? (   )

① 낱말 사용이 적절한가?
② 글의 내용 전개가 적절한가?
③ 글의 주제가 잘 드러났는가?
④ 글의 구조가 분명하게 드러났는가?
⑤ 제목이 글 내용을 짐작할 수 없게 하는가?

[1~2] 다음 글을 읽고 물음에 답하시오.

아버지께서 눈을 크게 뜨며
"진윤서, 너 왜 동생 울려?"
하고 큰소리를 내셨다. 나한테만 뭐라고 하시는 아버지를 이해할 수 없었다. 나는 화가 나서 울며 내 방으로 들어가 침대에 누웠다.
'쳇, 나한테만 뭐라고 하고……'
용준이가 문을 똑똑 두드렸다.
"누나야, 문 열어 봐."
"싫어."
나는 앞으로 용준이와 놀아 주지 않겠다고 다짐했다. 한참 있다가 어머니께서 오셨다. 문을 열어 보라고 하시는데 어머니의 목소리가 ㉠별로 좋아 보였다. 나는 혼이 날까 봐 살짝 문을 열었다.
"윤서야, 너 좋아하는 연속극 해."
"일기 쓸래요."
그때 안방에서 ㉡아버지가 불렀다.
"윤서야, 이리 와 봐."
나는 입을 쭉 내밀고 절대 앉기 싫다는 표정으로 아버지 옆에 앉았다.

1 ㉠을 바르게 고쳐 쓰시오. [6점]

(   )

2 ㉡이 바르지 않은 까닭에 대해 대화를 주고받고 있습니다. (   ) 안에 알맞은 문장을 써넣으시오. [6점]

밑줄 그은 문장은 높임의 대상에 따른 서술어가 잘못되었어.

맞아. 그래서 밑줄 그은 문장은
'(   ).'
라고 고쳐 써야 해.

3 다음 낱말을 넣어 [보기]와 같이 짧은 글을 지어 쓰시오. [6점]

낱말	짧은 글
여간	[보기] 그 숙제를 해내는 일은 여간 어려운 일이 아니다.
도저히	

4 [보기]와 같이 밑줄 그은 곳에 알맞은 말을 넣어 문장을 완성해 보시오. [10점]

[보기]
나는 게임하는 것을 별로 좋아하지 않는다.

• 나는 ① _____

(이)라고 생각한다. 그 까닭은 ② _____

_____

5 다음은 글을 어떻게 쓸지 생각하며 글 내용을 조직한 것입니다. 빈칸에 알맞은 내용을 써넣으시오. [10점]

부분	들어갈 내용	
처음	어머니의 한숨	어머니께서 명절 준비 때문에 힘들어하심.
가운데	지난 설 명절을 힘들게 준비하시는 어머니의 모습	명절에 대한 부모님과의 대화 – 진정한 명절의 의미와 가족들의 도움이 필요함.
	달라진 우리 집 추석의 모습	
끝	생각이 달라진 까닭	명절을 지내는 마음

5. 여러 가지 매체 자료

여러 가지 매체 자료
어떤 사실을 널리 전달하는 물체나 수단

매체	종류	정보 전달 방법
인쇄 매체 자료	잡지, 신문 등	글, 그림, 사진을 사용합니다.
영상 매체 자료	영화, 연속극 등	소리, 자막 등 여러 가지 연출 방법을 사용합니다.
인터넷 매체 자료	문자 메시지, 누리 소통망[SNS] 등	인쇄 매체 자료와 영상 매체 자료에서 사용하는 방식을 모두 사용합니다.

매체 자료의 특성을 생각하며 알맞은 방법으로 읽기
① 인쇄 매체 자료는 글과 그림과 사진이 주는 시각 정보를 잘 살펴보는 것이 좋습니다.
② 영상 매체 자료는 화면 구성을 잘 살피고 소리에 담긴 정보도 탐색해야 합니다.
③ 인터넷 매체 자료는 글과 그림과 사진이 주는 시각 정보를 잘 살펴볼 뿐만 아니라 화면 구성과 소리에 담긴 정보도 탐색해야 합니다.

例 매체 자료의 특성을 생각하며 「허준」 보기

장면	표현 방법
	인물이 주위를 두리번거리는 모습을 가까이 보여 준다.

➡ 무엇인가 이상한 낌새를 느끼는 상황을 표현하려고 허준이 주위를 두리번거리는 모습을 가까이 보여 주었습니다.

매체 자료의 특성을 생각하며 이야기를 읽고 현실 세계와 비교하기
① 매체 자료에 맞는 읽기 방법을 생각하며 이야기를 읽습니다.
② 이야기의 등장인물과 비슷한 경험을 떠올려 봅니다.
③ 등장인물의 말과 행동에 대하여 생각해 봅니다.

例 「마녀사냥」을 읽고 현실 세계와 비교하기

증거　거짓말　거짓 정보
사생활
신상 털기
비난, 비방

나도 인터넷에서 누군가를 비난하는 글을 본 적이 있어.

◎ 인터넷 카페에 올라온 거짓 정보에 대해 진실 싸움이 벌어졌습니다.

알리고 싶은 인물 소개하기
① 친구들에게 알리고 싶은 인물을 생각해 봅니다.
② 매체 자료를 활용하여 다른 사람에게 알리고 싶은 인물을 조사합니다.
③ 조사한 내용에서 필요한 부분을 찾아봅니다.
④ 친구들에게 알리고 싶은 인물을 발표해 봅니다.

例 알리고 싶은 인물에 대해 조사하기

만화 영화 주인공을 알아보려면 만화 영화를 감상해 봐야지.

해외에서 독립운동을 하신 분들을 소개한 책을 읽어 봐야겠다.

작가를 소개한 자료를 인터넷으로 조사해 보겠어.

쪽지시험

❶ ☐☐ 매체 자료에는 잡지, 신문 등이 있습니다.

❷ 영상 매체 자료는 동영상, ☐☐, 자막 등 여러 가지 연출 방법을 사용합니다.

❸ 인터넷 매체 자료는 인쇄 매체 자료와 영상 매체 자료의 정보 전달 방식을 모두 사용합니다. (○ / ×)

❹ 인쇄 매체 자료는 (시각 / 청각) 정보를 잘 살펴보는 것이 좋습니다.

❺ 이야기를 읽고 현실 세계와 비교할 때에는 비슷한 ☐☐ 을 떠올려 봅니다.

* 배점이 표시되어 있지 않은 문제는 문제당 4점입니다.

[01~03] 다음 그림을 보고 물음에 답하시오.

01 ㈎의 내용을 잘 이해하려면 어떤 부분을 집중해서 살펴야 하는지 두 가지 고르시오. (,)

① 글　　　② 음악　　　③ 사진
④ 음성　　　⑤ 동영상

02 ㈏에 대한 설명으로 알맞지 <u>않은</u> 것에 ×표 하시오. [6점]

중요!

(1) 영상 매체 자료에 해당한다. ( )
(2) 글과 그림 등의 시각 정보만 사용한다. ( )
(3) 소리, 자막 등의 연출 방법을 사용한다. ( )

서술형·논술형 문제 ✎

03 ㈏의 매체 자료를 만든 사람은 보는 사람의 관심을 끌려고 어떤 방법을 사용했을지 쓰시오. [10점]

_____

_____

[04~06] 다음 그림을 보고 물음에 답하시오.

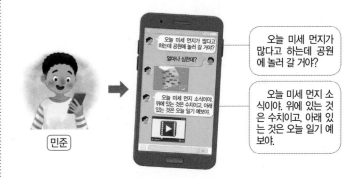

04 그림에서 민준이가 사용한 매체 자료와 성격이 비슷한 것은 어느 것입니까? ( )

① 잡지　　　② 영화　　　③ 신문
④ 연속극　　　⑤ 누리 소통망

05 친구는 민준이에게 어떤 정보를 전달해 주었습니까?

(1) ( ) 수치와 관련된 사진
(2) ( )에 관한 동영상

06 민준이가 사용한 매체 자료를 이용할 때 주의할 점을 알맞게 말한 사람은 누구입니까? [6점]

희재: 문자만으로 내용을 전달하는 것이 더 좋아.
진영: 시각 정보와 소리에 담긴 정보를 잘 탐색해야 해.
아윤: 알려 주는 대상이 잘 드러나지 않도록 하는 것이 좋아.

( )

[07~10] 다음을 보고 물음에 답하시오.

❶ 아픈 사람들이 허준에게 치료받기 위해 길게 줄을 섬.

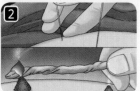

❷ 허준은 밤이 새도록 환자들을 치료하여 줌.

❸ 정신을 차려야 한다. 여기서 무너지면 안 돼.

허준은 여기서 무너지면 안 된다고 다짐함.

07 이와 같은 연속극은 어떤 매체 자료에 해당합니까?

(   )

08 장면 ❷에서 치료 장면을 연달아 보여 주는 것은 어떤 상황을 나타낸 것인지 ○표 하시오.

(1) 허준이 밤새 환자들을 치료하는 상황 (   )

(2) 허준이 환자를 치료하다 실수한 상황 (   )

(3) 허준이 의학 공부를 열심히 하는 상황 (   )

09 장면 ❷에는 어떤 느낌의 배경 음악이 어울리겠습니까? (   )

① 비장한 느낌 ② 신나는 느낌 ③ 즐거운 느낌

④ 불안한 느낌 ⑤ 평화로운 느낌

10 장면 ❸에 대하여 알맞게 말한 사람은 누구입니까? [6점]

중요!

연태: 배경을 넓게 보여 주어 허준의 마음을 표현했어.

지민: 인물의 속마음을 그대로 들려주어 허준의 생각을 표현했어.

(   )

[11~13] 다음을 보고 물음에 답하시오.

❶ 유도지는 아버지와 사이가 나쁜 벼슬아치들에게 뇌물을 줌.

❷ 과거 시험에서 아버지를 생각하지 말고 자신의 실력만 보아 달라고 부탁함.

❸ 뇌물을 받은 벼슬아치는 놀란 표정으로 유도지를 봄.

11 어떤 상황이 나타나 있습니까? (   )

① 유도지가 아버지와 다투었다.

② 유도지가 벼슬아치를 벌하였다.

③ 유도지가 과거 시험에서 떨어졌다.

④ 유도지가 벼슬아치에게 뇌물을 주었다.

⑤ 유도지가 벼슬아치에게 부탁을 받았다.

12 장면 ❷에서 다음과 같은 표현 방법을 사용한 것은 무엇을 나타내기 위해서일지 ○표 하시오.

뇌물을 주는 유도지 쪽으로 카메라가 가까이 다가간다.

(1) 자신을 희생하는 유도지의 태도가 강조된다.

(   )

(2) 유도지가 사건을 일으키는 인물이라는 것을 나타낸다.

(   )

서술형·논술형 문제

13 장면 ❸에서 긴장감이 느껴지는 배경 음악을 사용했다면 그 까닭은 무엇일지 쓰시오. [10점]

_____

_____

[14~19] 다음 글을 읽고 물음에 답하시오.

(가) 앞이야기 전학 온 서영이는 성격이 좋아 금세 친구들과 잘 어울렸다. 그런 서영이가 부러운 미라는 핑공 카페에 '흑설 공주'라는 계정으로 서영이와 관련한 거짓 글을 올린다. 아이들은 서영이가 거짓으로 부모님 이야기를 한다는 '흑설 공주'의 글을 읽고 수군대기 시작한다.

(나) 핑공 카페에 들어와 ㉮서영이가 올린 글을 읽은 아이들은 저마다 자기 의견을 달아 놓았다. 그중에는 서영이를 두둔하는 [㉠]도 있었지만, 흑설 공주를 비방하는 [㉡]과 함께 여전히 흑설 공주 편을 드는 아이들도 있었다.

> 하이디: 흑설 공주의 글을 보면 민서영에 대해서 잘 알고 있는 듯하다. 그러니 어쩌면 흑설 공주의 글이 사실이 아닐까?
>
> 기쁜 나무: 아무리 흑설 공주의 글이 사실이라고 해도 인터넷에 남의 사생활을 퍼뜨리는 건 나쁜 짓이다.
>
> 삐삐: 그럼 흑설 공주와 민서영, 둘 중 한 사람은 우리를 속이고 있는 거네?
>
> 허수아비: 맞다. 흑설 공주가 근거도 없이 얼토당토않은 글을 올리지는 않았을 것이다. 내가 보기에 민서영이 거짓말을 하고 있는 것 같다.

14 어디에서 일어난 일이 나타나 있습니까? (   )

① 꿈속   ② 교실
③ 인터넷 카페   ④ 동네 놀이터
⑤ 학교 도서관

15 어떤 사건이 일어났습니까? (   )

① 서영이가 전학을 가게 되었다.
② 흑설 공주와 서영이가 단짝이 되었다.
③ 흑설 공주가 서영이에 대한 거짓 글을 올렸다.
④ 서영이가 흑설 공주에 대한 거짓 글을 올렸다.
⑤ 아이들이 자기가 좋아하는 동화를 추천하였다.

16 ㉮의 내용은 무엇일지 알맞은 말에 ○표 하시오.

• 흑설 공주가 올린 글이 (맞다 / 틀렸다)는 내용

17 ㉠과 ㉡에 들어갈 알맞은 말을 이으시오.

(1) [㉠] •   • ① [선플]

(2) [㉡] •   • ② [악플]

18 서영이의 글을 읽고 댓글을 단 아이들의 의견이 서로 달랐던 까닭은 무엇이겠습니까? (   )

① 서로 나이가 다르기 때문이다.
② 서영이가 성격이 좋기 때문이다.
③ 더 친한 친구가 서로 다르기 때문이다.
④ 흑설 공주가 공부를 더 잘하기 때문이다.
⑤ 누구의 말이 맞는지 알 수 없기 때문이다.

19 중요! 이 이야기를 읽고 현실 세계와 비교하여 알맞게 말한 사람은 누구입니까? [6점]

> 유리: 친구끼리 다투었다가 화해하는 경우가 자주 있어.
>
> 태욱: 국어 시간에 책 내용에 대해서 토론하는 경우가 있어.
>
> 정민: 인터넷 대화방에서 확실하지 않은 정보로 연예인을 비방하는 사람이 있어.

(   )

20 인터넷 매체를 이용하는 방법으로 알맞지 **않은** 것에 ×표 하시오.

(1) 나와 다른 의견은 무시한다.   (   )
(2) 남을 비방하는 내용을 올리지 않는다. (   )
(3) 정보를 분별하는 능력이 있어야 한다. (   )

1 다음 매체 자료와 같은 종류의 매체 자료를 이용해 본 경험을 한 가지씩 쓰시오. [각 5점]

매체 자료의 종류	매체 자료를 이용한 경험
	(1)
	(2)
	(3)

3 다음 글에서 사냥꾼, 빨간 풍선, 은하수와 같이 댓글을 다는 친구들에 대하여 어떻게 생각하는지 쓰시오. [7점]

> 핑공 카페에 들어와 서영이가 올린 글을 읽은 아이들은 저마다 자기 의견을 달아 놓았다. 그 중에는 서영이를 두둔하는 선플도 있었지만, 흑설 공주를 비방하는 악플과 함께 여전히 흑설 공주 편을 드는 아이들도 있었다.
>
> > 사냥꾼: 도대체 누구 말이 진실인가?
> > 빨간 풍선: 민서영이 흑설 공주에게 일방적으로 당한 것 같다. 지금이라도 민서영이 자기 입장을 밝혀 주어 속시원하다.
> > 은하수: 내가 보기에는 흑설 공주가 너무 심하다. 본인이 사실이 아니라는데 왜 그런 거짓 글을 실었을까?

_____

_____

2 다음 연속극에서 인물이 처한 상황을 효과적으로 드러내려면 어떠한 표현 방법을 쓰면 좋을지 쓰시오. [8점]

인물이 처한 상황
허준은 무엇인가 이상한 낌새를 느끼고 돌쇠에게 도대체 여기가 어디냐고 물었다. 

↓

표현 방법

4 여러 사람에게 알리고 싶은 인물을 다음과 같이 정했을 때 조사할 내용과 조사할 매체 자료를 쓰시오. [각 5점]

일제에 저항하며 독립을 위해 노력한 독립운동가를 알리고 싶어.

(1) 조사할 내용	
(2) 조사할 매체 자료	

6. 타당성을 생각하며 토론해요

🌑 토론이 필요한 경우 알기

① 토론은 찬반 양쪽이 나뉜 상태에서 각각 자기 쪽의 의견을 받아들이도록 상대편을 설득하는 의사소통 과정입니다.

② 우리 주변에서 일어나는 여러 가지 문제를 해결하기 위해 토론이 필요합니다.

• 토론이 필요한 경우

> 난 우리 학교에서만 하는 저 인사말이 참 좋아.

> 착한 사람이 되겠습니다.

> 난 저 말이 내가 지금은 착한 사람이 아닌 듯해서 기분이 좋지 않아.

✪ 학교 인사말을 바꾸고 싶을 때

🌑 토론을 하면 좋은 점

① 타당한 근거를 들어 말하기 때문에 문제 해결에 도움이 됩니다.

② 토론 과정에서 자신의 주장과 근거를 명확하게 정리할 수 있습니다.

③ 자신과 생각이 다른 사람의 입장도 이해할 수 있습니다.

④ 문제 해결에 더 나은 방법이 무엇인지 결정하는 데 도움이 됩니다.

🌑 근거 자료의 타당성 평가하기

근거 자료의 종류	근거 자료를 평가하는 기준
면담 자료	• 주장을 뒷받침하는 자료인가? • 믿을 만한 전문가의 의견인가?
설문 조사 자료	• 주장을 뒷받침하는 자료인가? • 자료와 자료의 출처가 믿을 만한가? • 조사 대상과 범위가 적절한가?

🌑 토론 절차와 방법 알기

① 주장 펼치기	• 근거를 들어 주장을 펼칩니다. • 근거와 관련해 구체적인 자료를 제시합니다.
② 반론하기	• 상대편 토론자의 주장을 요약합니다. • 상대편의 주장이 타당하지 않다는 것을 밝히기 위한 질문을 합니다. • 상대편의 근거나 그에 대한 자료가 적절하지 않다는 것을 밝힙니다.
③ 주장 다지기	• 자기편의 주장을 요약합니다. • 상대편에서 제기한 반론이 타당하지 않음을 지적합니다. • 자기편 주장의 장점을 정리합니다.

🌑 글을 읽고 독서 토론 하기

① 주제와 표현 방법을 생각하며 작품을 읽고 토론하고 싶은 주제를 정합니다.

② 자신의 의견과 의견에 대한 까닭을 구체적으로 말하며 독서 토론을 합니다.

• 시를 읽고 독서 토론하기 예

시장에 간 우리 고모 물건 사고 아주머니가 돌려주는 거스름돈, 꼭 세어 보아요	은행에 간 고모 현금 지급기가 '달깍' 내미는 돈 세어 보지도 않고 지갑에 얼른 넣는 거 있죠?

> 이 시는 사람보다 기계를 더 믿는 현실을 비판적으로 바라보는 것 같아.

> 나는 외삼촌께서 용돈을 주시면 세어 보지 않고 그냥 지갑에 넣어.

→ 시의 주제를 잘못 이해해서 토론 주제에 맞지 않는 의견을 말했습니다.

> '시장'과 '은행'을 대비하려고 한 연씩 구성한 점이 시의 주제를 더 잘 드러내.

쪽지시험

❶ 토론은 양쪽으로 의견이 나뉜 상태에서 상대편을 (비난하는 / 설득하는) 의사소통 과정입니다.

❷ 토론을 하면 타당한 ☐☐ 을/를 들어 말하기 때문에 문제 해결에 도움이 됩니다.

❸ 설문 조사 자료는 자료와 자료의 출처가 믿을 만한지 확인해야 합니다. (○ / ×)

❹ ☐☐ 하기 단계에서는 상대편의 주장이 타당하지 않다는 것을 밝히기 위한 질문을 합니다.

❺ 독서 토론을 할 때 의견에 대한 까닭은 말할 필요가 없습니다. (○ / ×)

* 배점이 표시되어 있지 않은 문제는 문제당 4점입니다.

[01~03] 다음 그림을 보고 물음에 답하시오.

01 성희는 학교 인사말을 들으면 어떤 생각을 합니까?

(1) 착한 일을 하고 싶어진다. ( )

(2) 잘못한 일을 반성하게 된다. ( )

(3) 지금은 착한 사람이 아닌 것 같다. ( )

02 태주가 다음과 같이 대답한다면 두 사람의 대화는 앞으로 어떻게 이어지겠습니까? [5점]

> "넌 왜 그렇게 항상 불만이 많니? 어휴, 투덜이 같아."

• 문제를 해결하기보다 서로 ( ) 될 것 같다.

03 문제를 해결하려면 어떤 태도로 대화를 하는 것이 좋겠습니까? ( )

① 아무 말도 하지 않는다.

② 상대의 말에 무조건 동의한다.

③ 주제와 관련 없는 이야기를 한다.

④ 자신의 의견을 근거를 들어 말한다.

⑤ 근거는 제시하지 않고 의견만 말한다.

[04~06] 다음 글을 읽고 물음에 답하시오.

> 몇 년 전에는 꿈이 '요리사'인 초등학생이 많았는데, 그 당시에는 요리를 주제로 한 텔레비전 프로그램이 유행했기 때문이다. 게임 산업의 발전에 따라 '프로 게이머'를 희망 직업으로 뽑은 학생이 대다수였을 때도 있었다. 직업은 생활 수단이자 자신의 능력을 발휘하고 꿈을 실현할 수 있는 기회이기도 하다. 그런데 자신이 희망하는 직업을 유행에 따라 결정하는 일이 과연 옳은 것일까?

04 이 글에 나타난 문제 상황은 무엇입니까? ( )

① 꿈이 없는 학생이 많아졌다.

② 직업의 수가 점점 줄어들고 있다.

③ 꿈을 실현할 수 있는 직업이 별로 없다.

④ 초등학생이 게임을 지나치게 좋아한다.

⑤ 초등학생의 희망 직업이 유행에 따라 바뀐다.

05 이 글에 면담 자료를 제시한다면 누구를 면담하는 것이 더 믿을 만한지 ○표 하시오.

중요!

(1) 직업 평론가 ○○○ 박사 ( )

(2) 자신의 꿈을 유행에 따라 바꾼 학생 ( )

서술형·논술형 문제 ✏️

06 다음 근거 자료를 활용할 수 없는 까닭을 쓰시오. [10점]

초등학생이 희망하는 직업

단위: 퍼센트

공무원 9
판사/변호사 9
연예인 38
의사/간호사 12
교사 14
운동선수 18

_____

_____

07 토론이 이루어지는 절차에 맞게 기호를 쓰시오. [6점]

> ㉠ 반론하기　㉡ 주장 다지기　㉢ 주장 펼치기

(　　　) → (　　　) → (　　　)

[08~12] 다음 토론을 읽고 물음에 답하시오.

(가) 사회자: "학급 임원은 반드시 필요하다."라는 주제로 토론을 시작하겠습니다. 저는 토론의 사회를 맡은 구민재입니다. 먼저 찬성편이 주장을 펼치겠습니다.

찬성편: 저희 찬성편은 두 가지 까닭에서 "학급 임원은 반드시 필요하다."라는 주제에 찬성합니다.

첫째, 실제로 학생 대표가 학교생활에 많은 역할을 합니다. 많은 학생들이 함께 생활하다보니 학교에는 여러 가지 문제나 불편한 점이 생길 수 있습니다. 이러한 것에 대한 해결은 전교 학생회 회의에서 이루어지는데 학급 임원은 여기에 참여해 우리 반 학생들의 의견을 전달하는 역할을 합니다. 저희가 설문 조사를 한 결과에 따르면 우리 지역의 초등학교 가운데에서 95퍼센트가 넘는 학교가 학급 임원을 뽑고 있다고 합니다. 이렇게 많은 학교가 학급 임원을 뽑는다는 것은 실제로 학급 임원이 필요하기 때문이 아니겠습니까?

(나) 반대편: 학급 임원 제도는 반드시 필요하다고 할 수 없습니다. 저희는 다음과 같은 까닭으로 "학급 임원은 반드시 필요하다."라는 주제에 반대합니다.

첫째, 학급 임원을 뽑는 기준이 올바르다고 보기 어렵습니다. 한 매체에서 설문 조사를 한 결과에 따르면 70퍼센트 정도의 학생들이 "후보들의 능력보다 친분을 우선으로 투표한 적이 있다."라고 응답했습니다. 이 조사는 정말 우리가 우리를 대표할 수 있는 사람을 학급 임원으로 뽑았는지에 대한 의문을 가지게 합니다.

08 토론 주제는 무엇입니까? [5점]

(　　　　　　　　　　　　　　　　)

09 찬성편이 제시한 근거는 무엇입니까? (　　　)

① 학생들의 봉사 정신을 기를 수 있다.
② 모든 학생들이 모범적인 생활을 하게 된다.
③ 대부분의 학생이 학급 임원을 하고 싶어 한다.
④ 인기가 가장 많은 학생이 누구인지 알 수 있다.
⑤ 실제로 학생 대표가 학교생활에 많은 역할을 한다.

10 찬성편은 근거를 뒷받침하기 위해 어떤 자료를 제시했습니까?

(면담 자료 / 설문 조사 자료)

11 반대편은 왜 학급 임원이 반드시 필요하지는 않다고 생각하는지 ○표 하시오.

(1) 학급 임원들이 항상 서로 다투어서　(　　　)
(2) 아무도 학급 임원 활동을 열심히 하지 않아서
(　　　)
(3) 학급 임원을 뽑는 기준이 올바르다고 보기 어려워서　(　　　)

12 이 토론처럼 찬성편과 반대편이 구체적인 예를 근거 자료로 제시한 까닭은 무엇입니까? [6점]

중요!

• 자기편의 근거가 ┌──────────┐

상대편이 생각하도록 하기 위해서이다.

13 주장 펼치기 단계에서는 무엇을 합니까? (　　　)

① 근거를 들어 주장을 펼친다.
② 자기편 주장의 단점을 정리한다.
③ 상대편 토론자의 주장을 요약한다.
④ 상대편의 근거가 적절하지 않음을 밝힌다.
⑤ 상대편의 반론이 타당하지 않음을 지적한다.

[14~17] 다음 토론을 읽고 물음에 답하시오.

> 사회자: 이번에는 찬성편이 반론을 펴고, 반대편에서 찬성편의 반론을 반박해 주시기 바랍니다.
>
> 찬성편: 반대편은 학급 임원을 뽑는 기준이 올바르지 않은 까닭을 근거로 들었습니다. 하지만 반대편에서 첫 번째 자료로 제시한 설문 조사 결과는 다른 학교를 조사한 것입니다. 따라서 우리 학교의 상황과 반드시 같다고는 볼 수 없습니다. 우리 학교 사정을 고려해서 근거를 말씀해 주셔야 하지 않을까요?
>
> 반대편: 네, 저희가 다른 학교에서 조사한 결과를 활용한 것은 맞습니다. 그러나 그 자료는 학급 임원을 뽑는 기준에 문제가 있다고 생각하는 학생이 많다는 점을 보여 드리려는 자료입니다. 여기 우리 학교 선생님을 면담한 결과를 보여 드리겠습니다. 그 선생님께서는 "봉사 정신이 뛰어나거나 모범적인 행동을 보이는 학생보다는 인기가 많은 학생이 학급 임원이 되는 경우가 종종 있다."라고 말씀하셨습니다.

14 토론 절차 중 어느 단계인지 쓰시오. [5점]

(   )

15 찬성편은 반대편에서 사용한 설문 조사 결과에 어떤 문제가 있다고 하였습니까? (   )

① 출처를 제시하지 않았다.
② 조사한 사람 수가 너무 적다.
③ 최근에 한 설문 조사가 아니다.
④ 다른 학교에서 조사한 결과이다.
⑤ 수치가 정확하게 나타나 있지 않다.

16 찬성편이 반대편에게 질문하면서 얻고자 한 것은 무엇입니까?

• 상대편이 제시한 주장과 근거 자료가 (타당하다는 / 타당하지 않다는) 것이다.

---

17 찬성편의 질문에 대한 반대편의 답변을 쓰시오. [10점]

(1) 반대편의 반박	
(2) 질문에 대한 답변	

[18~20] 다음 시를 읽고 물음에 답하시오.

> 기계를 더 믿어요
>
> 시장에 간 우리 고모   은행에 간 고모
> 물건 사고 아주머니   현금 지급기가
> 가 돌려주는   '달깍' 내미는 돈
> 거스름돈,   세어 보지도 않고
> 꼭 세어 보아요   지갑에 얼른 넣는 거
>   있죠?

18 말하는 이는 고모의 어떤 행동을 문제라고 보았습니까? [5점]

• 시장에서 받은 (   )은 꼭 세어 보면서 현금 지급기에서 나온 돈은 세지 않는 것

19 말하는 이는 고모를 어떻게 생각합니까? (   )

① 바쁘시다.   ② 꼼꼼하지 않으시다.
③ 기계를 싫어하신다.   ④ 사람을 좋아하신다.
⑤ 사람보다 기계를 더 믿으신다.

20 이 시를 읽고 독서 토론을 할 때 토론 내용에 어울리지 <u>않는</u> 말을 한 사람은 누구입니까?

> 명재: 나는 외삼촌께서 용돈을 주시면 돈을 세어 보지 않고 지갑에 넣어.
>
> 효경: '시장'과 '은행'을 대비하려고 한 연씩 구성한 점이 시의 주제를 더 잘 드러내.

(   )

[1~2] 다음 글을 읽고 물음에 답하시오.

직업은 생활 수단이자 자신의 능력을 발휘하고 꿈을 실현할 수 있는 기회이기도 하다. 그런데 자신이 희망하는 직업을 유행에 따라 결정하는 일이 과연 옳은 것일까?

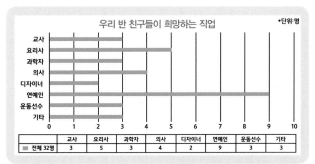

	교사	요리사	과학자	의사	디자이너	연예인	운동선수	기타
전체 32명	3	5	3	4	3	9	3	3

실제로 자신의 꿈이 '연예인'으로 바뀌었다고 하는 한 학생을 면담한 결과, "요즘에는 연예인이 대세이다."라면서도 "사실은 한 해에도 여러 번 바뀌는 희망 직업 때문에 고민이 많다. 무엇을 준비해야 할지 모르겠다."라고 털어놓았다. 직업의 선택은 유행이 아니라 자신의 적성이나 흥미, 특기를 고려해 이루어져야 한다. 정작 자신이 무엇을 원하는지보다 다른 많은 사람이 원하는 것에 이끌려 인생의 중요한 결정을 내린다면 결국 후회만 남을 것이다. 또 이것저것 유행에 휘둘리다 보면 자신의 능력을 집중적으로 개발하는 시간도 빼앗길 것이다.

1 글쓴이의 주장은 무엇인지 쓰시오. [8점]

_____

_____

2 이 글에서 사용한 설문 조사 자료는 어떤 점이 부족한지 쓰시오. [10점]

_____

_____

[3~4] 다음 글을 읽고 물음에 답하시오.

사회자: 이제 토론의 마지막 단계인 주장 다지기입니다. 먼저 찬성편이 발언해 주시기 바랍니다.

찬성편: 학급 임원은 반드시 필요합니다. 공정한 선거로 학생 대표를 뽑고, 그 대표를 도와 학교생활이 잘 이루어지도록 하는 경험을 해 보는 것은 큰 의미가 있습니다. 학급 임원을 뽑는 기준에 문제가 있다면 그 문제를 해결하면 됩니다. 반대편의 대안처럼 할 경우 원하지 않는 학생이 학생 대표를 맡게 되는 또 다른 문제가 발생할 수 있습니다. 공정한 경쟁과 올바른 선택을 거쳐 학급 임원을 뽑는다면 문제를 원만히 해결할 수 있을 것이라고 생각합니다.

반대편: 찬성편은 학급에 대표가 필요하고, 학급 임원을 뽑는 과정에서 선거를 경험할 수 있기 때문에 학급 임원이 필요하다고 주장했습니다. 그러나 저희 반대편은 학급 임원이 반드시 필요하지는 않다고 생각합니다. 학급 임원을 뽑는 기준에 문제가 있고, 학생들 간 동등한 관계에 부정적인 영향을 끼친다면 반드시 학급 임원 제도를 유지해야 할 필요가 있을까요?

3 이 글에 나타난 토론 단계에서 하는 일을 쓰시오. [6점]

_____

_____

4 찬성편과 반대편의 근거를 정리하여 쓰시오. [10점]

(1) 찬성편	
(2) 반대편	

국어
핵심개념 정리

◉ 낱말의 뜻을 짐작하며 읽어야 하는 까닭

┌→ 낱말의 뜻을 짐작하지 않으면 글의 내용을 잘 이해할 수 없습니다.

① 낱말의 뜻을 제대로 이해하지 못하면 글을 제대로 이해할 수 없기 때문입니다.

② 글을 읽으면서 모르는 낱말이 나올 때마다 사전을 찾아볼 수 없기 때문입니다.

• 낱말의 뜻 짐작하기 예

한번 먹은 마음 변하지 말고 열심히 공부하자.

간송 선생, 드디어 이것을 손에 넣으셨군요.

먹다: 어떤 마음이나 감정을 품다.

손: 어떤 사람의 영향력이나 권한이 미치는 범위.

◉ 낱말의 뜻을 짐작하며 읽기

① 뜻을 잘 모르는 낱말의 앞뒤 상황을 살펴봅니다.

② 해당 낱말의 뜻과 비슷하거나 반대인 낱말을 대신 넣어 봅니다.

③ 낱말을 사용한 예를 떠올려 봅니다.

• 이야기를 읽고 낱말의 뜻 짐작하기 예

> 우리는 허둥지둥 종이를 꺼내 끼적이기 시작했다.
> "아니, 아니! 여기서 말고!"
> 켈러 선생님의 호통에 우리는 바로 연필을 놓았다.
> "숙제란 말이다, 숙제! 세 쪽 가득 채워 오도록. 기한은 내일까지!"
> 나는 마른침을 꿀꺽 삼켰다.

'마른침'은 긴장했을 때 삼키는 침이라는 뜻 같아. 켈러 선생님께서 호통을 치시면서 내일까지 숙제를 해 오라는 긴장되는 상황을 보며 그렇게 짐작했어.

◉ 글을 요약하는 방법

① 글을 짧게 간추립니다.

② 사소한 내용은 삭제하고 중요한 내용만 간추립니다.

③ 글의 중요한 내용을 이해할 수 있게 간추립니다.

• 글을 읽고 요약하기 예

> 줄기에 차례대로 잎을 붙여 나가는 모양을 '잎차례'라고 합니다.
> ┌→ 중심 낱말
> 먼저, 줄기 마디마다 잎을 한 장씩 피우되 서로 어긋나게 피우는 방법이 있습니다. 이것을 '어긋나기'라 합니다. 국수나무처럼 평행하게 어긋나기만 하는 식물이 있는가 하면, 해바라기처럼 소용돌이 모양으로 돌려나면서 어긋나는 식물도 있습니다.
> 이와는 달리 줄기 한 마디에 잎 두 장이 마주 보는 '마주나기'도 있습니다. 단풍나무나 화살나무는 잎 두 장이 사이좋게 마주 보고 있습니다. 그리고 마주난 잎들이 마디마다 서로 어긋나지 않고 평행합니다.

➡ 줄기에 차례대로 잎을 붙여 나가는 모양인 '잎차례'로 서로 어긋나게 피우는 '어긋나기', 줄기 한 마디에 잎 두 장이 마주 보는 '마주나기'가 있습니다.

◉ 글의 구조에 따라 요약하기

① 글의 구조를 파악하며 읽습니다.

② 문단의 중심 내용을 간추립니다.

③ 글의 구조에 알맞은 틀을 그려 내용을 정리합니다.

순서 구조	나열 구조
시간이나 공간의 순서에 따라 설명하는 구조	주제에 대해 몇 가지 특징을 늘어놓는 구조

④ 정리한 내용은 중요한 내용이 잘 드러나도록 간결한 문장으로 씁니다.

쪽지시험

❶ 낱말의 뜻을 이해하지 못하면 ☐ 을/를 제대로 이해할 수 없습니다.

❷ 낱말의 뜻을 짐작하려면 낱말의 앞뒤 ☐ ☐ 을/를 살펴봅니다.

❸ 글을 요약할 때는 글을 짧게 간추립니다. (○ / ×)

❹ 글의 구조에 따라 요약할 때는 가장 먼저 글의 (구조 / 길이)를 파악하며 읽습니다.

❺ 주제에 대해 몇 가지 특징을 늘어놓는 구조는 (순서 / 나열) 구조입니다.

* 배점이 표시되어 있지 않은 문제는 문제당 **4점**입니다.

[01~06] 다음 글을 읽고 물음에 답하시오.

(가) 귀가 ㉠어두워 무슨 말을 해도 제대로 알아듣지 못하는 만화 주인공 '사오정'을 아시나요? 만화 주인공 사오정과 비슷한 사람이 우리 주변에 많이 생겨나고 있습니다. 사오정이 ㉡뜬금없는 말로 우리에게 재미와 웃음을 주지만 요즘에 사오정들은 귀 건강을 위협받는 아주 위험한 상황에 놓여 있습니다.

(나) 우리 귀 건강에 가장 큰 걸림돌은 '이어폰'입니다. 사람들 대부분이 이어폰으로 음악을 들으면 집중을 잘하기 때문에 학습하는 데 큰 ㉢힘이 될 것이라고 생각합니다. 하지만 이는 ㉣사실과 다릅니다. 양쪽 ㉤귀 바로 위쪽 부위에는 ㉥언어 중추가 있는 뇌 측두엽이 존재하는데 측두엽과 가까운 귀에 이어폰을 꽂으면 언어 중추가 음악 소리에 자극을 받기 때문에 학습 내용이 기억에 잘 남지 않습니다. 왜냐하면 측두엽은 기억력과 청각을 담당하기 때문입니다. 다시 말해 노래를 들으며 공부를 하면 뇌는 이 두 가지를 한꺼번에 처리해야 하기 때문에 어려움을 겪습니다.

01 '사오정'과 비슷한 사람은 어떤 사람입니까?

(1) 말을 할 줄 모르는 사람 ( )

(2) 목소리가 매우 작은 사람 ( )

(3) 말을 잘 알아듣지 못하는 사람 ( )

02 측두엽이 담당하는 것 두 가지를 쓰시오.

(,)

03 ㉠의 뜻을 짐작한 것으로 알맞은 것은 무엇입니까?

( )

① 귀 색깔이 검어 ② 귀가 깨끗하지 않아

③ 귀가 잘 들리지 않아 ④ 작은 소리도 잘 들어

⑤ 남들보다 아는 것이 많아

04 ㉡의 뜻을 짐작할 수 있는 부분에 밑줄을 그으시오.

[5점]

05 ㉢~㉥ 중에서 '도움'과 바꾸어 쓸 수 있는 낱말의 기호를 쓰시오.

중요! ( )

06 이 글의 내용을 바르게 파악한 사람은 누구입니까?

민찬: 이어폰은 귀 건강에 가장 큰 방해물이다.
성진: 노래를 들으며 공부를 하면 집중이 잘된다.

( )

07 오른쪽 그림에서 밑줄 그은 '얼굴'의 뜻을 알맞게 짐작한 것에 ○표 하시오.

우리나라 리듬 체조계에 새 얼굴이 등장했습니다.

(1) 어떤 것을 대표하는 상징 ( )

(2) 어떤 분야에서 활동하는 사람 ( )

[08~14] 다음 글을 읽고 물음에 답하시오.

글쓰기반 수업 첫날, 켈러 선생님은 아무 기척도 없이 교실로 들어와 책상 사이를 왔다 갔다 하며 ㉠엄포부터 놓았다.

"오늘부터, 나는 너희 한 사람 한 사람을 완전히 훈련시켜서 진짜 멋진 작가로 만들어 줄 생각이다. 정말 기적 같겠지? 하지만!"

켈러 선생님은 특유의 진한 미국 남부 지방 억양으로 말을 이어 나갔다.

"이 수업을 ㉡만만하게 생각했다면 지금 당장 저 문으로 나가도록. 보잘것없이 짧은 너희의 인생 경험으로는 상상도 못 할 정도로 힘들 테니까. 아마 이 수업을 끝까지 따라오지 못하는 학생들도 나오겠지."

어쩐지 켈러 선생님이 유독 나만 노려보는 것 같았다. / 켈러 선생님은 허리를 꼿꼿이 펴고 똑바로 서 있어서 실제 키보다 더 커 보였다. 특히 교탁에 기대설 때면, 마치 죽은 나뭇가지에 앉아 금방이라도 사냥감을 휙 낚아챌 듯 노려보는 매처럼 ㉢매서워 보였다.

"첫 번째 과제는 수필이다. 내가 놀라 까무러칠 정도로 재미있는 글을 써 오도록. 내가 너희의 반짝이는 생각에 홀딱 빠질 만큼 대단한 작품을 써 보란 말이다. 너희가 이 수업을 들을 만한 자격이 있는지를 알아보려는 거니까! 주제는? 가족이나, 집에서 일어나는 일상생활에 대한 이야기라면 뭐든지 괜찮아."

우리는 허둥지둥 종이를 꺼내 ㉣끼적이기 시작했다.

"아니, 아니! 여기서 말고!"

켈러 선생님의 호통에 우리는 바로 연필을 놓았다.

"숙제란 말이다, 숙제! 세 쪽 가득 채워 오도록. 기한은 내일까지!"

나는 ㉤마른침을 꿀꺽 삼켰다.

08 글쓰기반 수업 첫날 '내'가 느낀 켈러 선생님의 첫인상은 어떠했습니까?

(1) 유독 '나'만 노려보는 것 같았다. ( )

(2) 몇몇 학생만 좋아하는 것 같았다. ( )

(3) 학생이 적어서 실망하는 것 같았다. ( )

09 켈러 선생님은 왜 호통을 치셨습니까? ( )

① 학생들이 졸고 있어서

② 학생들이 쓴 글이 형편없어서

③ 학생들이 수업에 참여하지 않아서

④ 학생들이 아무도 숙제를 해 오지 않아서

⑤ 학생들이 숙제를 수업 시간에 하려고 해서

10 ㉠과 바꾸어 썼을 때 문장의 뜻이 자연스러운 것은 어느 것입니까? ( )

① 걱정 ② 소리 ③ 정신

④ 으름장 ⑤ 허우대

11 ㉡과 뜻이 반대인 낱말에 ○표 하시오.

(쉽게 / 어렵게)

12 ㉢과 같은 뜻의 '매섭다'가 쓰인 문장의 기호를 쓰시오.

㉮ 매서운 바람이 쌩쌩 몰아쳐 왔다.
㉯ 민수는 매서운 눈초리로 나를 쏘아봤다.

( )

13 ㉣의 뜻을 짐작할 수 있는 내용을 두 가지 고르시오.

(,)

① 까무러칠 정도로

② 수업을 들을 만한

③ 허둥지둥 종이를 꺼내

④ 우리는 바로 연필을 놓았다.

⑤ 세 쪽 가득 채워 오도록. 기한은 내일까지!

서술형·논술형 문제

14 ㉤의 뜻을 짐작하고 짐작한 까닭을 쓰시오. [12점]

(1) 짐작한 뜻	
(2) 짐작한 까닭	

[15~17] 다음 글을 읽고 물음에 답하시오.

(가) 식물이 줄기에 어떤 모양으로 잎을 붙여 나가는지 그 기술을 알아보기로 할까요? 줄기에 차례대로 잎을 붙여 나가는 모양을 '잎차례'라고 합니다.

먼저, 줄기 마디마다 잎을 한 장씩 피우되 서로 어긋나게 피우는 방법이 있습니다. 이것을 '어긋나기'라 합니다. 국수나무처럼 평행하게 어긋나기만 하는 식물이 있는가 하면, 해바라기처럼 소용돌이 모양으로 돌려나면서 어긋나는 식물도 있습니다.

(나) 줄기 한 마디에 잎 두 장이 마주 보는 '마주나기'도 있습니다. 단풍나무나 화살나무는 잎 두 장이 사이좋게 마주 보고 있습니다. 그리고 마주난 잎들이 마디마다 서로 어긋나지 않고 평행합니다.

그런가 하면 한 마디에 잎이 석 장 이상 돌려나는 잎차례가 있습니다. 이런 잎차례를 '돌려나기'라고 합니다. 갈퀴꼭두서니는 마디마다 잎이 여섯 장에서 여덟 장씩 돌려나기로 핍니다.

끝으로 소나무처럼 잎이 한곳에서 모여나는 '모여나기'가 있습니다.

15 이 글에서 설명한 내용은 무엇입니까?

- [   ]이 줄기에 잎을 피우는 모양

16 잎이 평행하게 어긋나는 식물은 무엇입니까? (   )

① 소나무 ② 국수나무 ③ 단풍나무
④ 해바라기 ⑤ 갈퀴꼭두서니

서술형·논술형 문제 ✏
17 빈칸에 알맞은 말을 넣어 이 글을 요약하시오. [11점]

줄기에 차례대로 잎을 붙여 나가는 모양인 ' (1) '로는 서로 어긋나게 피우는 '어긋나기', 줄기 한 마디에 잎 두 장이 마주 보는 '마주나기'가 있습니다. 한 마디에 잎이 석 장 이상 돌려나는 '돌려나기'도 있고, (2) _____

[18~20] 다음 글을 읽고 물음에 답하시오.

(가) 나는 숨을 쉬니까 집 단장에도 좋아. 더운 날에는 찬 공기 들여 시원하게 하고, 추운 날에는 더운 공기 잡아 따뜻하게 하지. 또 습한 날은 젖은 공기 머금어 방 안을 보송보송하게 하고, 건조한 날은 젖은 공기 내놓아 방 안을 상쾌하게 하지. 따가운 햇볕을 은은하게 걸러 주는 건 기본이고말고.

(나) 여기 보이는 게 전부 나로 만든 물건이야. 나를 새끼줄처럼 배배 꼬아 종이 노끈으로 만들어 엮으면 신발부터 붓통, 베개, 방석, 망태기가 되지. 옻칠하고 기름 먹이면 물 안 새는 표주박, 항아리, 요강도 되고말고.

(다) 나는 흥겨운 놀이에도 빠지지 않아. 방패연, 가오리연이 되어 하늘을 훨훨 날 수도 있고, 제기가 되어 이리 펄쩍 저리 펄쩍 뛰기도 해. 풍물패 고깔 위에 알록달록 핀 예쁜 꽃도 바로 나야. 나는야 못 하는 게 없는 재주꾼, 한지돌이!

18 이 글의 구조로 알맞은 것에 ○표 하시오.
중요!
(나열 구조 / 순서 구조)

19 한지의 쓰임새가 <u>아닌</u> 것은 무엇입니까? (   )

① 건조한 날은 젖은 공기를 내놓는다.
② 습한 날은 방 안을 보송보송하게 한다.
③ 더러운 공기를 걸러 맑고 깨끗하게 한다.
④ 더운 날에는 찬 공기를 들여 시원하게 한다.
⑤ 추운 날에는 더운 공기를 잡아 따뜻하게 한다.

20 보기 의 내용을 참고하여 주어진 낱말들을 중심 낱말로 바꾸어 쓰시오. [6점]

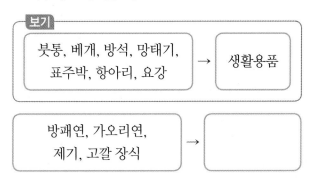

보기

| 붓통, 베개, 방석, 망태기, 표주박, 항아리, 요강 | → | 생활용품 |

| 방패연, 가오리연, 제기, 고깔 장식 | → | |

서술형·논술형 문제

정답 ◐ 꼼꼼 풀이집 8쪽

[1~2] 다음 글을 읽고 물음에 답하시오.

나는 책상에 앉아 글을 쓰기 시작했다. 나는 내 방이 정말 좋았다. 하루의 대부분을 내 방에서 보내는 만큼, 방을 쭉 둘러보면서 하나하나 묘사하면 어떨까. 아주 세세히! 그리고 내가 우리 집 고양이와 엄마를 얼마나 사랑하는지, 새로 산 치마가 얼마나 마음에 드는지, 집에서 먹는 아침밥이 얼마나 맛있는지를 보태면……. 와! 내가 쓴 글이지만, 잘 써도 너무 잘 쓴 것 같았다. 지금까지 쓴 글 중에서 최고라는 생각이 들었다.

나는 얼른 교실에서 큰 소리로 발표하고 싶어 몸이 ㉠근질근질했다.

이튿날 아침, 우리는 한 사람씩 차례로 자기가 써 온 글을 큰 소리로 발표했다. 나는 발표가 두렵지는 않았지만 무척 떨렸다. 그때 내 이름이 불렸다.

"다음, 퍼트리샤."

나는 우리 가족과 내 일상에 대해 쓴 '㉡걸작'을 읽어 내려갔다. 내가 우리 가족 모두를 얼마나 사랑하는지 알면 켈러 선생님도 무척 감동하겠지?

[3~4] 다음 글을 읽고 물음에 답하시오.

나는 종이 가운데 으뜸인 한국 종이, 한지야! 옛날 중국에서 최고로 친 고려지도, 일본에서 최고로 친 조선종이도 모두 나야. 그런데 내가 어떻게 만들어지는지 아니?

제일 먼저 닥나무를 베어다 푹푹 찐 뒤, 나무껍질을 훌러덩훌러덩 벗겨서 물에 불려. 그러고는 다시 거칠거칠한 겉껍질을 닥칼로 긁어내고 보들보들 하얀 속껍질만 모아.

이렇게 모은 속껍질은 삶아서 더 보드랍게, 더 하얗게 만들어야 해. 먼저 닥솥에 물을 붓고 속껍질을 담가. 그리고 콩대를 태워 만든 잿물을 붓고 보글보글 부글부글 삶아. 푹 삶은 다음에는 건져 내서 찰찰찰 흐르는 맑은 물에 깨끗이 씻어.

이제 보드랍고 하얗게 바랜 속껍질을 나무판 위에 올려놓고 닥 방망이로 찧어 가닥가닥 곱게 풀어야 해. 쿵쿵 쾅쾅! 솜처럼 풀어진 속껍질은 다시 물에 넣고 잘 풀어지라고 휘휘 저어. 그런 다음 닥풀을 넣고 다시 잘 엉겨 붙으라고 휘휘 저어 주지.

1 '나'는 자신이 쓴 글에 대해 어떻게 생각합니까? [6점]

_____

_____

3 이 글에서 설명하는 내용은 무엇입니까? [7점]

2 ㉠과 ㉡의 뜻을 짐작하여 쓰시오. [10점]

(1) ㉠	
(2) ㉡	

4 다음 틀에 이 글의 내용을 정리하여 쓰시오. [10점]

닥나무를 푹 찌고, 겉껍질을 긁어내어 속껍질만 모은다.

➡ (1)

➡ (2)

➡ 풀어진 속껍질을 물에 넣어 젓고, 거기에 닥풀을 넣고 다시 젓는다.

8. 우리말 지킴이

◉ 우리말을 바르게 사용하지 못한 표현

비속어 사용	신조어 사용	외국어 사용
××좋네.	시가 핵꿀잼이네. → 정말 재미있네	시가 정말 리얼한데? → 생생한데

◉ 발표 주제를 생각하며 자료를 조사하고 구성하기

① 주제를 정하고 주제가 적절한지 점검합니다.

② 주제에 맞는 조사 대상을 생각합니다.

③ 조사 방법을 정합니다.

방법	장점	단점
관찰	조사 대상을 직접 파악할 수 있습니다.	시간이 많이 걸립니다.
설문지	여러 사람을 한꺼번에 조사할 수 있습니다.	답한 내용 외에는 자세한 내용을 알기 어렵습니다.
면담	자세한 정보를 수집할 수 있습니다.	시간이 오래 걸리고 원하는 인물과 면담하지 못할 수도 있습니다.
책이나 글	정확하고 다양한 정보를 얻을 수 있습니다.	내가 찾고 싶은 정보를 쉽게 찾지 못할 수도 있습니다.

④ 조사한 결과와 생각이나 느낌을 정리해 발표할 원고를 구성합니다.

시작하는 말	모둠 이름, 조사 주제, 발표 제목이 들어갑니다.
전달하려는 내용	• 자료, 설명하는 말이 들어갑니다. • 자료를 제시할 때에는 저작자나 출처를 밝힙니다.
끝맺는 말	발표한 내용, 모둠의 의견이나 전망이 들어갑니다.

◉ 발표할 때 주의할 점

① 발표 원고만 보면서 읽지 않고, 듣는 사람과 눈을 맞추며 발표합니다.

② 너무 빠른 속도나 작은 목소리로 발표하지 않습니다.

③ 어느 부분에서 어떤 표정과 몸짓을 할지 생각합니다.

④ 자료를 모두가 볼 수 있도록 제시합니다.

⑤ 바른 자세로 서서 진지하게 발표합니다.

◉ 발표를 들을 때 주의할 점

① 발표 주제가 무엇인지 알아야 합니다.

② 자료는 정확한 것인지, 자료에 대한 설명이 바른지 판단하며 듣습니다.

③ 발표 내용이 주제와 관련 있는지 판단하며 듣습니다.

④ 새롭게 알려 주는 내용이 무엇인지 집중하며 듣습니다.

⑤ 발표자에게 빨리하라고 하거나 야유를 보내서는 안 됩니다.

◉ 우리말 바르게 사용하기를 알리는 만화 그리기

① 만화 주제 정하기	어떤 주제로 만화를 그릴 것인지 정합니다.
② 만화 내용 구상하기	• 만화의 간단한 흐름과 말풍선을 씁니다. • 필요 없는 장면이나 인물을 정리합니다.
③ 표현 방법 고르기	각 장면에서 인물은 어떤 표정과 몸짓을 할지 표현 방법을 고릅니다.
④ 만화로 표현하기	• 만화를 재치 있게 표현하는 제목을 정합니다. • 각 장면에 맞게 인물과 말풍선을 넣고 만화적인 표현을 더해 봅니다.

쪽지시험

❶ "시가 정말 리얼한데?"에서 우리말을 바르게 사용하지 못한 부분은 '(정말 / 리얼한데)'입니다.

❷ [ ][ ][ ](으)로 조사하면 답한 내용 외에는 자세한 내용을 알기 어렵습니다.

❸ 발표 원고에서 시작하는 말에는 발표한 내용, 모둠의 의견이나 전망이 들어갑니다. (○ / ×)

❹ 발표할 때에는 [ ][ ]을/를 모두가 볼 수 있도록 제시합니다.

❺ 발표를 들을 때에는 발표자에게 빨리하라고 하거나 야유를 보내서는 안 됩니다. (○ / ×)

* 배점이 표시되어 있지 않은 문제는 문제당 **4점**입니다.

[01~03] 다음 글을 읽고 물음에 답하시오.

01 할아버지께서 어느 가게에서 무엇을 파는지 알기 어려워하신 까닭은 무엇입니까? [5점]

• 우리말이 있는데도 ( )을/를 그대로 간판에 사용했기 때문이다.

02 아이들이 대화할 때 잘못한 점은 무엇입니까? ( )

① 비속어를 사용했다.
② 줄임 말을 사용했다.
③ 외국어로만 대화했다.
④ 작은 목소리로 말했다.
⑤ 빈정거리는 말투로 말했다.

03 ㉠~㉢ 중 우리말을 바르게 사용한 것의 기호를 쓰시오.

( )

[04~06] 다음 그림을 보고 물음에 답하시오.

04 ㉠의 간판을 바른 우리말로 고쳐 쓰시오. [6점]
중요!

( )

서술형·논술형 문제

05 ㉡과 같은 표현이 문제가 되는 까닭을 쓰시오. [10점]

_____

_____

06 ㉢을 바르게 고쳐 쓴 것은 무엇입니까?

(,)

① 나오셨다. ② 나오셨어. ③ 나왔어요.
④ 나오셨어요. ⑤ 나왔습니다.

07 잘못된 우리말 사용 실태를 발표할 때 다음 조사 주제가 적절하지 <u>않은</u> 까닭에 모두 ○표 하시오. [6점]

> 우리 지역의 모든 간판에 있는 잘못된 표현

(1) 몇 사람만으로 조사하기 어렵다. (　　　)
(2) 발표 주제와 관련 없는 내용이다. (　　　)
(3) 지역의 모든 간판을 조사할 수 없다. (　　　)

[08~10] 다음 글을 읽고 물음에 답하시오.

> 여진: 우리 모둠은 '우리말이 있는데도 영어를 사용하는 예'를 조사하기로 했어. 영어를 무분별하게 사용하는 예로 무엇이 있을까?
> 새별: 영어를 새긴 옷이 너무 많아.
> 승환: 방송에서 영어를 많이 사용하는 것 같아.
> 새별: 이 가운데서 어떤 것을 조사해 볼까?
> 재형: 옷에 새긴 영어는 조사 대상으로 알맞지 않은 것 같아. 만약 옷이 수입된 것이라면 옷에 영어가 있는 것은 당연할지도 몰라.
> 새별: 그럼 방송을 조사해 보면 어떨까? 방송은 아이들에게 영향을 많이 주잖아.
> 승환: 조사한 결과를 방송사에 알려 주고 영어 사용을 자제해 달라고 요청할 수도 있어.
> 여진: 그럼 방송에서 영어를 얼마나 사용하는지 조사해 보자.

08 여진이네 모둠의 조사 주제는 무엇입니까?

(1) 사물을 높여서 표현하는 예 (　　　)
(2) 초등학생이 많이 쓰는 신조어 (　　　)
(3) 우리말이 있는데도 영어를 사용하는 예 (　　　)

09 '옷에 새긴 영어'가 조사 대상으로 알맞지 않다고 생각한 까닭은 무엇입니까? (　　　)

① 조사 기간이 짧아서
② 자료를 구하기 어려워서
③ 친구들이 관심 없는 내용이어서
④ 영어를 새기지 않은 옷이 훨씬 많아서
⑤ 수입된 옷에 영어가 있는 것은 당연할지도 몰라서

10 여진이네 모둠은 어떻게 조사 대상을 정했습니까?

• 주제에 맞는 대상을 생각하고 아이들에게 영향을 많이 주는 것으로 범위를 (좁혔다 / 넓혔다).

11 책이나 글을 조사하는 방법의 특징을 두 가지 고르시오. (　　　,　　　)

① 정확하고 다양한 정보를 얻을 수 있다.
② 여러 사람을 한꺼번에 조사할 수 있다.
③ 현장에서 조사 대상을 직접 파악할 수 있다.
④ 찾고 싶은 정보를 쉽게 찾지 못할 수도 있다.
⑤ 답한 내용 외에는 자세한 내용을 알기 어렵다.

[12~13] 다음 글을 읽고 물음에 답하시오.

> (가) 우리 샛별 모둠에서는 영어를 지나치게 많이 사용하는 실태를 조사했습니다. 발표 제목은 「영어가 아름다운 우리말을 사라지게 해요」입니다.
> (나) 샛별방송사에서 방송한 「다 같이 요리」 프로그램을 짧게 보여 드리겠습니다. 이 동영상에서 "김○○ 셰프 출연"이라는 자막이 보입니다. '셰프'는 요리사를 뜻하는 영어입니다.
> (다) 지금까지 영어를 지나치게 많이 사용하는 실태를 발표했습니다. 아름다운 우리말을 보존할 수 있도록 우리말을 바르게 사용하는 습관을 기릅시다.

12 (가) 부분에 들어 있는 내용을 모두 고르시오.

(　　　,　　　,　　　)

① 모둠 이름　② 발표 제목　③ 조사 날짜
④ 조사 주제　⑤ 모둠의 의견

13 다음 내용은 어느 부분에 들어가는 것이 좋습니까?

> 출연자가 '메인 디시'라는 영어를 지나치게 많이 사용하는데 그것을 편집하지 않고 그대로 방송했습니다.

(　　　　　　　　　) 부분

단원평가

서술형·논술형 문제

14 조사한 자료를 발표 원고에 사용할 때 주의할 점을 쓰시오. [10점]

_____

_____

15 발표를 들을 때 주의할 점이 <u>아닌</u> 것은 무엇입니까?
(   )

① 자료가 정확한 것인지 생각한다.
② 발표 주제가 무엇인지 알아야 한다.
③ 자료에 대한 설명이 바른지 판단한다.
④ 발표자가 발표를 빨리 끝내도록 재촉한다.
⑤ 발표 내용이 주제와 관련 있는지 판단한다.

[16~17] 다음 그림을 보고 물음에 답하시오.

16 ❶에서 여진이의 발표 태도는 어떠합니까? (   )

중요!
① 듣는 사람의 눈을 바라보지 않았다.
② 발표할 때 칠판만 바라보며 말했다.
③ 자료를 너무 낮게 들어서 보여 줬다.
④ 한 화면에 너무 많은 내용을 제시했다.
⑤ 자료를 보여 줄 때 손으로 화면을 가렸다.

17 ❷의 여진이가 고쳐야 할 점에 ○표 하시오.

• 발표할 때에는 말을 (빨리 / 천천히) 해야 한다.

[18~19] 다음 만화를 보고 물음에 답하시오.

18 장면 ❸에서 아저씨의 당황스러운 마음을 어떻게 표현했습니까? (   )

① 뒷머리를 만지는 동작을 그렸다.
② 이마에 땀방울을 여러 개 그렸다.
③ 눈썹 사이를 찡그리는 모습을 그렸다.
④ 이마 부분에 세로선을 여러 개 그렸다.
⑤ 손으로 물건을 가리키는 동작을 그렸다.

19 ㉠ 에 들어갈 '삼김'을 바르게 고친 말을 쓰시오. [6점]

(   )

20 밑줄 그은 부분을 올바른 우리말 표현으로 바꾸어 쓰시오. [5점]

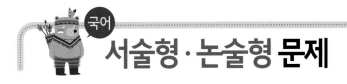

1 오른쪽 그림과 같은 간판이 문제가 되는 까닭을 쓰시오. [6점]

_____

_____

2 다음 대화에서 밑줄 그은 부분을 자연스러운 표현으로 고쳐 쓰시오. [9점]

(1)

➡ _____

(2)
주문하신 사과주스 나오셨습니다.

➡ _____

(3)
요즘 젊은 분들은 엘레강스하게 스타일하세요.

➡ _____

3 다음 그림에서 여자아이가 발표할 때 잘못한 점은 무엇인지 쓰시오. [8점]

_____

_____

4 장면 **4**에 나타난 민수의 마음과 그 마음을 표현한 방법을 쓰시오. [10점]

(1) 마음:
_____

(2) 표현 방법:
_____

* 배점이 표시되어 있지 않은 문제는 문제당 4점입니다.

정답 ◐ 꼼꼼 풀이집 10쪽

관련 단원 : 1. 마음을 나누며 대화해요

01 공감하며 대화할 때 상대의 말을 듣는 자세로 알맞지 <u>않은</u> 것은 어느 것입니까? (　　　)

① 상대의 처지를 생각하며 듣는다.
② 상대의 말에 집중하며 잘 듣는다.
③ 상대의 이야기에 관심을 갖고 듣는다.
④ 맞장구를 치거나 적절한 반응을 하며 듣는다.
⑤ 상대가 어떤 잘못을 했는지 비판적으로 듣는다.

[02~03] 다음 글을 읽고 물음에 답하시오.

　우리 조상들은 왜 줄을 만들어 서로 당기는 놀이를 했을까요? 그것은 농사와 관련이 깊어요. 오랜 세월 동안 농사를 지어 온 우리 조상들의 가장 큰 소망은 풍년이었어요. 농사가 잘되려면 물이 가장 중요하고요. 그런데 우리 조상들은 용이 물을 다스리는 신이라고 생각했답니다. 그래서 용을 닮은 줄을 만들고 흥겹게 줄다리기를 해서 용을 기쁘게 하려고 했어요. 물의 신인 용을 즐겁고 기쁘게 해야 풍년이 들 테니까요.

관련 단원 : 2. 지식이나 경험을 활용해요

02 조상들이 줄다리기를 한 까닭은 무엇입니까? (　　　)

① 건강을 지키려고
② 전쟁을 막기 위해서
③ 자연을 보호하기 위해서
④ 자손이 잘되기를 바라서
⑤ 풍년을 바라는 마음에서

관련 단원 : 2. 지식이나 경험을 활용해요

03 이 글을 읽는 데 도움이 되는 지식과 거리가 <u>먼</u> 것은 어느 것입니까? (　　　)

① 벼농사는 물이 많이 필요하다.
② 풍물놀이도 농경문화와 관련이 깊다.
③ 우리 문화는 농사를 중심으로 발달했다.
④ 조상들은 용을 신령스러운 동물로 여겼다.
⑤ 줄넘기도 체력을 기르는 데 큰 도움이 된다.

관련 단원 : 3. 의견을 조정하며 토의해요

04 토의에서 의견을 조정하는 순서대로 ㉠~㉣을 나열하시오.

㉠ 결과 예측하기　　　㉡ 문제 파악하기
㉢ 반응 살펴보기
㉣ 의견 실천에 필요한 조건 따지기

(　　　) → (　　　) → (　　　) → (　　　)

관련 단원 : 4. 겪은 일을 써요

05 다음 문장의 밑줄 그은 부분을 바르게 고쳐 쓰시오. [6점]

　우리가 환경을 보호해야 하는 까닭은 환경 파괴의 피해가 결국 우리에게 <u>돌아오는 것이라고 생각한다.</u>

(　　　　　　　　　　)

관련 단원 : 4. 겪은 일을 써요

06 다음 중 문장 성분의 호응 관계가 바른 문장은 어느 것입니까? (　　　)

① 그 사람과는 도무지 말이 잘 통한다.
② 어제 읽은 그림책은 별로 재미있었다.
③ 그 이야기는 전혀 들어 본 내용이었다.
④ 문제가 전혀 쉬워서 모두가 깜짝 놀랐다.
⑤ 나는 그 이야기가 결코 거짓이 아니라고 생각한다.

관련 단원 : 4. 겪은 일을 써요

07 다음 설명에 알맞은 말을 [보기]에서 찾아 쓰시오.

[보기]
글감　　주제　　글머리　　감상

(1) 글을 시작하는 첫 부분 (　　　)
(2) 글로 나타내고 싶은 생각 (　　　)
(3) 글을 쓰는 재료가 되는 것 (　　　)

관련 단원 : 5. 여러 가지 매체 자료

08 다음 중 영상 매체 자료를 두 가지 고르시오.
(,)

① 잡지   ② 영화
③ 신문   ④ 연속극
⑤ 휴대 전화 문자 메시지

관련 단원 : 5. 여러 가지 매체 자료

09 다음 매체 자료의 특징으로 알맞지 <u>않은</u> 것은 어느 것입니까? ( )

① 파일 자료를 주고받을 수 있다.
② 글과 그림, 영상을 모두 사용할 수 있다.
③ 인터넷을 통해 자유롭게 정보를 주고받는다.
④ 정보를 전하는 이와 받는 이가 바뀌지 않는다.
⑤ 시각 정보나 소리에 담긴 정보도 잘 탐색해야 한다.

서술형·논술형 문제 ✏ 관련 단원 : 6. 타당성을 생각하며 토론해요

10 사회자가 말한 다음 토론 주제에 대하여 반대 의견에 대한 근거를 써 보시오. [10점]

> 사회자: 학교에서의 인사말을 "착한 사람이 되 겠습니다."로 바꾸는 주제에 대해 찬성편과 반대편의 의견을 듣도록 하겠습니다.

학교에서의 인사말을 "착한 사람이 되겠습니 다."로 바꾸는 것에 대해 반대합니다. 왜냐하면

_____

관련 단원 : 6. 타당성을 생각하며 토론해요

11 주장을 뒷받침하는 근거 자료의 조건으로 알맞지 <u>않은</u> 것은 어느 것입니까? ( )

① 출처가 명확해야 한다.
② 조사 대상과 범위를 알 수 있어야 한다.
③ 너무 오래되지 않은 조사 자료여야 한다.
④ 주장하는 내용을 뒷받침할 수 있어야 한다.
⑤ 주장하는 사람이 직접 조사한 자료여야 한다.

[12~13] 다음 토론을 읽고 물음에 답하시오.

> 저희는 다음과 같은 까닭으로 "학급 임원은 반드시 필요하다."라는 주제에 ⊙ 합니다.
>
> 첫째, 학급 임원을 뽑는 기준이 올바르다고 보기 어렵습니다. 한 매체에서 설문 조사를 한 결과에 따르면 70퍼센트 정도의 학생들이 "후보들의 능력보다 친분을 우선으로 투표한 적이 있다."라고 응답했습니다. 이 조사는 정말 우리가 우리를 대표할 수 있는 사람을 학급 임원으로 뽑았는지에 대한 의문을 가지게 합니다.

관련 단원 : 6. 타당성을 생각하며 토론해요

12 ⊙ 에 들어갈 알맞은 말은 무엇입니까? ( )

① 찬성   ② 반대   ③ 재청
④ 제안   ⑤ 결정

관련 단원 : 6. 타당성을 생각하며 토론해요

13 위 토론자의 주장에 대한 근거와 근거 자료를 정리하시오. [6점]

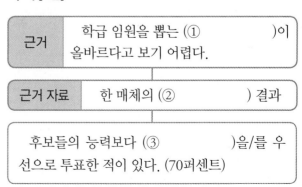

근거	학급 임원을 뽑는 (①)이 올바르다고 보기 어렵다.

근거 자료	한 매체의 (②) 결과

후보들의 능력보다 (③)을/를 우선으로 투표한 적이 있다. (70퍼센트)

[14~15] 다음 글을 읽고 물음에 답하시오.

> 사람들 대부분이 이어폰으로 음악을 들으면 집중을 잘하기 때문에 학습하는 데 큰 ㉠힘이 될 것이라고 생각합니다. 하지만 이는 사실과 다릅니다. 양쪽 귀 바로 위쪽 부위에는 언어 중추가 있는 뇌 측두엽이 존재하는데 측두엽과 가까운 귀에 이어폰을 꽂으면 언어 중추가 음악 소리에 자극을 받기 때문에 학습 내용이 기억에 잘 남지 않습니다.

관련 단원 : 7. 중요한 내용을 요약해요
14 ㉠'힘'과 바꾸어 쓸 수 있는 말을 쓰시오.

( )

관련 단원 : 7. 중요한 내용을 요약해요
15 이 글의 중심 내용을 바르게 요약한 것은 어느 것입니까? ( )

① 언어 중추는 음악 소리에 자극을 받는다.
② 귀 바로 위쪽 부위에는 뇌 측두엽이 있다.
③ 이어폰으로 음악을 들으면 집중을 잘하게 된다.
④ 어떤 이어폰을 사용하느냐에 따라 학습 효과가 달라진다.
⑤ 이어폰으로 음악을 들으며 공부하는 것은 학습에 도움이 되지 않는다.

관련 단원 : 7. 중요한 내용을 요약해요
16 다음 글에서 밑줄 그은 '철렁하다'의 뜻을 바르게 짐작한 것은 어느 것입니까? ( )

> 막상 켈러 선생님의 연락을 받자 가슴이 <u>철렁했다</u>. 이렇게 학기말에 따로 불러낸다는 것은 좋지 않은 소식을 전하려는 경우가 많았다.

① 물결이 출렁거리다.
② 어떤 일에 깜짝 놀라다.
③ 일이 예상대로 되어 가다.
④ 아쉽고 미안한 마음이 들다.
⑤ 좋은 일이 생길 것 같은 기분이 들다.

[17~19] 다음 글을 읽고 물음에 답하시오.

> 식물이 줄기에 어떤 모양으로 잎을 붙여 나가는지 그 기술을 알아보기로 할까요? 줄기에 차례대로 잎을 붙여 나가는 모양을 '잎차례'라고 합니다.
> 먼저, 줄기마다 잎을 한 장씩 피우되 서로 어긋나게 피우는 방법이 있습니다. 이것을 '어긋나기'라 합니다. 국수나무처럼 평행하게 어긋나기만 하는 식물이 있는가 하면, 해바라기처럼 소용돌이 모양으로 돌려나면서 어긋나는 식물도 있습니다.
> 이와는 달리 줄기 한 마디에 잎 두 장이 마주 보는 '마주나기'도 있습니다. 단풍나무나 화살나무는 잎 두 장이 사이좋게 마주 보고 있습니다. 그리고 마주 난 잎들이 마디마다 서로 어긋나지 않고 평행합니다.

관련 단원 : 7. 중요한 내용을 요약해요
17 글의 중심 낱말을 세 글자로 찾아 쓰시오.

( )

관련 단원 : 7. 중요한 내용을 요약해요
18 글의 내용으로 보아 다음과 짝이 되는 식물을 글에서 찾아 쓰시오. [6점]

⑴ 국수나무 – ( )
⑵ 단풍나무 – ( )

서술형·논술형 문제 ✏️   관련 단원 : 7. 중요한 내용을 요약해요
19 이 글의 중요한 내용을 요약하시오. [10점]

> 줄기에 차례대로 잎을 붙여 나가는 모양인 '잎차례'에는 _____
>
> _____

관련 단원 : 8. 우리말 지킴이
20 보기 와 같이 우리말 표현이 바르지 않은 가게 이름을 바르게 고쳐 쓰시오. [6점]

> ┌─ 보기 ─────────────────┐
> Book적Book적 서점 → 북적북적 서점
> └──────────────────────┘

• SWEET 카페 → ( )

[01~03] 다음 글을 읽고 물음에 답하시오.

> "현욱아, 혹시 프라이팬도 닦았니?"
>
> "예. 제가 철 수세미로 문질러 깨끗이 닦았어요."
>
> "뭐라고? 철 수세미로 문질렀다는 말이니?"
>
> "예. 수세미로는 잘 닦이지 않아서 철 수세미를 썼어요."
>
> 엄마는 한숨을 한 번 쉬시고는 다시 웃음을 띠고 말씀하셨다.
>
> "㉠우리 아들이 집안일을 도와주려는 마음으로 설거지를 열심히 했구나. 그렇지만 금속으로 프라이팬 바닥을 긁으면 바닥이 벗겨져서 못 쓰게 된단다."
>
> 엄마의 말씀을 듣고 나니 부모님의 일을 도와드렸다는 생각에 뿌듯했던 나는 금세 부끄러워졌다.
>
> "죄송해요, 엄마. 집안일을 도와드리려다가 오히려 프라이팬만 망가뜨렸어요."
>
> 엄마는 웃으며 나를 꼭 안아 주셨다.

관련 단원 : 1. 마음을 나누며 대화해요

01 현욱이는 무엇으로 프라이팬을 닦았습니까?

( )

관련 단원 : 1. 마음을 나누며 대화해요

02 엄마께서 한숨을 쉬었다가 다시 웃음을 띠고 말씀하신 까닭에 ○표 하시오.

(1) 시키지도 않은 일을 한 현욱이를 이해할 수 없어서 ( )

(2) 집안일을 도와주려는 현욱이의 착한 마음씨에 고마움을 느껴서 ( )

서술형·논술형 문제 ✎ 관련 단원 : 1. 마음을 나누며 대화해요

03 ㉠에서 알 수 있는 공감하며 대화하는 방법은 무엇인지 쓰시오. [8점]

_____

[04~05] 다음 글을 읽고 물음에 답하시오.

> 처음 ㉠발끝이 닿은 장소는 2층 '한글이 걸어온 길' 상설 전시실이었다. 전시실 이름처럼 '한글이 걸어온 길'을 주제로 마련한 상설 전시실은 총 3부로 구성되었다. 1부 주제는 '새로 스물여덟 자를 만드니'로, 세종 25년 한글이 그 모습을 드러내던 때를 살펴볼 수 있었고, 2부 주제는 '쉽게 익혀서 편히 쓰니'이며, 마지막으로 3부 주제는 '세상에 널리 퍼져 나아가니'이다.

관련 단원 : 2. 지식이나 경험을 활용해요

04 ㉠을 자연스러운 표현으로 바꾸어 쓰시오. [5점]

( )

관련 단원 : 2. 지식이나 경험을 활용해요

05 다음 중 배웠던 지식을 활용해서 글을 고쳐 쓰자는 의견을 낸 사람은 누구입니까?

> 현우: 중간중간에 감상을 넣어 주면 글쓴이가 어떻게 느꼈는지 알 수 있어서 좋을 것 같아.
>
> 지혜: 한글을 설명할 때 4학년 때 배운 「훈민정음해례본」 내용도 함께 설명하면 읽는 사람이 더 이해하기 쉬울 것 같아.

( )

관련 단원 : 3. 의견을 조정하며 토의해요

06 토의할 때 오른쪽 여자아이가 잘못한 점은 무엇입니까? [6점]

예? 아, 뭐 저는 뭘 해도 상관없습니다.

• 문제를 해결하는 데

[ ] .

관련 단원 : 3. 의견을 조정하며 토의해요

07 글을 읽어야 상세한 정보를 얻을 수 있는 자료는 무엇입니까? ( )

① 책 ② 그림 ③ 도표 ④ 사진 ⑤ 음악

[08~10] 다음 글을 읽고 물음에 답하시오.

> ㉠어제저녁에 방에서 컴퓨터를 하는데 졸음이 밀려온다. 안방으로 가서 가만히 누워 있는데 내 동생 용준이가 나를 툭툭 치며 장난을 걸어왔다. 나는 용준이가 또 덤빌까 봐 용준이 손을 잡고 안 놓아주었다. 그러다가 그만 내 눈에 쇳덩어리(용준이 머리)가 '쿵' 하고 부딪쳤다.
>
> "아야!"
>
> 나는 너무 아파서 눈물을 글썽였다. 그랬더니 용준이가 혼날까 봐 따라 울려고 그랬다. 나는 결코 용준이를 아프게 한 적이 없는데도 말이다.

관련 단원 : 4. 겪은 일을 써요

08 '내'가 겪은 일은 무엇입니까? (   )

① 용준이가 '나'를 때렸다.
② 용준이가 아버지께 혼이 났다.
③ '나'는 졸려서 안방에서 잠들었다.
④ '나'는 동생을 울려서 어머니께 혼이 났다.
⑤ 용준이가 장난을 쳐서 '나'와 용준이가 부딪쳤다.

관련 단원 : 4. 겪은 일을 써요

09 ㉠이 잘못된 까닭은 무엇입니까?

• (높임 / 시간)을 나타내는 말과 서술어의 호응 관계가 바르지 않다.

관련 단원 : 4. 겪은 일을 써요

10 ㉠에서 고쳐 써야 하는 낱말을 찾아 바르게 고쳐 쓰시오. [각 4점]

(   ) → (   )

관련 단원 : 5. 여러 가지 매체 자료

11 인쇄 매체 자료에 대한 설명으로 알맞은 것은 무엇입니까? (   )

① 자막으로 정보를 전달한다.
② 소리에 담긴 정보를 살펴봐야 한다.
③ 문자메시지, 누리 소통망[SNS] 등이 있다.
④ 인터넷 매체 자료와 같은 전달 방식을 사용한다.
⑤ 글과 그림과 사진이 주는 시각 정보를 잘 살펴본다.

[12~13] 다음 매체 자료를 보고 물음에 답하시오.

아픈 사람들이 허준에게 치료를 받기 위해 길게 줄을 섰습니다.

시간이 흘러 다른 의원은 허준에게 이제 그만 떠나자고 했습니다.

허준은 과거 시험을 보러 가야 하지만 조금 더 치료하기로 하였습니다.

허준은 밤이 새도록 환자들을 치료하였습니다.

관련 단원 : 5. 여러 가지 매체 자료

12 허준은 어떤 상황에 처했습니까? [6점]

• 시험일이 촉박한데 허준이   주기를 바라는 사람이 많았다.

서술형·논술형 문제   관련 단원 : 5. 여러 가지 매체 자료

13 장면 **4**에서 허준이 처한 상황을 표현한 방법을 쓰시오. [10점]

_____

_____

관련 단원 : 6. 타당성을 생각하며 토론해요

14 다음과 같은 활동을 하는 토론 절차에 ○표 하시오.

> • 자기편의 주장을 요약한다.
> • 상대편에서 제기한 반론이 타당하지 않음을 지적한다.
> • 자기편 주장의 장점을 정리한다.

(주장 펼치기 / 반론하기 / 주장 다지기)

[15~16] 다음 글을 읽고 물음에 답하시오.

최근 한 매체에서 '연예인'이 초등학생들의 장래 희망 직업 1위를 차지했다는 결과를 발표했다. 초등학생들 사이에서 번진 아이돌 열풍 때문이다. 몇 년 전에는 꿈이 '요리사'인 초등학생이 많았는데, 그 당시에는 요리를 주제로 한 텔레비전 프로그램이 유행했기 때문이다. 게임 산업의 발전에 따라 '프로 게이머'를 희망 직업으로 뽑은 학생이 대다수였을 때도 있었다. 직업은 생활 수단이자 자신의 능력을 발휘하고 꿈을 실현할 수 있는 기회이기도 하다. 그런데 자신이 희망하는 직업을 유행에 따라 결정하는 일이 과연 옳은 것일까?

관련 단원 : 6. 타당성을 생각하며 토론해요
15 이 글에 나타난 문제 상황은 무엇입니까? [5점]

• 희망 직업을 (   )에 따라 결정한다.

관련 단원 : 6. 타당성을 생각하며 토론해요
16 글의 내용을 뒷받침하기 위해 활용할 자료로 알맞지 않은 것에 ×표 하시오.

(1) 직업 평론가의 면담 자료   (   )
(2) 부모님 직업을 조사한 설문 조사 자료 (   )
(3) 꿈이 연예인으로 바뀐 학생의 면담 자료
(   )

[17~18] 다음 글을 읽고 물음에 답하시오.

㉮ 사람들은 많은 물건을 한꺼번에 나르려고 바구니를 이용한다. 그렇다면 동물들은 한꺼번에 먹이를 나르려고 무엇을 이용할까?

다람쥐는 볼주머니를 이용한다. 볼주머니는 입 안 좌우에 있는 큰 주머니를 말한다. 다람쥐는 먹이를 입에 넣은 다음 볼에 차곡차곡 담는데 밤처럼 너무 큰 먹이는 이빨로 잘라서 넣기도 한다.

㉯ 원숭이도 볼주머니가 있다. 원숭이의 볼주머니에는 사과 한 개 정도가 들어갈 수 있는 공간이 있다. 원숭이는 먹이를 발견하면 대충 씹어 그곳에 잠시 저장한다.

관련 단원 : 7. 중요한 내용을 요약해요
17 이 글에 여러 번 반복해서 나타나는 중심 낱말은 무엇입니까? (   )

① 먹이   ② 저장   ③ 다람쥐
④ 원숭이   ⑤ 볼주머니

관련 단원 : 7. 중요한 내용을 요약해요
18 이와 같은 글을 요약하기에 알맞은 틀에 ○표 하시오.

(1)
□
↓
□
↓
□
(   )

(2)
□ — □
   — □
   — □
(   )

관련 단원 : 8. 우리말 지킴이
19 오른쪽 그림에서 여자아이가 발표할 때 잘못한 점은 무엇입니까?
(   )

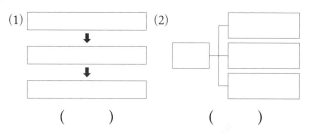

① 발표 원고만 보면서 읽었다.
② 너무 빠른 속도로 발표했다.
③ 너무 작은 목소리로 말했다.
④ 듣는 사람을 바라보지 않았다.
⑤ 한 화면에 너무 많은 내용을 제시했다.

관련 단원 : 8. 우리말 지킴이
20 밑줄 그은 부분을 올바른 우리말 표현으로 바꾼 것은 무엇입니까? (   )

이거 레알?

① 뭐야   ② 알아   ③ 좋아
④ 진짜야   ⑤ 재미있어

읽기 자료

● '-이에요'와 '-예요'의 바른 쓰임

◎ 참고 교재: 똑똑한 하루어휘

• 친구들이에요(○) / 얼마예요(○)

'-이에요'는 앞말에 받침이 없을 경우 '-예요'로 줄어들기도 해. 즉, '친구들이에요, 얼마예요'처럼 어떤 말 뒤에 붙는 형태로는 '-이에요'나 '-예요'만 쓰는 거야. '친구들이에요'처럼 앞말에 '-이예요'를 붙이는 것은 잘못이야.

그런데 '영숙이예요'와 같이 이름 뒤에 붙는 '-이예요'는 어떻게 된 걸까?

'영숙이예요'는 앞말에 '-이예요'가 붙은 게 아니라 '영숙이'라는 말 뒤에 '-예요'가 붙은 거야. '영숙이'에 쓰인 '이'는 받침이 들어간 이름을 부르기 편하게 해 주는 말이야. 그래서 '영숙이'에 '-예요'가 붙어 '영숙이예요'가 된 거지. '-이에요'와 '-예요'만 맞고 '-이예요'는 틀린 말이라고 기억해 두면 헷갈리지 않아.

수학

🖋 단원별 중요 내용을 알아볼까?

1 수의 범위와 어림하기   54쪽

- 수의 범위

  30, 31, 45 ➡ 30 **이상**인 수 ─→ 30과 같거나 큰 수

  30.0, 29.7, 17.2 ➡ 30 **이하**인 수 ─→ 30과 같거나 작은 수

  30.4, 32.5, 40.0 ➡ 30 **초과**인 수 ─→ 30보다 큰 수

  29.8, 27.0, 15.4 ➡ 30 **미만**인 수 ─→ 30보다 작은 수

- 716을 어림하여 백의 자리까지 나타내기

  올림: 716 ➡ 800   버림: 716 ➡ 700

       └─ 올립니다.   └─ 버립니다.

  반올림: 716 ➡ 700 ─→ 구하려는 자리 바로 아래 자리의 숫자가 0, 1, 2, 3, 4이면 버리고, 5, 6, 7, 8, 9이면 올립니다.

이상, 이하, 초과, 미만

- 이상: 같거나 큰 수
- 이하: 같거나 작은 수
- 초과: 큰 수
- 미만: 작은 수

2 분수의 곱셈   63쪽

- (자연수)×(분수)

  $$3 \times \frac{5}{7} = \frac{3 \times 5}{7} = \frac{15}{7} = 2\frac{1}{7}$$

- (진분수)×(진분수)

  $$\frac{5}{9} \times \frac{4}{7} = \frac{5 \times 4}{9 \times 7} = \frac{20}{63}$$

- (대분수)×(대분수)

  $$1\frac{1}{2} \times 1\frac{5}{6} = \frac{\overset{1}{\cancel{3}}}{2} \times \frac{11}{\underset{2}{\cancel{6}}} = \frac{11}{4} = 2\frac{3}{4}$$

여러 가지 분수의 곱셈

분수가 들어간 모든 곱셈은 진분수나 가분수 형태로 바꾼 후 분자는 분자끼리, 분모는 분모끼리 곱합니다.

3 합동과 대칭   72쪽

도형의 합동, 선대칭도형, 점대칭도형

- 합동: 모양과 크기가 같아서 포개었을 때 완전히 겹치는 두 도형

- 선대칭도형: 한 직선을 따라 접었을 때 완전히 겹치는 도형

- 점대칭도형: 한 도형을 어떤 점을 중심으로 180° 돌렸을 때 처음 도형과 완전히 겹치는 도형

4 소수의 곱셈   81쪽

- (소수)×(자연수)

  $$1.3 \times 2 = \frac{13}{10} \times 2 = \frac{13 \times 2}{10} = \frac{26}{10} = 2.6$$

- (소수)×(소수)

  $16 \times 3 = 48$

  $1.6 \times 0.3 = 0.48$

  $\frac{1}{10}$배 $\frac{1}{10}$배 $\frac{1}{100}$배

(소수)×(소수)를 계산하는 방법

소수를 자연수로 나타내어 계산한 후 소수의 크기를 생각하여 소수점을 찍습니다.

5 직육면체   90쪽

모서리, 꼭짓점, 면

직육면체 / 직육면체의 겨냥도

보이는 모서리: 실선 / 보이지 않는 모서리: 점선

- 직육면체: 직사각형 6개로 둘러싸인 도형
- **직육면체의 겨냥도**: 직육면체 모양을 잘 알 수 있도록 나타낸 그림

6 평균과 가능성   99쪽

- 세 수의 평균 구하기

  9   8   4 ➡ (평균)=(9+8+4)÷3=7

- 일이 일어날 가능성의 정도의 표현: 불가능하다, ~아닐 것 같다, 반반이다, ~일 것 같다, 확실하다

- (평균)=(자료의 값을 모두 더한 수)÷(자료의 수)
- 가능성: 어떠한 상황에서 특정한 일이 일어나길 기대할 수 있는 정도

1. 수의 범위와 어림하기

🌑 이상과 이하

• 60, 61, 63, 65 등과 같이 60과 같거나 큰 수를 60 이상인 수라고 합니다.

• 20.0, 19.9, 18.0, 17.4 등과 같이 20과 같거나 작은 수를 20 이하인 수라고 합니다.

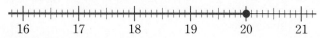

🌑 초과와 미만

• 27.1, 28.4, 30.0 등과 같이 27보다 큰 수를 27 초과인 수라고 합니다.

• 149.5, 148.0, 146.3 등과 같이 150보다 작은 수를 150 미만인 수라고 합니다.

🌑 수의 범위를 수직선에 나타내기

> 이상과 이하는 경곗값이 포함되므로 점 ●, 초과와 미만은 경곗값이 포함되지 않으므로 점 ○을 사용합니다.

• 6 이상 9 이하인 수

• 6 이상 9 미만인 수

• 6 초과 9 이하인 수

• 6 초과 9 미만인 수

🌑 수의 범위를 활용하여 문제 해결하기

팔 굽혀 펴기 등급별 횟수

등급	횟수(회)	등급	횟수(회)
1	35 초과	3	15 초과 25 이하
2	25 초과 35 이하	4	15 이하

• 민주의 팔 굽혀 펴기 횟수가 25회일 때 민주가 속한 등급은 3등급입니다.
• 민주가 속한 등급의 횟수 범위를 수직선에 나타내면 다음과 같습니다.

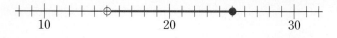

🌑 올림

구하려는 자리의 아래 수를 올려서 나타내는 방법을 올림이라고 합니다.

올림하여 십의 자리까지 나타내면 307 ➡ 310

올림하여 백의 자리까지 나타내면 307 ➡ 400

참고 올림하여 소수 첫째 자리 까지 나타내면	올림하여 소수 둘째 자리 까지 나타내면
4.562 ➡ 4.6	4.562 ➡ 4.57

🌑 버림

구하려는 자리의 아래 수를 버려서 나타내는 방법을 버림이라고 합니다.

버림하여 십의 자리까지 나타내면 829 ➡ 820

버림하여 백의 자리까지 나타내면 829 ➡ 800

참고 버림하여 소수 첫째 자리 까지 나타내면	버림하여 소수 둘째 자리 까지 나타내면
7.985 ➡ 7.9	7.985 ➡ 7.98

🌑 반올림

구하려는 자리 바로 아래 자리의 숫자가 0, 1, 2, 3, 4 이면 버리고, 5, 6, 7, 8, 9이면 올려서 나타내는 방법을 반올림이라고 합니다.

반올림하여 십의 자리까지 나타내면 6138 ➡ 6140

반올림하여 백의 자리까지 나타내면 6138 ➡ 6100

참고 반올림하여 소수 첫째 자리까지 나타내면	반올림하여 소수 둘째 자리까지 나타내면
2.147 ➡ 2.1	2.147 ➡ 2.15

> 반올림은 구하려는 자리 바로 아래 자리의 숫자만 살펴봐.

🌑 올림, 버림, 반올림을 활용하여 문제 해결하기

어림 방법	상황
올림	■개씩 묶음으로 물건을 사야 하는 경우
버림	동전을 지폐로 바꾸는 경우
반올림	키, 몸무게, 인구 등을 어림하는 경우

* 배점이 표시되어 있지 않은 문제는 문제당 4점입니다.

01 5 이상인 수에 ○표 하시오.

| 1   2   3   4   5   6   7   8 |

02 관계있는 것끼리 이어 보시오.

| 3과 같거나 작은 수 | · | · | 3 초과인 수 |

| 3보다 큰 수 | · | · | 3 이상인 수 |

| 3과 같거나 큰 수 | · | · | 3 이하인 수 |

03 올림하여 십의 자리까지 나타내어 보시오.

| 957 | ➡ (   )

04 버림하여 백의 자리까지 나타내어 보시오.

| 386 | ➡ (   )

05 수직선에 나타낸 수의 범위를 쓰시오.

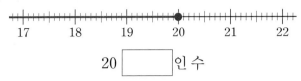

20 [   ] 인 수

06 85 미만인 수에 ○표, 89 초과인 수에 △표 하시오.

| 62   80   85   30 |
| 124   90   58   89 |

07 5348을 올림, 버림, 반올림하여 백의 자리까지 나타내어 보시오.
중요!

올림	버림	반올림

08 수영장에 가기 위해 학년별로 버스를 타려고 합니다. 버스 한 대의 정원은 42명입니다. 학생 수가 버스 한 대의 정원을 초과하는 학년을 모두 찾아 쓰시오.

학년별 학생 수

학년	1학년	2학년	3학년	4학년	5학년	6학년
학생 수 (명)	39	42	51	40	47	41

( )

[09~10] 수직선에 나타내어 보시오.

09

26 초과인 수

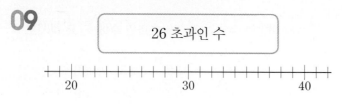

10

13 이상 17 미만인 수

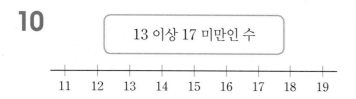

11 소수를 어림해 보시오.

중요!

(1) 2.13을 버림하여 소수 첫째 자리까지 나타내면 얼마인지 쓰시오.

( )

(2) 4.816을 반올림하여 소수 둘째 자리까지 나타내면 얼마인지 쓰시오.

( )

서술형·논술형 문제

12 반올림하여 천의 자리까지 나타내면 5000이 되는 수를 찾아 쓰려고 합니다. 풀이 과정을 완성하고 답을 구하시오.

| 4105 | 3980 | 4722 | 3400 |

풀이 반올림하여 천의 자리까지 나타내면

4105 ➡ ☐ , 3980 ➡ ☐ ,

4722 ➡ ☐ , 3400 ➡ ☐ 입니다.

따라서 반올림하여 천의 자리까지 나타내면

5000이 되는 수는 ☐ 입니다.

답 _____

13 어느 날 여러 도시의 최고 기온을 나타낸 표입니다. 최고 기온이 30 ℃ 이상 33 ℃ 이하인 도시를 모두 찾아 쓰시오.

도시별 최고 기온

도시	서울	대전	전주	대구	부산
기온(℃)	29	30	31	34	33

( )

14 문제를 해결하는 데 필요한 어림 방법을 찾아 기호를 쓰고 문제를 해결해 보시오.

| ㉠ 올림 | ㉡ 버림 | ㉢ 반올림 |

(1) 달걀을 10개씩 포장하여 팔려고 합니다. 달걀이 729개 있다면 달걀은 최대 몇 개까지 팔 수 있습니까?

( ), ( )

(2) 문구점에서 색종이를 10장씩 묶어서 팝니다. 색종이가 46장 필요하다면 색종이를 최소 몇 장 사야 합니까?

( ), ( )

15 통과 제한 높이가 2 m인 도로가 있습니다. 통과할 수 있는 자동차를 모두 찾아 기호를 쓰시오.

2 m 미만 통과 가능

자동차	㉠	㉡	㉢	㉣	㉤
높이(cm)	190	205	230	186	245

( )

16 어림한 수의 크기를 비교하여 ○ 안에 >, =, <를 알맞게 써넣으시오. [6점]
중요!

6128을 버림하여 백의 자리까지 나타낸 수
➡ ☐

○

6594를 버림하여 천의 자리까지 나타낸 수
➡ ☐

서술형·논술형 문제 ✏

17 17 초과 21 이하인 자연수를 모두 더하면 얼마인지 풀이 과정을 쓰고 답을 구하시오. [6점]

풀이 _____

_____

_____

답 _____

18 네 자리 수 51☐8을 반올림하여 백의 자리까지 나타내면 5200입니다. ☐ 안에 들어갈 수 있는 수는 모두 몇 개입니까? [8점]

( )

19 수영이네 가족은 40세인 부모님과 12세인 수영, 10세인 동생으로 모두 4명입니다. 수영이네 가족이 모두 국립공원에 입장하려면 입장료는 모두 얼마 내야 합니까? [10점]

국립공원 입장료

구분	요금(원)
어른(20세 이상)	1500
청소년(12세 초과 20세 미만)	800
어린이(12세 이하)	500

( )

서술형·논술형 문제 ✏

20 올림하여 천의 자리까지 나타내면 7000이 되는 가장 작은 자연수와 가장 큰 자연수의 차는 얼마인지 풀이 과정을 쓰고 답을 구하시오. [10점]

풀이 _____

_____

_____

답 _____

* 배점이 표시되어 있지 않은 문제는 문제당 **4점**입니다.

01 □ 안에 알맞은 말을 써넣으시오.

> 40, 41, 43 등과 같이 40과 같거나 큰 수를 40
> [ ] 인 수라고 합니다.

02 18 초과인 수가 <u>아닌</u> 것에 ×표 하시오.

> 18   19   20   21   22   23

03 16 이하인 수를 모두 고르시오. (   )
① 15   ② 16   ③ 17
④ 18   ⑤ 19

04 수직선에 나타낸 수의 범위를 쓰시오.

105 106 107 108 109 110 111 112 113 114

110 [   ] 인 수

05 반올림하여 십의 자리까지 나타내어 보시오.

(1) [524] ➡ (   )

(2) [6239] ➡ (   )

06 버림하여 백의 자리까지 나타낸 수가 <u>다른</u> 하나는 어느 것입니까? (   )
① 3210   ② 3299   ③ 3200
④ 3300   ⑤ 3257

07 진경이네 모둠 학생들이 컴퓨터로 1분 동안 한글 타자를 연습한 기록입니다. 타자수가 200타 이상인 학생은 모두 몇 명입니까?

한글 타자 연습 기록

이름	진경	지연	민석	정모	수경
타자수(타)	156	230	188	200	272

(   )

[08~09] 놀이공원에서 키에 따라 탈 수 있는 놀이 기구와 기준을 나타낸 표입니다. 물음에 답하시오.

키에 따라 탈 수 있는 놀이 기구

놀이 기구	기준
청룡열차	키 150 cm 이하: 탈 수 없음.
꼬마 자동차	키 105 cm 이상 150 cm 이하: 탈 수 있음.
바이킹	키 145 cm 이상: 탈 수 있음.

08 키가 110 cm인 지호가 탈 수 있는 놀이 기구를 찾아 쓰시오.

(   )

09 키가 150 cm인 동민이가 탈 수 있는 놀이 기구는 모두 몇 개입니까?

(   )

10 수직선에 나타내어 보시오.
중요!

25 초과 28 이하인 수

24 25 26 27 28 29

11 올림하여 주어진 자리까지 나타내어 보시오.

수	소수 첫째 자리	소수 둘째 자리
9.801		

12 우리나라에서 투표할 수 있는 나이는 만 19세 이상입니다. 우리 가족 중에서 투표할 수 있는 사람을 모두 찾아 쓰시오.
중요!

우리 가족의 만 나이

가족	나	이모	누나	형	삼촌
만 나이(세)	11	40	19	14	21

(   )

13 수를 올림하여 천의 자리까지 나타내면 3000이 되는 수를 찾아 쓰시오.

2001   3001   3010   3100

(   )

서술형·논술형 문제

14 수 카드를 한 번씩만 사용하여 가장 큰 네 자리 수를 만들었습니다. 이 수를 반올림하여 백의 자리까지 나타내면 얼마인지 풀이 과정을 쓰고 답을 구하시오.

5   0   2   7

풀이 _____

_____

_____

_____

답 _____

15 72가 포함되는 수의 범위를 모두 찾아 기호를 쓰시오.

> ㉠ 72 이상인 수   ㉡ 72 이하인 수
> ㉢ 71 초과인 수   ㉣ 71 미만인 수

(   )

16 저금통을 열어서 모은 동전을 세어 보니 8250원이었습니다. 이것을 1000원짜리 지폐로 바꾸면 최대 몇 장까지 바꿀 수 있습니까? [6점]
중요!

(   )

서술형·논술형 문제 ✏

17 소라네 학교 4학년 학생 146명이 케이블카를 타려고 합니다. 케이블카 한 대에 탈 수 있는 정원이 10명일 때 케이블카를 최소 몇 번 운행해야 하는지 풀이 과정을 쓰고 답을 구하시오. [6점]

풀이 _____

_____

_____

_____

답 _____

18 62543을 다음과 같이 어림했을 때 가장 큰 수가 되는 것은 어느 것입니까? (   ) [8점]

① 버림하여 십의 자리까지 나타내었을 때
② 올림하여 백의 자리까지 나타내었을 때
③ 반올림하여 백의 자리까지 나타내었을 때
④ 반올림하여 천의 자리까지 나타내었을 때
⑤ 버림하여 만의 자리까지 나타내었을 때

19 ㉠과 ㉡에 공통으로 들어가는 자연수를 모두 쓰시오.
[10점]

> ㉠ 35 이상 43 이하인 수
> ㉡ 31 초과 40 미만인 수

(   )

서술형·논술형 문제 ✏

20 어느 공장에서 지우개 5272개를 한 상자에 100개씩 넣어 팔려고 합니다. 한 상자를 5000원에 판다면 팔 수 있는 지우개의 값은 최대 얼마인지 풀이 과정을 쓰고 답을 구하시오. [10점]

풀이 _____

_____

_____

_____

답 _____

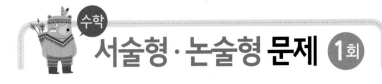
1 지우개의 길이는 몇 cm인지 반올림하여 일의 자리까지 나타내려고 합니다. 풀이 과정을 완성하고 답을 구하시오. [6점]

지우개

```
0   1   2   3   4   5
```

[풀이] 지우개의 실제 길이는 ☐ cm입니다.
따라서 지우개의 길이를 반올림하여 일의 자리까지 나타내면 ☐ cm입니다.

[답] _____

2 색 테이프 125 m를 사려고 합니다. 문구점에서 색 테이프를 한 묶음에 10 m씩 팔고 있고 가격이 1500원입니다. 색 테이프를 사려면 돈은 최소 얼마가 필요한지 풀이 과정을 쓰고 답을 구하시오. [8점]

[풀이] _____

_____

_____

_____

[답] _____

3 다음 조건을 보고 비밀번호를 구하려고 합니다. 물음에 답하시오. [총 20점]

다음 조건을 모두 만족하는 비밀번호를 입력하시오.
① 각 자리 수가 서로 다른 네 자리 수입니다.
② 7000 이상 8000 미만인 수입니다.
③ 백의 자리 수는 가장 큰 수입니다.
④ 십의 자리 수는 5 초과 8 이하인 수 중에서 3으로 나누어떨어지는 수입니다.
⑤ 일의 자리 수는 5 초과인 수입니다.

(1) ②를 보고 비밀번호의 천의 자리 수를 구하시오. [3점]
(   )

(2) ③을 보고 비밀번호의 백의 자리 수를 구하시오. [3점]
(   )

(3) ④를 보고 비밀번호의 십의 자리 수를 구하시오. [6점]
5 초과 8 이하인 수는 (   )
이고 이 중에서 3으로 나누어떨어지는 수는
☐ 이므로 십의 자리 수는 ☐ 입니다.

(4) 위의 조건을 모두 만족하는 비밀번호는 얼마인지 풀이 과정을 쓰고 답을 구하시오. [8점]

[풀이] _____

_____

_____

[답] _____

1 수직선에 나타낸 수의 범위에 속하는 자연수는 모두 몇 개인지 풀이 과정을 완성하고 답을 구하시오. [6점]

```
├──┼──┼──┼──┼──┼──┤
   8  10  12  14  16  18
```

풀이 수직선에 나타낸 수의 범위는 10 ☐

16 ☐ 인 수입니다. 따라서 이 범위에 속하

는 자연수는 (⎯⎯⎯⎯⎯⎯⎯⎯)이

므로 모두 ☐ 개입니다.

답 ⎯⎯⎯⎯⎯⎯⎯⎯⎯⎯⎯⎯

2 동물원에서는 7살 이하인 어린이와 65살 이상인 어른에게는 입장료를 받지 않습니다. 입장료를 내지 않아도 되는 나이를 모두 찾아 기호를 쓰려고 합니다. 풀이 과정을 쓰고 답을 구하시오. [8점]

> ㉠ 7살   ㉡ 15살   ㉢ 34살   ㉣ 65살   ㉤ 68살

풀이 ⎯⎯⎯⎯⎯⎯⎯⎯⎯⎯⎯⎯⎯⎯⎯⎯⎯

⎯⎯⎯⎯⎯⎯⎯⎯⎯⎯⎯⎯⎯⎯⎯⎯⎯⎯⎯

⎯⎯⎯⎯⎯⎯⎯⎯⎯⎯⎯⎯⎯⎯⎯⎯⎯⎯⎯

⎯⎯⎯⎯⎯⎯⎯⎯⎯⎯⎯⎯⎯⎯⎯⎯⎯⎯⎯

⎯⎯⎯⎯⎯⎯⎯⎯⎯⎯⎯⎯⎯⎯⎯⎯⎯⎯⎯

답 ⎯⎯⎯⎯⎯⎯⎯⎯⎯⎯⎯⎯

3 대화를 읽고 영주와 세희가 타고 싶어 하는 자동차를 각각 구하려고 합니다. 물음에 답하시오. [총 14점]

㉠ 1945   ㉡ 2060   ㉢ 4961

민호
> 우아! 멋진 자동차가 3대나 있네. 각각 네 자리 수가 적혀 있어.

영주
> 올림하여 십의 자리까지 나타내었을 때 십의 자리 수가 6인 자동차를 타고 싶어.

세희
> 반올림하여 백의 자리까지 나타내었을 때 백의 자리 수가 가장 큰 자동차를 타고 싶은데.

(1) 영주가 타고 싶어 하는 자동차는 어느 것인지 풀이 과정을 완성하고 답을 구하시오. [6점]

풀이 올림하여 십의 자리까지 나타내면

㉠은 ☐ , ㉡은 ☐ ,

㉢은 ☐ 입니다. 따라서 영주가 타고

싶어 하는 자동차는 십의 자리 수가 6인 ☐ 입니다.

답 ⎯⎯⎯⎯⎯⎯⎯⎯⎯⎯⎯⎯

(2) 세희가 타고 싶어 하는 자동차는 어느 것인지 풀이 과정을 쓰고 답을 구하시오. [8점]

풀이 ⎯⎯⎯⎯⎯⎯⎯⎯⎯⎯⎯⎯⎯⎯⎯

⎯⎯⎯⎯⎯⎯⎯⎯⎯⎯⎯⎯⎯⎯⎯⎯⎯⎯⎯

⎯⎯⎯⎯⎯⎯⎯⎯⎯⎯⎯⎯⎯⎯⎯⎯⎯⎯⎯

답 ⎯⎯⎯⎯⎯⎯⎯⎯⎯⎯⎯⎯

2. 분수의 곱셈

◎ (분수) × (자연수)

- (진분수) × (자연수)

예) $\frac{5}{9} \times 6$의 계산

방법 1 $\frac{5}{9} \times 6 = \frac{5 \times 6}{9} = \frac{\overset{10}{\cancel{30}}}{\underset{3}{\cancel{9}}} = \frac{10}{3} = 3\frac{1}{3}$

방법 2 $\frac{5}{9} \times 6 = \frac{5 \times \overset{2}{\cancel{6}}}{\underset{3}{\cancel{9}}} = \frac{10}{3} = 3\frac{1}{3}$

방법 3 $\frac{5}{\underset{3}{\cancel{9}}} \times \overset{2}{\cancel{6}} = \frac{5 \times 2}{3} = \frac{10}{3} = 3\frac{1}{3}$

- (대분수) × (자연수)

예) $1\frac{1}{5} \times 4$의 계산

방법 1 $1\frac{1}{5} \times 4 = \frac{6}{5} \times 4 = \frac{6 \times 4}{5} = \frac{24}{5} = 4\frac{4}{5}$

방법 2 $1\frac{1}{5} \times 4 = (1 \times 4) + \left(\frac{1}{5} \times 4\right) = 4 + \frac{4}{5} = 4\frac{4}{5}$

└→ 대분수를 자연수 부분과 분수 부분으로 나누어 계산합니다.

◎ (자연수) × (분수)

- (자연수) × (진분수)

예) $10 \times \frac{5}{8}$의 계산

방법 1 $10 \times \frac{5}{8} = \frac{10 \times 5}{8} = \frac{\overset{25}{\cancel{50}}}{\underset{4}{\cancel{8}}} = \frac{25}{4} = 6\frac{1}{4}$

방법 2 $10 \times \frac{5}{8} = \frac{\overset{5}{\cancel{10}} \times 5}{\underset{4}{\cancel{8}}} = \frac{5 \times 5}{4} = \frac{25}{4} = 6\frac{1}{4}$

방법 3 $\overset{5}{\cancel{10}} \times \frac{5}{\underset{4}{\cancel{8}}} = \frac{25}{4} = 6\frac{1}{4}$

- (자연수) × (대분수)

예) $5 \times 2\frac{3}{4}$의 계산

방법 1 $5 \times 2\frac{3}{4} = 5 \times \frac{11}{4} = \frac{55}{4} = 13\frac{3}{4}$

방법 2 $5 \times 2\frac{3}{4} = (5 \times 2) + \left(5 \times \frac{3}{4}\right) = 10 + \frac{15}{4}$
$= 10 + 3\frac{3}{4} = 13\frac{3}{4}$

└→ 대분수를 자연수 부분과 분수 부분으로 나누어 계산합니다.

◎ 진분수의 곱셈

- (단위분수) × (단위분수), (진분수) × (단위분수)

예) $\frac{1}{3} \times \frac{1}{4} = \frac{1}{3 \times 4} = \frac{1}{12}$, $\frac{3}{8} \times \frac{1}{5} = \frac{3 \times 1}{8 \times 5} = \frac{3}{40}$

- (진분수) × (진분수)

예) $\frac{3}{4} \times \frac{2}{7}$의 계산

방법 1 $\frac{3}{4} \times \frac{2}{7} = \frac{3 \times 2}{4 \times 7} = \frac{\overset{3}{\cancel{6}}}{\underset{14}{\cancel{28}}} = \frac{3}{14}$

방법 2 $\frac{3}{4} \times \frac{2}{7} = \frac{3 \times \overset{1}{\cancel{2}}}{\underset{2}{\cancel{4}} \times 7} = \frac{3}{14}$

방법 3 $\frac{3}{\underset{2}{\cancel{4}}} \times \frac{\overset{1}{\cancel{2}}}{7} = \frac{3 \times 1}{2 \times 7} = \frac{3}{14}$

- 세 분수의 곱셈

예) $\frac{2}{3} \times \frac{1}{6} \times \frac{1}{5} = \frac{2 \times 1 \times 1}{3 \times 6 \times 5} = \frac{\overset{1}{\cancel{2}}}{\underset{45}{\cancel{90}}} = \frac{1}{45}$

◎ 여러 가지 분수의 곱셈

- (대분수) × (대분수)

예) $1\frac{2}{3} \times 1\frac{2}{5}$의 계산

방법 1 $1\frac{2}{3} \times 1\frac{2}{5} = \frac{\overset{1}{\cancel{5}}}{3} \times \frac{7}{\underset{1}{\cancel{5}}} = \frac{7}{3} = 2\frac{1}{3}$

방법 2 $1\frac{2}{3} \times 1\frac{2}{5} = \left(1\frac{2}{3} \times 1\right) + \left(1\frac{2}{3} \times \frac{2}{5}\right)$
$= 1\frac{2}{3} + \left(\frac{\overset{1}{\cancel{5}}}{3} \times \frac{2}{\underset{1}{\cancel{5}}}\right) = 1\frac{2}{3} + \frac{2}{3} = 2\frac{1}{3}$

- (자연수) × (분수)

예) $7 \times \frac{5}{8} = \frac{7}{1} \times \frac{5}{8} = \frac{7 \times 5}{1 \times 8} = \frac{35}{8} = 4\frac{3}{8}$

- (분수) × (자연수)

예) $\frac{3}{5} \times 12 = \frac{3}{5} \times \frac{12}{1} = \frac{3 \times 12}{5 \times 1} = \frac{36}{5} = 7\frac{1}{5}$

분수가 들어간 모든 곱셈은 진분수나 가분수 형태로 바꾼 후 분자는 분자끼리, 분모는 분모끼리 곱하여 계산합니다.

* 배점이 표시되어 있지 않은 문제는 문제당 4점입니다.

[01~02] ☐ 안에 알맞은 수를 써넣으시오.

01 $\dfrac{3}{5} \times 2 = \dfrac{3 \times \boxed{}}{5} = \dfrac{\boxed{}}{5} = \boxed{}$

02 $3 \times 2\dfrac{1}{4} = (3 \times \boxed{}) + (\boxed{} \times \dfrac{1}{4})$

$= \boxed{} + \dfrac{\boxed{}}{4} = \boxed{}$

03 보기 와 같은 방법으로 계산하시오.

보기

$$\frac{8}{21} \times \frac{3}{4} = \frac{\overset{2}{\cancel{8}} \times \overset{1}{\cancel{3}}}{\underset{7}{\cancel{21}} \times \underset{1}{\cancel{4}}} = \frac{2}{7}$$

$\dfrac{24}{25} \times \dfrac{5}{36}$

04 계산을 하시오.

$\dfrac{1}{5} \times \dfrac{1}{4}$

05 계산 결과를 찾아 ◯표 하시오.

$1\dfrac{1}{9} \times 1\dfrac{1}{2}$

$1\dfrac{2}{3}$ $2\dfrac{1}{9}$

06 그림을 보고 바르게 이야기한 친구를 찾아 이름을 쓰시오.

중요!

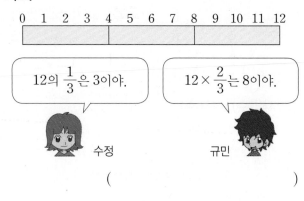

0 1 2 3 4 5 6 7 8 9 10 11 12

12의 $\dfrac{1}{3}$은 3이야.

$12 \times \dfrac{2}{3}$는 8이야.

수정   규민

(   )

07 빈 곳에 알맞은 수를 써넣으시오.

⊗

| 20 | $\dfrac{7}{12}$ | |
| $1\dfrac{11}{14}$ | $2\dfrac{1}{10}$ | |

08 $\frac{3}{7} \times 4$와 같은 것을 모두 고르시오. (   )

① $4\frac{3}{7}$ ② $\frac{4}{7} \times 3$

③ $\frac{3 \times 4}{7 \times 4}$ ④ $\frac{3}{7} + \frac{3}{7} + \frac{3}{7}$

⑤ $1\frac{5}{7}$

09 계산 결과가 5보다 큰 식에 ○표, 5보다 작은 식에 △
중요! 표 하시오.

$$5 \times 1\frac{2}{5} \qquad 5 \times \frac{4}{9}$$

$$5 \times 3\frac{1}{4} \qquad 5 \times 1$$

10 계산 결과를 비교하여 ○ 안에 >, =, <를 알맞게
중요! 써넣으시오.

$$\frac{1}{3} \times \frac{1}{2} \bigcirc \frac{1}{3}$$

11 두 수의 곱을 빈 곳에 써넣으시오.

$\frac{9}{10}$	$\frac{4}{15}$

12 직사각형 모양의 천이 있습니다. 이 천의 넓이는 몇 m²입니까?

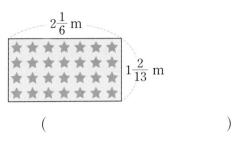

$2\frac{1}{6}$ m

$1\frac{2}{13}$ m

(   )

서술형·논술형 문제✏

13 윤호네 가족은 우유를 매일 $1\frac{1}{4}$ L씩 마셨습니다. 윤호네 가족이 일주일 동안 마신 우유는 모두 몇 L인지 식을 쓰고 답을 구하시오.

식 _____

답 _____

14 계산 결과가 가장 큰 것을 찾아 기호를 쓰시오.

㉠ $4\frac{2}{7} \times 3\frac{1}{5}$

㉡ $9\frac{1}{6} \times 1\frac{2}{5}$

㉢ $4\frac{1}{12} \times 3\frac{5}{7}$

(   )

15 2부터 9까지의 수 중에서 ☐ 안에 들어갈 수 있는 수는 모두 몇 개입니까?

$$\frac{1}{5} \times \frac{1}{7} > \frac{1}{\square} \times \frac{1}{6}$$

(   )

서술형·논술형 문제 ✏

16 수호네 학교의 5학년 학생 수는 전체 학생 수의 $\frac{2}{7}$입니다. 5학년 학생 수의 $\frac{1}{3}$은 남학생이고, 그중 $\frac{3}{4}$은 축구를 좋아합니다. 축구를 좋아하는 5학년 남학생은 전체 학생의 얼마인지 식을 쓰고 답을 구하시오. [6점]

식 _____

답 _____

17 가장 큰 수와 가장 작은 수의 곱을 구하시오. [6점]

$$\frac{2}{3} \qquad \frac{3}{8} \qquad \frac{13}{24}$$

(   )

18 수 카드를 한 번씩만 사용하여 대분수를 만들려고 합니다. 만들 수 있는 가장 큰 수와 가장 작은 수의 곱을 구하시오. [8점]

| 4 | 2 | 3 |

(   )

19 수조에 물을 한 시간에 $4\frac{4}{9}$ L씩 받습니다. 2시간 30분 동안 물을 일정하게 받는다면 몇 L의 물을 받을 수 있습니까? [10점]

(   )

서술형·논술형 문제 ✏

20 시원이네 집 욕실 벽에 한 변의 길이가 $3\frac{1}{4}$ cm인 정사각형 모양의 타일 8장을 붙였습니다. 붙인 타일의 넓이는 모두 몇 cm²인지 풀이 과정을 쓰고 답을 구하시오. [10점]

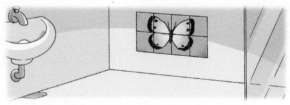

풀이 _____

_____

_____

답 _____

* 배점이 표시되어 있지 않은 문제는 문제당 **4점**입니다.

[01~02] □ 안에 알맞은 수를 써넣으시오.

01 $1\dfrac{5}{6} \times 9 = \dfrac{\boxed{}}{\underset{2}{6}} \times \overset{}{9} = \dfrac{\boxed{}}{2} = \boxed{}$

02 $1\dfrac{2}{3} \times 2\dfrac{1}{2} = \dfrac{\boxed{}}{3} \times \dfrac{\boxed{}}{2} = \dfrac{\boxed{}}{6} = \boxed{}$

03 계산을 하시오.

$1\dfrac{3}{5} \times 2\dfrac{1}{4}$

04 두 수의 곱을 구하시오.

| $\dfrac{1}{8}$ | $\dfrac{1}{7}$ |

(   )

05 계산 결과가 같은 것끼리 이어 보시오.

중요!

$\dfrac{5}{9} \times 2$ •   • $\dfrac{15}{8} \times 5$

$3\dfrac{1}{5} \times 6$ •   • $\dfrac{2}{9} \times 5$

$1\dfrac{7}{8} \times 5$ •   • $\dfrac{16}{5} \times 6$

06 계산 결과를 바르게 말한 사람의 이름을 쓰시오.

$$\dfrac{7}{8} \times \dfrac{2}{3} \times \dfrac{5}{14}$$

$\dfrac{7}{12}$
민주

$\dfrac{5}{24}$
상호

(   )

07 한 명이 피자 한 판의 $\dfrac{3}{10}$씩 먹으려고 합니다. 30명이 먹으려면 피자는 모두 몇 판이 필요합니까? (   )

① 6판   ② 7판   ③ 8판

④ 9판   ⑤ 10판

08 빈 곳에 알맞은 수를 써넣으시오.

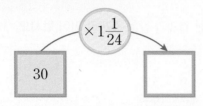

09 계산 결과를 비교하여 ○ 안에 >, =, <를 알맞게 써넣으시오.

$$\frac{1}{4} \times \frac{1}{6} \bigcirc \frac{1}{7} \times \frac{1}{3}$$

10 계산이 잘못된 곳을 찾아 바르게 계산하시오.

중요!

$$\frac{7}{8} \times \frac{5}{8} = \frac{7 \times 5}{8} = \frac{35}{8} = 4\frac{3}{8}$$

➡ _____

서술형·논술형 문제 ✏

11 한 변의 길이가 $3\frac{1}{8}$ cm인 정육각형의 둘레는 몇 cm 인지 식을 쓰고 답을 구하시오.

식 _____

답 _____

12 □ 안에 알맞은 수를 써넣으시오.

중요!

(1) $\frac{1}{6} \times \dfrac{1}{\boxed{}} = \frac{1}{66}$

(2) $\frac{1}{4} \times \dfrac{1}{\boxed{}} = \frac{1}{2} \times \frac{1}{18}$

13 ㉠의 길이는 몇 m입니까?

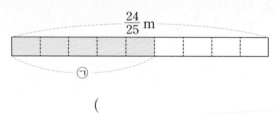

(   )

14 색칠한 부분의 넓이를 알아보시오.

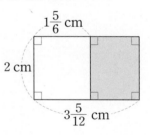

(1) 색칠한 부분의 가로는 몇 cm입니까?

(   )

(2) 색칠한 부분의 넓이는 몇 cm²입니까?

(   )

15 굵기가 일정한 철근 1 m의 무게는 $1\frac{5}{7}$ kg입니다. 철근 $4\frac{2}{3}$ m의 무게는 몇 kg인지 식을 쓰고 답을 구하시오.

식 _____

답 _____

16 다음은 고대 이집트에서 곡식의 무게를 나타낼 때 쓰던 분수입니다.

$\frac{1}{3}$	$\frac{2}{3}$	$\frac{1}{4}$	$\frac{1}{10}$

쌀과 콩의 무게를 나타내는 분수의 곱은 얼마입니까? [6점]

 쌀

 콩

( )

17 도화지에 가족 신문을 만들었습니다. 가족 신문 전체의 $\frac{3}{5}$에 가족 소개를 썼고, 그중 $\frac{4}{9}$에는 가족 사진을 붙였습니다. 가족 사진을 붙인 부분은 가족 신문 전체의 얼마입니까? [6점]

( )

18 다음을 보고 붙임딱지를 많이 모은 순서대로 이름을 쓰시오. [8점]

- 지원: 붙임딱지를 16장의 $\frac{5}{8}$만큼 모았습니다.
- 혜민: 붙임딱지를 15장의 $\frac{4}{5}$만큼 모았습니다.
- 경훈: 붙임딱지를 21장의 $\frac{3}{7}$만큼 모았습니다.

( )

19 ㉠과 ㉡의 차를 구하시오. [10점]

㉠ $18 \times 2\frac{5}{6}$ ㉡ $9 \times 1\frac{7}{12}$

( )

20 떨어진 높이의 $\frac{1}{3}$만큼 튀어 오르는 공이 있습니다. 이 공을 54 m 높이에서 떨어뜨렸을 때 세 번째로 튀어 오른 높이는 몇 m인지 풀이 과정을 쓰고 답을 구하시오. [10점]

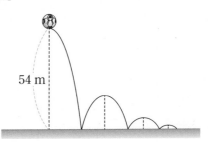

54 m

풀이 _____

_____

_____

답 _____

1 한 변의 길이가 $1\,\text{m}$인 정사각형이 있습니다. 가로를 똑같이 넷으로 나누고 세로를 똑같이 다섯으로 나누었습니다. 나누어진 한 칸의 넓이는 몇 m^2인지 풀이 과정을 완성하고 답을 구하시오. [6점]

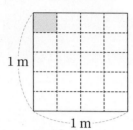

풀이 나누어진 한 칸의

가로는 $\dfrac{1}{\boxed{}}\,\text{m}$, 세로는 $\dfrac{1}{\boxed{}}\,\text{m}$입니다.

따라서 나누어진 한 칸의 넓이는

$\dfrac{1}{\boxed{}} \times \dfrac{1}{\boxed{}} = \dfrac{1}{\boxed{}}\,(\text{m}^2)$입니다.

답 _____

2 상혁이네 반 학생 수의 $\dfrac{2}{5}$는 남학생이고, 그중 $\dfrac{5}{6}$는 안경을 썼습니다. 상혁이네 반에서 안경을 쓴 남학생은 전체 학생의 얼마인지 식을 쓰고 답을 구하시오. [8점]

식 _____

답 _____

3 대화를 읽고 가은이네 가족의 몸무게를 구하려고 합니다. 물음에 답하시오. [총 16점]

(1) 어머니의 몸무게는 몇 kg입니까? [4점]

(_____)

(2) 아버지의 몸무게는 몇 kg인지 풀이 과정을 쓰고 답을 구하시오. [6점]

풀이 _____

_____

_____

답 _____

(3) 가은이의 몸무게는 몇 kg인지 풀이 과정을 쓰고 답을 구하시오. [6점]

풀이 _____

_____

_____

답 _____

1 우리 집 강아지는 하루 시간의 $\frac{5}{8}$를 잠을 잡니다. 우리 집 강아지는 하루에 잠을 몇 시간 자는지 식을 쓰고 답을 구하시오. [6점]

식 _____

답 _____

2 정사각형 가와 직사각형 나가 있습니다. 가와 나 중에서 어느 것이 더 넓은지 구하려고 합니다. 풀이 과정을 쓰고 답을 구하시오. [8점]

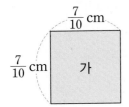

풀이 _____

_____

_____

_____

답 _____

3 다음은 고대 로마의 숫자로 만든 수 카드입니다. 원석이와 지현이는 수 카드를 각각 3장씩 뽑아 한 번씩만 사용하여 대분수를 만들려고 합니다. 물음에 답하시오. [총 10점]

Ⅰ 1	Ⅱ 2	Ⅲ 3
Ⅳ 4	Ⅴ 5	Ⅵ 6
Ⅶ 7	Ⅷ 8	Ⅸ 9

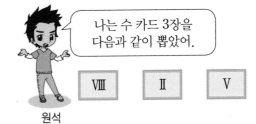
나는 수 카드 3장을 다음과 같이 뽑았어.

Ⅷ	Ⅱ	Ⅴ

원석

나는 수 카드 3장을 다음과 같이 뽑았어.

Ⅶ	Ⅲ	Ⅰ

지현

(1) 원석이와 지현이가 만들 수 있는 가장 작은 대분수를 각각 구하시오. [4점]

원석 (   )

지현 (   )

(2) 원석이와 지현이가 만들 수 있는 가장 작은 대분수의 곱은 얼마인지 식을 쓰고 답을 구하시오. [6점]

식 _____

답 _____

⚙ 도형의 합동

모양과 크기가 같아서 포개었을 때 완전히 겹치는 두 도형을 서로 합동이라고 합니다.

서로 합동인 두 도형을 포개었을 때 완전히 겹치는 점을 대응점, 겹치는 변을 대응변, 겹치는 각을 대응각이라고 합니다.

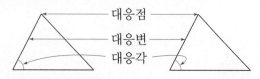

합동인 도형의 성질

① 서로 합동인 두 도형에서 각각의 **대응변의 길이가 서로 같습니다.**

② 서로 합동인 두 도형에서 각각의 **대응각의 크기가 서로 같습니다.**

⚙ 선대칭도형

한 직선을 따라 접었을 때 완전히 겹치는 도형을 선대칭도형이라고 합니다. 이때 그 직선을 대칭축이라고 합니다.

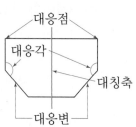

→ 대칭축의 수는 도형에 따라 여러 개일 수도 있습니다.

대칭축을 따라 접었을 때 겹치는 점을 대응점, 겹치는 변을 대응변, 겹치는 각을 대응각이라고 합니다.

선대칭도형의 성질

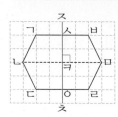

① 각각의 **대응변의 길이가 서로 같습니다.**

② 각각의 **대응각의 크기가 서로 같습니다.**

③ 대칭축은 대응점끼리 이은 선분을 둘로 똑같이 나누므로 각각의 대응점에서 대칭축까지의 거리가 서로 같습니다.

④ 대응점끼리 이은 선분은 대칭축과 수직으로 만납니다.

⚙ 선대칭도형 그리기

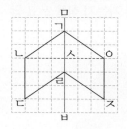

① 점 ㄴ에서 대칭축 ㅁㅂ에 수선을 긋고, 대칭축과 만나는 점을 찾아 점 ㅅ으로 표시합니다.

② 이 수선에 선분 ㄴㅅ과 길이가 같은 선분 ㅇㅅ이 되도록 점 ㄴ의 대응점을 찾아 점 ㅇ으로 표시합니다.

③ 위와 같은 방법으로 점 ㄷ의 대응점을 찾아 점 ㅈ으로 표시합니다.

④ 점 ㄹ과 점 ㅈ, 점 ㅈ과 점 ㅇ, 점 ㅇ과 점 ㄱ을 차례로 이어 선대칭도형이 되도록 그립니다.

⚙ 점대칭도형

한 도형을 어떤 점을 중심으로 180° 돌렸을 때 처음 도형과 완전히 겹치면 이 도형을 점대칭도형이라고 합니다. 이때 그 점을 대칭의 중심이라고 합니다.

대칭의 중심

→ 대칭의 중심은 도형에 상관없이 항상 1개입니다.

대칭의 중심을 중심으로 180° 돌렸을 때 겹치는 점을 대응점, 겹치는 변을 대응변, 겹치는 각을 대응각이라고 합니다.

점대칭도형의 성질

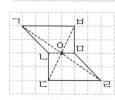

① 각각의 **대응변의 길이가 서로 같습니다.**

② 각각의 **대응각의 크기가 서로 같습니다.**

③ 대칭의 중심은 대응점끼리 이은 선분을 둘로 똑같이 나누므로 각각의 대응점에서 대칭의 중심까지의 거리가 서로 같습니다.

⚙ 점대칭도형 그리기

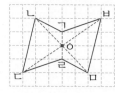

① 점 ㄴ에서 대칭의 중심인 점 ㅇ을 지나는 직선을 긋습니다.

② 이 직선에 선분 ㄴㅇ과 길이가 같은 선분 ㅁㅇ이 되도록 점 ㄴ의 대응점을 찾아 점 ㅁ으로 표시합니다.

③ 위와 같은 방법으로 점 ㄷ의 대응점을 찾아 점 ㅂ으로 표시합니다.

④ 점 ㄱ의 대응점은 점 ㄹ입니다.

⑤ 점 ㄹ과 점 ㅁ, 점 ㅁ과 점 ㅂ, 점 ㅂ과 점 ㄱ을 차례로 이어 점대칭도형이 되도록 그립니다.

* 배점이 표시되어 있지 않은 문제는 문제당 4점입니다.

[01~02] 도형을 보고 물음에 답하시오.

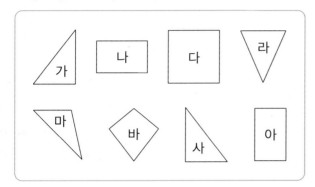

01 도형 가와 모양과 크기가 같아서 포개었을 때 완전히 겹치는 도형을 찾아 기호를 쓰시오.

도형 [　]

02 도형 아와 서로 합동인 도형을 찾아 기호를 쓰시오.

도형 [　]

[03~04] 두 사각형은 서로 합동입니다. 물음에 답하시오.

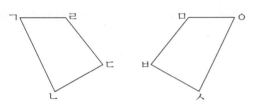

03 대응점은 모두 몇 쌍 있습니까?

(　　　　　　)

04 대응변과 대응각을 각각 찾아 쓰시오.

변 ㄱㄴ과 변 (　　　　　　)

각 ㄴㄷㄹ과 각 (　　　　　　)

05 주어진 도형과 서로 합동인 도형을 그려 보시오.

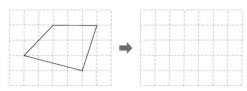

06 다음 도형은 선대칭도형입니다. 대칭축을 찾아 쓰시오.

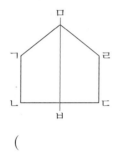

(　　　　　　)

07 점대칭도형에서 선분 ㄱㅇ과 길이가 같은 선분은 어느 것입니까? (　　　)

중요!

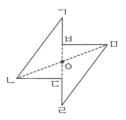

① 선분 ㄷㄹ　② 선분 ㄴㅇ　③ 선분 ㅁㅇ

④ 선분 ㄹㅇ　⑤ 선분 ㅂㅁ

[08~09] 도형을 보고 물음에 답하시오.

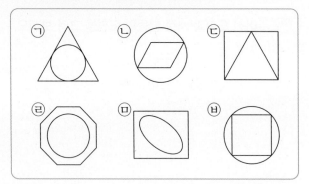

08 선대칭도형과 점대칭도형을 각각 모두 찾아 기호를 쓰시오.

선대칭도형 (   )

점대칭도형 (   )

09 선대칭도형도 되고 점대칭도형도 되는 것을 모두 찾아

중요! 기호를 쓰시오.

(   )

서술형·논술형 문제 ✏️

10 두 삼각형은 서로 합동입니다. 삼각형 ㄹㅁㅂ의 둘레는 몇 cm인지 풀이 과정을 완성하고 답을 구하시오.

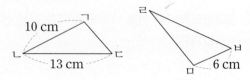

풀이 서로 합동인 두 삼각형에서 각각의 대응변의 길이는 서로 같으므로

(선분 ㄹㅁ)=◻ cm,

(선분 ㄹㅂ)=◻ cm입니다.

따라서 삼각형 ㄹㅁㅂ의 둘레는

(선분 ㄹㅁ)+(선분 ㅁㅂ)+(선분 ㄹㅂ)

=◻+6+◻=◻ (cm)입니다.

답 _____

11 점선을 따라 잘랐을 때 잘린 두 도형이 서로 합동이 아닌 것은 어느 것입니까? (   )

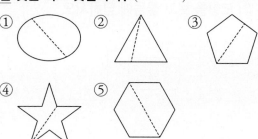

12 다음 도형은 선대칭도형입니다. 대칭축을 모두 그려 보시오.

서술형·논술형 문제 ✏️

13 오른쪽 도형은 점대칭도형이 아닙니다. 그 이유를 쓰시오.

이유 _____

_____

_____

14 점대칭도형을 완성해 보시오.

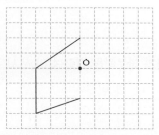

15 오른쪽 도형에 대한 설명으로 틀린 것은 어느 것입니까? (　　　)

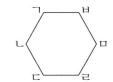

① 선대칭도형입니다.
② 점대칭도형입니다.
③ 대칭축은 3개입니다.
④ 대칭의 중심은 1개뿐입니다.
⑤ 각 ㄱㄴㄷ은 대칭축에 따라 대응각이 달라집니다.

서술형·논술형 문제✎

16 오른쪽은 직선 ㄹㅁ을 대칭축으로 하는 선대칭도형입니다. 선대칭도형의 둘레가 42 cm이고 변 ㄴㄷ이 12 cm일 때 변 ㄱㄴ은 몇 cm인지 풀이 과정을 쓰고 답을 구하시오. [6점]

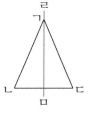

풀이 _____

_____

_____

_____

답 _____

17 점대칭도형이 아닌 것을 모두 고르시오. (　　　)
[6점]

① 정사각형　② 사다리꼴　③ 원
④ 정육각형　⑤ 정오각형

18 직선 ㄱㄴ을 대칭축으로 하는 선대칭도형입니다. □ 안에 알맞은 수를 써넣으시오. [8점]

중요!

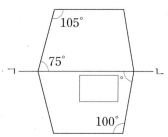

19 직선 ㄱㄴ을 대칭축으로 하는 선대칭도형의 일부분입니다. 완성한 선대칭도형의 넓이는 몇 cm²입니까?
[10점]

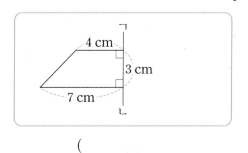

(　　　　　　)

20 합동인 삼각형 2개를 붙여서 만든 점대칭도형입니다. 삼각형 1개의 둘레가 32 cm일 때 점대칭도형의 둘레는 몇 cm입니까? [10점]

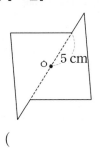

(　　　　　　)

* 배점이 표시되어 있지 않은 문제는 문제당 4점입니다.

01 설명이 옳으면 ○표, 틀리면 ×표 하시오.

(1) 모양과 크기가 같아서 포개었을 때 완전히 겹치는 두 도형을 서로 대칭이라고 합니다.

( )

(2) 한 직선을 따라 접었을 때 완전히 겹치는 도형을 선대칭도형이라고 합니다.

( )

02 서로 합동인 두 도형을 찾아 기호를 쓰시오.

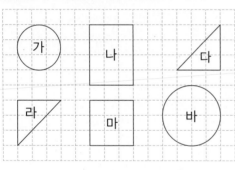

도형 ☐ 와 도형 ☐

03 두 도형이 서로 합동일 때 ☐ 안에 알맞은 말을 써넣으시오.

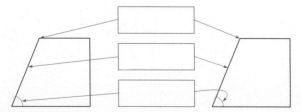

[04~06] 점 ○을 대칭의 중심으로 하는 점대칭도형입니다. 물음에 답하시오.

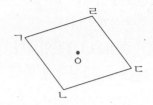

04 점 ㄴ의 대응점을 찾아 쓰시오.

( )

05 변 ㄱㄹ의 대응변을 찾아 쓰시오.

( )

06 각 ㄱㄴㄷ의 대응각을 찾아 쓰시오.

( )

07 선대칭도형을 완성해 보시오.

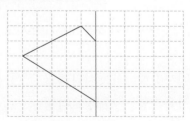

[08~09] 알파벳을 보고 물음에 답하시오.

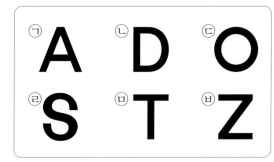

08 선대칭도형을 모두 찾아 기호를 쓰시오.

( )

09 점대칭도형을 모두 찾아 기호를 쓰시오.

( )

10 직선 ㄱㄴ을 대칭축으로 하는 선대칭도형입니다. □ 안
중요! 에 알맞은 수를 써넣으시오.

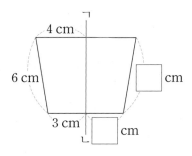

11 다음 도형은 점대칭도형입니다. 대칭의 중심을 찾아
중요! 표시해 보시오.

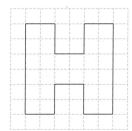

[12~13] 두 사각형은 서로 합동입니다. 물음에 답하시오.

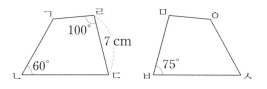

12 변 ㅁㅂ은 몇 cm입니까?

( )

서술형·논술형 문제

13 각 ㄴㄱㄹ은 몇 도인지 풀이 과정을 쓰고 답을 구하시
오.

풀이 _____

_____

_____

_____

답 _____

14 직선 ㄱㄴ을 대칭축으로 하는 선대칭도형입니다. □ 안
에 알맞은 수를 써넣으시오.

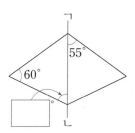

15 대칭축이 3개인 선대칭도형은 어느 것입니까?

( )

① 　② 　③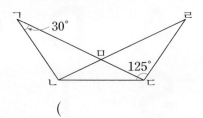

④ 　⑤

서술형·논술형 문제✎

16 점 ㅇ을 대칭의 중심으로 하는 점대칭도형입니다. 점대칭도형의 둘레는 몇 cm인지 풀이 과정을 쓰고 답을 구하시오. [6점]

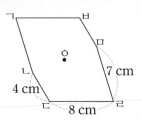

풀이 _____

_____

_____

_____

답 _____

17 오른쪽 이등변삼각형은 선대칭도형입니다. 직선 ㄱㄹ이 대칭축일 때 ㉠과 ㉡의 각도의 합은 몇 도입니까? [6점]

중요!

( )

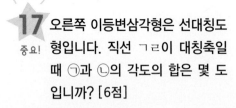

18 삼각형 ㄱㄴㄷ과 삼각형 ㄹㄷㄷ은 서로 합동입니다. 각 ㄹㄴㄷ은 몇 도입니까? [8점]

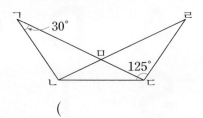

( )

서술형·논술형 문제✎

19 점 ㅇ을 대칭의 중심으로 하는 점대칭도형의 일부분입니다. 완성한 점대칭도형의 넓이는 몇 cm²인지 풀이 과정을 쓰고 답을 구하시오. [10점]

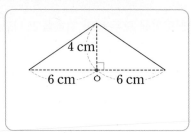

풀이 _____

_____

_____

답 _____

20 직사각형 모양의 종이를 그림과 같이 접었습니다. 삼각형 ㄴㄱㅂ과 삼각형 ㄹㅁㅂ이 서로 합동일 때 직사각형 ㄱㄴㄷㄹ의 넓이는 몇 cm²입니까? [10점]

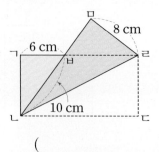

( )

1 서로 합동인 도형을 찾아 기호를 쓰고, 그 이유를 쓰시오. [6점]

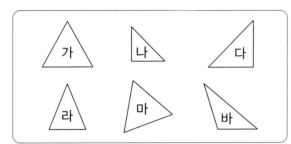

기호 _____

이유 _____

_____

_____

2 점 ㅇ을 대칭의 중심으로 하는 점대칭도형입니다. 점대칭도형의 둘레가 32 cm일 때 변 ㄱㄹ은 몇 cm인지 풀이 과정을 쓰고 답을 구하시오. [8점]

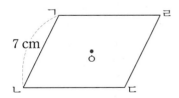

풀이 _____

_____

_____

답 _____

3 가은이네 모둠 학생들이 미술 시간에 여러 가지 도형을 이용하여 그림을 그렸습니다. 물음에 답하시오.

[총 18점]

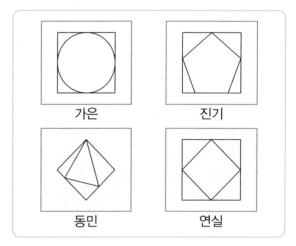

(1) 선대칭도형은 모두 몇 개입니까? [4점]

( )

(2) 선대칭도형도 되고 점대칭도형도 되는 것은 모두 몇 개입니까? [6점]

( )

(3) (1)에서 찾은 선대칭도형에서 대칭축의 수의 합은 몇 개인지 풀이 과정을 쓰고 답을 구하시오.

[8점]

풀이 _____

_____

_____

_____

답 _____

1 선대칭도형을 찾아 기호를 쓰고, 그 이유를 쓰시오. [6점]

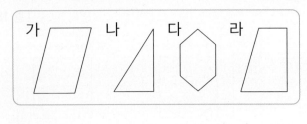

기호 _____

이유 _____

_____

_____

2 그림과 같은 사각형 모양의 땅이 있습니다. 사각형 ㄱㄴㄷㄹ의 둘레에 울타리를 치려고 합니다. 울타리를 몇 m 쳐야 하는지 풀이 과정을 쓰고 답을 구하시오. (단, 삼각형 ㄱㄴㅁ과 삼각형 ㄹㅁㄷ은 서로 합동입니다.) [8점]

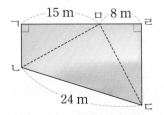

풀이 _____

_____

_____

답 _____

3 연호가 점 ㅇ을 대칭의 중심으로 하는 점대칭도형을 그렸습니다. 물음에 답하시오. [총 18점]

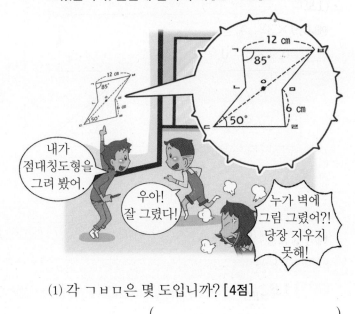

(1) 각 ㄱㅂㅁ은 몇 도입니까? [4점]

(   )

(2) 선분 ㄷㅇ이 10 cm일 때 선분 ㄷㅂ은 몇 cm 인지 풀이 과정을 쓰고 답을 구하시오. [6점]

풀이 _____

_____

_____

답 _____

(3) 점대칭도형의 둘레가 52 cm일 때 선분 ㄴㄷ 은 몇 cm인지 풀이 과정을 쓰고 답을 구하시오. [8점]

풀이 _____

_____

_____

답 _____

4. 소수의 곱셈

◉ (소수)×(자연수)

• (1보다 작은 소수)×(자연수)

예) 0.9×3의 계산

방법 1 $0.9 \times 3 = \underbrace{0.9 + 0.9 + 0.9}_{3번} = 2.7$

방법 2 $0.9 \times 3 = 0.1 \times 9 \times 3 = 0.1 \times 27 = 2.7$

➡ 0.9는 0.1이 9개이므로 0.9×3은 0.1이 모두 9×3=27(개)입니다. 따라서 0.9×3=2.7입니다.

방법 3 $0.9 \times 3 = \dfrac{9}{10} \times 3 = \dfrac{9 \times 3}{10} = \dfrac{27}{10} = 2.7$

• (1보다 큰 소수)×(자연수)

예) 1.8×2의 계산

방법 1 $1.8 \times 2 = \underbrace{1.8 + 1.8}_{2번} = 3.6$

방법 2 $1.8 \times 2 = 0.1 \times 18 \times 2 = 0.1 \times 36 = 3.6$

➡ 1.8은 0.1이 18개이므로 1.8×2는 0.1이 모두 18×2=36(개)입니다. 따라서 1.8×2=3.6입니다.

방법 3 $1.8 \times 2 = \dfrac{18}{10} \times 2 = \dfrac{18 \times 2}{10} = \dfrac{36}{10} = 3.6$

◉ (자연수)×(소수)

• (자연수)×(1보다 작은 소수)

예) 6×0.7의 계산

방법 1 $6 \times 0.7 = 6 \times \dfrac{7}{10} = \dfrac{6 \times 7}{10} = \dfrac{42}{10} = 4.2$

방법 2 $6 \times \boxed{7} = \boxed{42}$
　　　　$\Big\downarrow \frac{1}{10}$배　$\Big\downarrow \frac{1}{10}$배
　　$6 \times \boxed{0.7} = \boxed{4.2}$

➡ 곱하는 수가 $\dfrac{1}{10}$배이면 계산 결과가 $\dfrac{1}{10}$배입니다.

• (자연수)×(1보다 큰 소수)

예) 4×2.6의 계산

방법 1 $4 \times 2.6 = 4 \times \dfrac{26}{10} = \dfrac{4 \times 26}{10} = \dfrac{104}{10} = 10.4$

방법 2 $4 \times \boxed{26} = \boxed{104}$
　　　　$\Big\downarrow \frac{1}{10}$배　$\Big\downarrow \frac{1}{10}$배
　　$4 \times \boxed{2.6} = \boxed{10.4}$

◉ (소수)×(소수)

• (1보다 작은 소수)×(1보다 작은 소수)

예) 0.5×0.9의 계산

방법 1 $0.5 \times 0.9 = \dfrac{5}{10} \times \dfrac{9}{10} = \dfrac{45}{100} = 0.45$

방법 2 $\boxed{5} \times \boxed{9} = \boxed{45}$
　　$\Big\downarrow \frac{1}{10}$배　$\Big\downarrow \frac{1}{10}$배　$\Big\downarrow \frac{1}{100}$배
　$\boxed{0.5} \times \boxed{0.9} = \boxed{0.45}$

0.5는 5의 $\frac{1}{10}$배, 0.9는 9의 $\frac{1}{10}$배이므로 0.5×0.9는 45의 $\frac{1}{100}$배입니다.

방법 3 5×9=45인데 0.5에 0.9를 곱하면 0.5보다 작은 값이 나와야 하므로 계산 결과는 0.45입니다.

• (1보다 큰 소수)×(1보다 큰 소수)

예) 2.3×1.4의 계산

방법 1 $2.3 \times 1.4 = \dfrac{23}{10} \times \dfrac{14}{10} = \dfrac{322}{100} = 3.22$

방법 2 $\boxed{23} \times \boxed{14} = \boxed{322}$
　　$\Big\downarrow \frac{1}{10}$배　$\Big\downarrow \frac{1}{10}$배　$\Big\downarrow \frac{1}{100}$배
　$\boxed{2.3} \times \boxed{1.4} = \boxed{3.22}$

2.3은 23의 $\frac{1}{10}$배, 1.4는 14의 $\frac{1}{10}$배이므로 2.3×1.4는 322의 $\frac{1}{100}$배입니다.

방법 3 23×14=322인데 2.3에 1.4를 곱하면 2.3보다 큰 값이 나와야 하므로 계산 결과는 3.22입니다.

◉ 곱의 소수점 위치

• 자연수와 소수의 곱셈에서 곱의 소수점 위치의 규칙 찾기

$3.67 \times 1 = 3.67$

$3.67 \times \underline{10} = 36.7$

$3.67 \times \underline{100} = 367$

$3.67 \times \underline{1000} = 3670$

$592 \times 1 = 592$

$592 \times \underline{0.1} = 59.2$

$592 \times \underline{0.01} = 5.92$

$592 \times \underline{0.001} = 0.592$

> 곱하는 수의 0이 하나씩 늘어날 때마다 곱의 소수점이 오른쪽으로 한 자리씩 옮겨집니다.

> 곱하는 소수의 소수점 아래 자리 수가 하나씩 늘어날 때마다 곱의 소수점이 왼쪽으로 한 자리씩 옮겨집니다.

• 소수와 소수의 곱셈에서 곱의 소수점 위치의 규칙 찾기

$9 \times 7 = 63$

$0.9 \times 0.7 = 0.63$

$0.9 \times 0.07 = 0.063$

$0.09 \times 0.07 = 0.0063$

> 곱하는 두 수의 소수점 아래 자리 수를 더한 것과 결괏값의 소수점 아래 자리 수가 같습니다.

4. 소수의 곱셈

점수

정답 ◎ 꼼꼼 풀이집 18쪽

* 배점이 표시되어 있지 않은 문제는 문제당 4점입니다.

01 그림을 보고 ☐ 안에 알맞은 수를 써넣으시오.

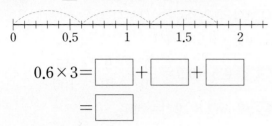

$$0.6 \times 3 = \boxed{} + \boxed{} + \boxed{}$$

$$= \boxed{}$$

02 소수를 분수로 나타내어 계산하려고 합니다. ☐ 안에 알맞은 수를 써넣으시오.

$$7 \times 0.3 = 7 \times \frac{\boxed{}}{10} = \frac{\boxed{}}{10} = \boxed{}$$

03 자연수의 곱셈으로 계산하려고 합니다. ☐ 안에 알맞은 수를 써넣으시오.

$$8 \times 9 = \boxed{}$$

$\frac{1}{10}$배 $\frac{1}{10}$배 $\boxed{}$배

$$0.8 \times 0.9 = \boxed{}$$

04 소수의 크기를 생각하여 0.2×0.6을 계산한 것입니다. 알맞은 말에 ○표 하고, ☐ 안에 알맞은 수를 써넣으시오.

$2 \times 6 = \boxed{}$ 인데 0.2에 0.6을 곱하면 0.2보다 (작은 , 큰) 값이 나와야 하므로 계산 결과는 $\boxed{}$ 입니다.

05 ☐ 안에 알맞은 수를 써넣으시오.

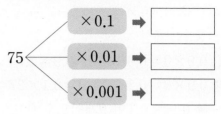

06 계산을 하시오.

(1)
$$\begin{array}{r} 0.1\,5 \\ \times \quad 0.3 \\ \hline \end{array}$$

(2)
$$\begin{array}{r} 2.3 \\ \times \ 3.7 \\ \hline \end{array}$$

07 계산 결과가 가장 큰 것은 어느 것입니까? ( )

① 1.265×10 ② 12.65×10

③ 12.65×100 ④ 1.265×100

⑤ 0.1265×1000

08 어림하여 계산 결과가 6보다 작은 것을 찾아 기호를 쓰시오.

㉠ 3.2×2 ㉡ 1.8×3

( )

09 빈칸에 알맞은 수를 써넣으시오.

9	1.23	

10 계산 결과가 같은 것끼리 이어 보시오.

1.38×12	•	•	138×0.012
0.138×12	•	•	138×1.2
13.8×12	•	•	138×0.12

서술형·논술형 문제

11 한 변의 길이가 0.71 m인 정육각형의 둘레는 몇 m 인지 식을 쓰고 답을 구하시오.

식 _____

답 _____

12 □ 안에 들어갈 수가 <u>다른</u> 하나는 어느 것입니까?

중요!   (   )

① $0.7 ×$ □ $=70$ ② $0.605 ×$ □ $=6.05$

③ $0.08 ×$ □ $=8$ ④ $93.8 ×$ □ $=9380$

⑤ □ $×0.004=0.4$

서술형·논술형 문제

13 직사각형의 넓이는 몇 m^2인지 식을 쓰고 답을 구하시오.

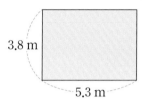

3.8 m

5.3 m

식 _____

답 _____

14 □ 안에 알맞은 행성의 이름을 써넣으시오.

- 금성에서 잰 몸무게는 지구에서 잰 몸무게의 약 0.91배입니다.
- 수성에서 잰 몸무게는 지구에서 잰 몸무게의 약 0.38배입니다.

지구에서 내 몸무게가 42 kg이니까 □ 에서 몸무게를 재면 약 16 kg일 거야.

15 결괏값에 소수점을 잘못 찍은 것을 모두 고르시오.
( )

① 4.3×3.5=15.05
② 5.7×3.84=21.888
③ 2.83×7.6=215.08
④ 7.2×9.13=657.36
⑤ 1.48×6.37=9.4276

16 일기를 읽고 한 달 동안 걷기 운동을 한 후 몸무게는 몇 kg이었으면 좋겠는지 쓰시오. [6점]

○○○○년 ○월 ○일 날씨 맑음
걷기 운동은 관절염 예방, 스트레스 해소, 다이어트 등 여러 가지 효과가 있다고 한다.
그래서 오늘부터 매일 공원에서 1.65 km씩 걷기 운동을 시작했다. 처음 시작할 때 몸무게는 54 kg이었는데 한 달 동안 걷기 운동을 한 후 몸무게가 한 달 전의 0.85배로 줄었으면 좋겠다.
앞으로 꾸준히 걷기 운동을 해야겠다.

( )

17 진수가 계산기로 0.18×0.5를 계산하려고 두 수를 눌렀는데 수 하나의 소수점 위치를 잘못 눌러 0.9라는 결과가 나왔습니다. 진수가 계산기에 누른 두 수를 알아보시오. [6점]

(1) 0.18×0.5는 얼마입니까?
( )

(2) 진수가 계산기에 누른 두 수를 쓰시오.

18 어떤 수에 71을 곱해야 할 것을 잘못하여 0.71을 곱했습니다. 잘못 계산한 값은 바르게 계산한 값의 몇 배입니까? [8점]

( )

19 밑변의 길이가 5.8 cm, 높이가 4.5 cm인 직각삼각형 모양의 색종이 8장을 그림과 같이 겹치지 않게 이어 붙여서 직사각형을 만들었습니다. 만들어진 직사각형의 넓이는 몇 cm²입니까? [10점]

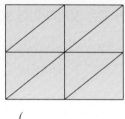

( )

서술형·논술형 문제 ✏

20 목욕탕에 뜨거운 물과 찬물이 각각 일정하게 나오는 두 수도가 있습니다. 뜨거운 물은 20초에 8.24 L씩 나오고, 찬물은 1분에 17.25 L씩 나옵니다. 두 수도를 동시에 틀어 6분 동안 물을 받았을 때 받은 물의 양은 모두 몇 L인지 풀이 과정을 쓰고 답을 구하시오.
[10점]

풀이 _____

_____

_____

_____

답 _____

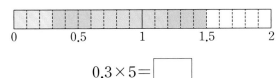
* 배점이 표시되어 있지 않은 문제는 문제당 4점입니다.

01 그림을 보고 □ 안에 알맞은 수를 써넣으시오.

| | | | | | | | | | | | | | | | | | | | |

0   0.5   1   1.5   2

$0.3 \times 5 =$ □

02 색칠한 부분의 넓이는 몇 m^2입니까?

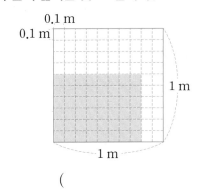

0.1 m
0.1 m
1 m
1 m

(   )

03 보기 와 같이 계산하시오.

┌─ 보기 ─────────────────────────────┐
│ $0.2 \times 0.09 = \dfrac{2}{10} \times \dfrac{9}{100} = \dfrac{18}{1000} = 0.018$ │
└──────────────────────────────────────┘

0.4×0.03

04 어림하여 계산 결과가 8보다 큰 것을 찾아 기호를 쓰시오.

┌──────────────────────────────┐
│ ㉠ 4의 1.96배   ㉡ 4×2.2 │
└──────────────────────────────┘

(   )

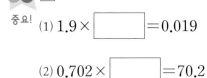

05 □ 안에 알맞은 수를 써넣으시오.

중요!

(1) $1.9 \times$ □ $= 0.019$

(2) $0.702 \times$ □ $= 70.2$

06 계산이 옳은 것은 어느 것입니까? (   )

① $0.9 \times 4 = 0.36$ ② $4 \times 1.5 = 60$

③ $2.7 \times 3 = 0.81$ ④ $6 \times 0.05 = 0.3$

⑤ $4 \times 0.02 = 0.8$

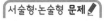 서술형·논술형 문제 ✎

07 ○○ 밀가루 한 봉지는 0.6 kg입니다. 그중 0.94만큼이 탄수화물 성분일 때 탄수화물 성분은 몇 kg인지 식을 쓰고 답을 구하시오.

밀가루
0.6 kg

식 _____

답 _____

08 계산 결과를 비교하여 ○ 안에 >, =, <를 알맞게 써넣으시오.

$$0.5 \times 0.32 \bigcirc 0.26 \times 0.65$$

서술형·논술형 문제 ✏️

09 $184 \times 31 = 5704$입니다. 1.84×3.1의 값을 어림하여 결괏값에 소수점을 찍고, 그 이유를 쓰시오.

$$1.84 \times 3.1 = 5\ 7\ 0\ 4$$

이유 _____

_____

_____

10 한 개의 무게가 0.41 kg인 초콜릿이 있습니다. 이 초콜릿 21개의 무게는 몇 kg입니까?

( )

11 다음과 같은 평행사변형 모양의 땅이 있습니다. 이 땅의 넓이는 몇 m²입니까?

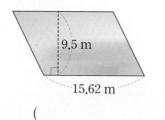

( )

12 계산 결과가 2.9보다 작은 것은 어느 것입니까?

중요!

( )

① 2.9×1.4　　② 29×0.05
③ 8×2.9　　④ 0.29×42
⑤ 13.6×0.29

13 계산 결과가 같아지도록 □ 안에 알맞은 수를 써넣으시오.

$$0.048 \times 373 = 48 \times \boxed{}$$

14 1분에 0.03 L씩 물을 일정하게 내뿜는 가습기가 있습니다. 이 가습기를 2.5시간 동안 사용했을 때 내뿜어진 물의 양은 몇 L인지 알아보시오.

(1) 1시간 동안 내뿜어진 물의 양은 몇 L입니까?

( )

(2) 2.5시간 동안 내뿜어진 물의 양은 몇 L입니까?

( )

15 계산 결과가 자연수인 것을 모두 찾아 기호를 쓰시오.

> ㉠ 72×0.05　　㉡ 15×4.6
> ㉢ 4×3.5　　㉣ 7.2×1.01

(　　　　　)

16 가장 큰 수와 가장 작은 수의 곱을 구하시오. [6점]

> 0.35　　　6.75　　　13.24

(　　　　　)

17 준수네 학교에서 직사각형 모양 놀이터의 가로와 세로
중요! 를 각각 1.2배씩 늘려 새로운 놀이터를 만들 때 새로운 놀이터의 넓이는 몇 m^2인지 알아보시오. [6점]

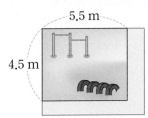

(1) 새로운 놀이터의 가로와 세로는 각각 몇 m입니까?

가로 (　　　　　)

세로 (　　　　　)

(2) 새로운 놀이터의 넓이는 몇 m^2입니까?

(　　　　　)

18 어떤 자동차가 1 km를 가는 데 0.15 L의 휘발유가 필요하다고 합니다. 이 자동차로 36 km 200 m를 가려면 휘발유가 몇 L 필요합니까? [8점]

(　　　　　)

19 길이가 0.28 m인 테이프 9개를 0.07 m씩 겹쳐서 한 줄로 이어 붙였습니다. 이어 붙인 테이프의 전체 길이는 몇 m입니까? [10점]

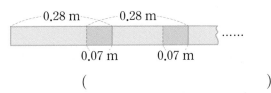

(　　　　　)

서술형·논술형 문제

20 민정이가 가진 돈은 혜진이가 가진 돈의 1.8배이고 혜진이가 가진 돈은 도현이가 가진 돈의 0.75배입니다. 도현이가 가진 돈이 5800원일 때 민정이와 혜진이가 가진 돈의 합은 얼마인지 풀이 과정을 쓰고 답을 구하시오. [10점]

풀이 _____

_____

_____

답 _____

1 준서는 한 개의 무게가 6.5 g인 젤리 100개를 사서 포장하였고, 은희는 한 자루의 무게가 28.65 g인 색연필 10자루를 사서 포장하였습니다. 준서와 은희 중 누가 포장한 것이 몇 g 더 무거운지 풀이 과정을 완성하고 답을 구하시오. [6점]

풀이 준서가 포장한 젤리의 무게는

$6.5 \times$ ☐ $=$ ☐ (g)입니다.

은희가 포장한 색연필의 무게는

$28.65 \times$ ☐ $=$ ☐ (g)입니다.

따라서 ☐ 가 포장한 것이

☐ $-$ ☐ $=$ ☐ (g) 더 무겁습니다.

답 ＿＿＿＿＿＿＿＿＿ , ＿＿＿＿＿＿＿＿＿

2 상혁이와 가은이는 각자 가지고 있는 수 카드를 한 번씩만 사용하여 소수를 만들었습니다. 상혁이는 가장 작은 소수 두 자리 수, 가은이는 가장 큰 소수 두 자리 수를 만들었을 때 두 사람이 만든 소수의 곱을 구하려고 합니다. 물음에 답하시오. [총 10점]

	수 카드		
상혁	5	2	0
가은	4	7	2

(1) 상혁이와 가은이가 만든 소수를 각각 구하시오. [4점]

상혁 (   )

가은 (   )

(2) 상혁이와 가은이가 만든 두 소수의 곱은 얼마인지 식을 쓰고 답을 구하시오. [6점]

식 ＿＿＿＿＿＿＿＿＿＿＿＿＿＿

답 ＿＿＿＿＿＿＿＿＿

3 인구에 관한 신문 기사입니다. 물음에 답하시오.

[총 12점]

> 우리 국토에서 도시가 차지하는 비율은 16 %를 조금 넘는다. 그런데 우리나라의 인구 10명 중 9명은 도시에 살고 있다. 1960년대 이후 산업의 발달과 함께 도시가 발달하면서 도시에 사는 인구가 빠르게 증가했기 때문이다.
> 서울 올림픽이 열렸던 1988년 도시 지역의 인구 비율은 1970년 도시 지역의 인구 비율의 1.6배로 늘어났고 2015년 도시 지역의 인구 비율은 1960년 도시 지역의 인구 비율의 2.35배로 늘어났다.

도시 지역의 인구 비율

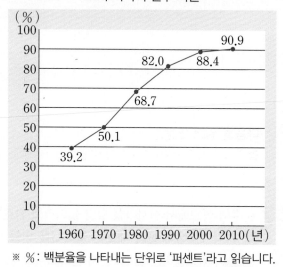

※ %: 백분율을 나타내는 단위로 '퍼센트'라고 읽습니다.

(1) 1988년 도시 지역의 인구 비율은 몇 %인지 식을 쓰고 답을 구하시오. [6점]

식 ＿＿＿＿＿＿＿＿＿＿＿＿＿＿

답 ＿＿＿＿＿＿＿＿＿ %

(2) 2015년 도시 지역의 인구 비율은 몇 %인지 식을 쓰고 답을 구하시오. [6점]

식 ＿＿＿＿＿＿＿＿＿＿＿＿＿＿

답 ＿＿＿＿＿＿＿＿＿ %

1 계산 결과를 잘못 말한 친구를 찾아 이름을 쓰고, 잘못 말한 부분을 바르게 고쳐 보시오. [6점]

0.79×5
0.8과 5의 곱으로 어림할 수 있으므로 결과는 4 정도가 돼.
소율

0.61×5
61과 5의 곱은 약 300이니까 0.61과 5의 곱은 30 정도가 돼.
준영

이름 _____

바르게 고치기 _____

_____

2 다음을 읽고 천둥소리를 들은 곳은 번개가 친 곳에서 몇 km 떨어져 있는지 구하려고 합니다. 풀이 과정을 쓰고 답을 구하시오. [8점]

번개는 빛이고, 천둥소리는 소리이므로 1초 동안 가는 거리가 다릅니다.

번개와 천둥소리는 동시에 일어나지만 번개가 보인 뒤 천둥소리가 들립니다. 기온이 15 ℃일 때 천둥소리는 1초에 0.34 km를 간다고 합니다. 번개를 보고 나서 8.5초 후에 천둥소리를 들었습니다.

풀이 _____

_____

답 _____

3 대화를 읽고 물음에 답하시오. [총 18점]

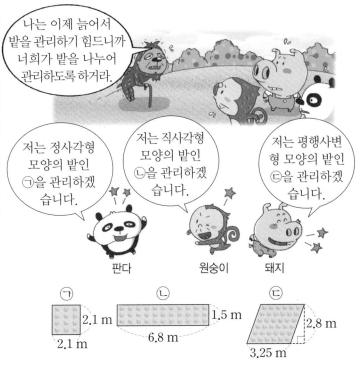
나는 이제 늙어서 밭을 관리하기 힘드니까 너희가 밭을 나누어 관리하도록 하거라.

저는 정사각형 모양의 밭인 ㉠을 관리하겠습니다.
판다

저는 직사각형 모양의 밭인 ㉡을 관리하겠습니다.
원숭이

저는 평행사변형 모양의 밭인 ㉢을 관리하겠습니다.
돼지

㉠ 2.1 m / 2.1 m
㉡ 1.5 m / 6.8 m
㉢ 2.8 m / 3.25 m

(1) 판다가 관리하려는 밭의 넓이는 몇 m²인지 식을 쓰고 답을 구하시오. [6점]

식 _____

답 _____

(2) 원숭이가 관리하려는 밭의 넓이는 몇 m²인지 식을 쓰고 답을 구하시오. [6점]

식 _____

답 _____

(3) 돼지가 관리하려는 밭의 넓이는 몇 m²인지 식을 쓰고 답을 구하시오. [6점]

식 _____

답 _____

5. 직육면체

◉ 직사각형 6개로 둘러싸인 도형

- 직육면체: 직사각형 6개로 둘러싸인 도형
- 직육면체의 구성 요소

면: 직육면체에서 선분으로 둘러싸인 부분

모서리: 면과 면이 만나는 선분

꼭짓점: 모서리와 모서리가 만나는 점

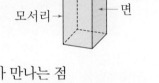

면의 수(개)	모서리의 수(개)	꼭짓점의 수(개)	면의 모양
6	12	8	직사각형

◉ 정사각형 6개로 둘러싸인 도형

정육면체: 정사각형 6개로 둘러싸인 도형

면의 모양은 정사각형입니다.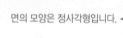

◉ 직육면체의 성질

- 직육면체에서 서로 마주 보고 있는 면의 관계

그림과 같이 직육면체에서 색칠한 두 면처럼 계속 늘여도 만나지 않는 두 면을 서로 평행하다고 합니다. 이 두 면을 직육면체의 밑면이라고 합니다.

직육면체에는 평행한 면이 3쌍 있고 이 평행한 면은 각각 밑면이 될 수 있습니다.

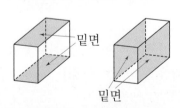

- 직육면체에서 서로 만나는 두 면 사이의 관계

삼각자 3개를 그림과 같이 놓았을 때 면 ㄱㄴㄷㄹ과 면 ㄷㅅㅇㄹ은 수직입니다.

면 ㄴㅂㅅㄷ과 면 ㄷㅅㅇㄹ, 면 ㄱㄴㄷㄹ과 면 ㄴㅂㅅㄷ은 수직입니다.

직육면체에서 밑면과 수직인 면을 직육면체의 옆면이라고 합니다.

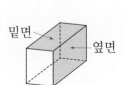

◉ 직육면체의 겨냥도

- 직육면체의 겨냥도: 직육면체 모양을 잘 알 수 있도록 나타낸 그림
- 겨냥도에서 보이는 모서리는 실선으로, 보이지 않는 모서리는 점선으로 그립니다.

◉ 정육면체의 전개도

- 정육면체의 전개도: 정육면체의 모서리를 잘라서 펼친 그림
- 전개도에서 잘린 모서리는 실선으로, 잘리지 않는 모서리는 점선으로 그립니다.

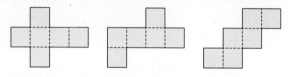

- 정육면체의 전개도 살펴보기

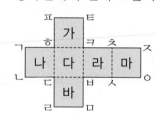

전개도를 접었을 때

① 점 ㄱ과 만나는 점:
점 ㅍ, 점 ㅈ

② 선분 ㄱㄴ과 만나는 선분:
선분 ㅈㅇ

③ 면 가와 평행한 면: 면 바

◉ 직육면체의 전개도

- 직육면체의 전개도: 직육면체의 모서리를 잘라서 펼친 그림
- 직육면체의 전개도 그리기
  ① 잘린 모서리는 실선으로, 잘리지 않는 모서리는 점선으로 그립니다.
  ② 서로 마주 보는 면은 모양과 크기가 같게 그립니다.
  ③ 서로 만나는 선분의 길이는 같게 그립니다.

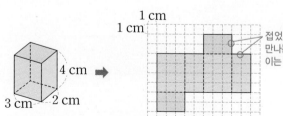

1 cm
1 cm

4 cm
3 cm 2 cm

접었을 때 서로 만나는 선분의 길이는 같습니다.

* 배점이 표시되어 있지 않은 문제는 문제당 4점입니다.

01 직육면체를 찾아 ○표 하시오.

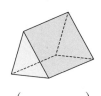 

(   ) (   ) (   )

02 설명이 옳으면 ○표, **틀리면** ×표 하시오.

(1) 정사각형 8개로 둘러싸인 도형을 정육면체라고 합니다. (   )

(2) 정육면체에서 모서리와 모서리가 만나는 점을 꼭짓점이라고 합니다. (   )

03 직육면체의 겨냥도를 바르게 그린 것은 어느 것입니까?
중요!

(   )

①   ②   ③

④   ⑤

04 직육면체를 보고 빈 곳에 알맞은 수를 써넣으시오.

면의 수(개)	모서리의 수(개)	꼭짓점의 수(개)
		8

05 정육면체의 전개도를 찾아 ○표 하시오.

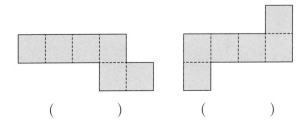

(   )   (   )

[06~07] 직육면체를 보고 물음에 답하시오.

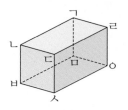

06 면 ㄱㄴㄷㄹ과 평행한 면을 찾아 쓰시오.
중요!

(   )

07 면 ㄴㅂㅅㄷ과 수직인 면은 모두 몇 개입니까?

(   )

08 직육면체의 겨냥도를 완성해 보시오.

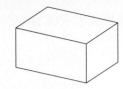

[09~10] 전개도를 접어서 직육면체를 만들었습니다. 물음에 답하시오.

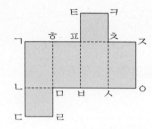

09 전개도를 접었을 때 선분 ㄹㅁ과 겹치는 선분을 찾아 쓰시오.

( )

10 전개도를 접었을 때 면 ㄱㄴㅁㅎ과 마주 보는 면을 찾아 쓰시오.

( )

서술형·논술형 문제

11 한 모서리의 길이가 6 cm인 정육면체의 모든 모서리의 길이의 합은 몇 cm인지 식을 완성하고 답을 구하시오.

식 $6 \times$ ☐ $=$ ☐

_____

답 _____

12 직육면체의 전개도를 모두 찾아 기호를 쓰시오.

중요!

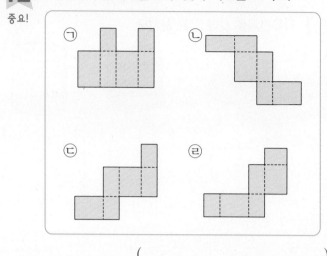

( )

13 직육면체의 전개도를 그린 것입니다. ☐ 안에 알맞은 수를 써넣으시오.

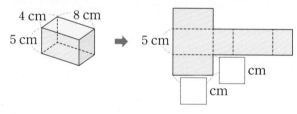

14 직육면체에서 면 ㄱㄴㄷㄹ과 면 ㄴㅂㅅㄷ이 만나서 이루는 각은 몇 도입니까?

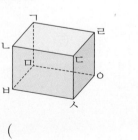

( )

15 정육면체와 직육면체입니다. ㉠과 ㉡의 길이의 합은 몇 cm입니까?

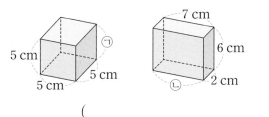

(   )

16 오른쪽 직육면체의 겨냥도를 보고 전개도를 그려 보시오. [6점]

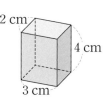

1 cm
1 cm

서술형·논술형 문제 ✏️

17 직육면체의 겨냥도에서 보이지 않는 모서리의 길이의 합은 몇 cm인지 풀이 과정을 쓰고 답을 구하시오. [6점]

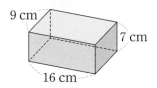

풀이 _____

_____

_____

_____

답 _____

18 정육면체의 전개도를 접었을 때 마주 보는 두 면의 눈의 수의 합이 7이 되도록 눈을 알맞게 그려 넣으시오. [8점]

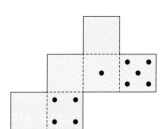

서술형·논술형 문제 ✏️

19 직육면체에서 색칠한 면과 평행한 면의 모서리 길이의 합은 몇 cm인지 풀이 과정을 쓰고 답을 구하시오. [10점]

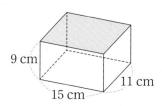

풀이 _____

_____

_____

_____

답 _____

20 그림과 같이 직육면체 모양의 상자에 색 테이프를 붙였습니다. 붙인 색 테이프의 길이는 모두 몇 cm입니까? [10점]

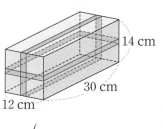

(   )

* 배점이 표시되어 있지 않은 문제는 문제당 4점입니다.

[01~02] 도형을 보고 물음에 답하시오.

가   나   다   라   마

01 직육면체를 모두 찾아 기호를 쓰시오.

(   )

02 정육면체는 모두 몇 개입니까?

(   )

03 □ 안에 직육면체의 각 부분의 이름을 알맞게 써넣으시오.

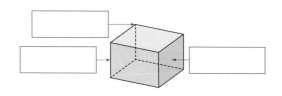

04 직육면체의 겨냥도를 보고 □ 안에 알맞은 수를 써넣으시오.
중요!

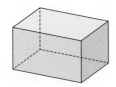

(1) 보이는 모서리는 □ 개입니다.

(2) 보이지 않는 모서리는 □ 개입니다.

[05~06] 직육면체를 보고 물음에 답하시오.

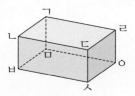

05 면 ㄷㅅㅇㄹ과 평행한 면을 찾아 쓰시오.

(   )

06 모서리 ㄱㄹ과 길이가 같은 모서리를 모두 찾아 기호를 쓰시오.

┌─────────────────────────────┐
│ ㉠ 모서리 ㄱㄴ   ㉡ 모서리 ㄴㄷ │
│ ㉢ 모서리 ㄷㄹ   ㉣ 모서리 ㄹㅇ │
│ ㉤ 모서리 ㅁㅇ   ㉥ 모서리 ㅂㅅ │
└─────────────────────────────┘

(   )

서술형·논술형 문제

07 직육면체의 겨냥도를 잘못 그린 것입니다. 그 이유를 쓰시오.

이유 _____

_____

_____

08 직육면체에서 색칠한 면을 본뜬 모양은 어떤 모양입니까? (　　　)

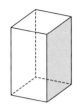

① 마름모　　② 정사각형
③ 직사각형　④ 정오각형
⑤ 직각삼각형

09 정육면체의 겨냥도를 완성해 보시오.

[10~11] 전개도를 접어서 직육면체를 만들었습니다. 물음에 답하시오.

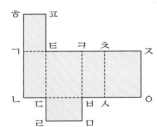

10 전개도를 접었을 때 면 ㄷㄹㅁㅂ과 수직인 면을 모두 찾아 쓰시오.

_____

_____

11 전개도를 접었을 때 선분 ㄹㅁ과 만나는 선분을 찾아 쓰시오.

(　　　　　　　　　　)

12 직육면체에서 길이가 8 cm인 모서리는 모두 몇 개입니까?

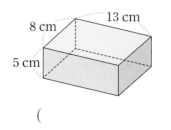

(　　　　　　　　　　)

[13~14] 정육면체의 전개도입니다. 물음에 답하시오.

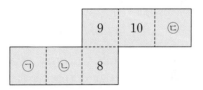

13 서로 평행한 면에 적힌 수의 합이 13일 때 ㉠, ㉡, ㉢에 알맞은 수를 각각 구하시오.

㉠ (　　　　　　　　　　)
㉡ (　　　　　　　　　　)
㉢ (　　　　　　　　　　)

<u>서술형·논술형 문제</u>✎

14 정육면체의 한 모서리의 길이가 4 cm일 때 전개도의 둘레는 몇 cm인지 풀이 과정을 쓰고 답을 구하시오.

[풀이] _____

_____

_____

_____

[답] _____

15 오른쪽 직육면체의 전개도를 완성해 보시오.

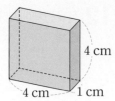

4 cm

4 cm 1 cm

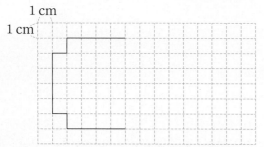

1 cm

1 cm

16 정육면체의 전개도를 접었을 때 색칠한 면과 수직인 면을 모두 찾아 색칠해 보시오. [6점]

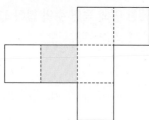

17 오른쪽 직육면체 모양의 선물 상자를 그림과 같이 끈으로 묶었습니다. 직육면체의 전개도가 다음과 같을 때, 끈이 지나가는 자리를 그려 넣으시오. [6점]

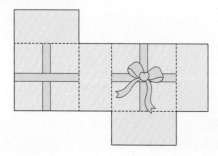

18 직육면체와 정육면체의 <u>다른</u> 점을 찾아 기호를 쓰시오.

중요! [8점]

ㄱ 꼭짓점의 수   ㄴ 면의 모양
ㄷ 면의 수   ㄹ 모서리의 수

(   )

서술형·논술형 문제✎

19 정육면체에서 모든 모서리의 길이의 합이 60 cm일 때 한 모서리의 길이는 몇 cm인지 풀이 과정을 쓰고 답을 구하시오. [10점]

풀이 _____

_____

_____

_____

답 _____

20 직육면체의 겨냥도에서 모든 모서리의 길이의 합은 88 cm입니다. ☐ 안에 알맞은 수를 구하시오. [10점]

중요!

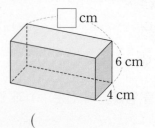

☐ cm

6 cm

4 cm

(   )

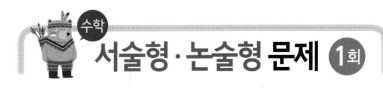
1 정육면체의 전개도가 <u>잘못된</u> 이유를 쓰시오. [6점]

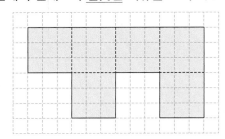

이유 _____

_____

_____

2 직육면체의 전개도입니다. 전개도를 접었을 때 면 가와 수직인 면을 모두 찾아 색칠하고 색칠한 도형의 네 변의 길이의 합은 몇 cm인지 풀이 과정을 쓰고 답을 구하시오. [8점]

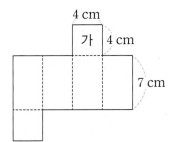

풀이 _____

_____

_____

_____

답 _____

3 대화를 읽고 물음에 답하시오. [총 11점]

(1) ㉠에 알맞은 수를 구하시오. [3점]

(   )

(2) 한 모서리의 길이가 2 cm인 정육면체의 전개도를 두 가지 방법으로 그려 보시오. [8점]

방법 1

방법 2

1 잘못 말한 사람의 이름을 쓰고 바르게 고쳐 보시오. [6점]

동민
> 정육면체의 면은 모두 정사각형입니다.

> 직육면체의 면은 모두 직사각형입니다.
연경

원석
> 직육면체는 정육면체라고 할 수 있습니다.

이름 _____

바르게 고치기 _____

_____

2 직육면체의 전개도를 접었을 때 면 라와 평행한 면의 모서리 길이의 합은 몇 cm인지 풀이 과정을 쓰고 답을 구하시오. [8점]

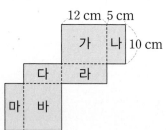

풀이 _____

_____

_____

_____

답 _____

3 대화를 읽고 물음에 답하시오. [총 12점]

(1) [6점]

> 다음은 직육면체의 겨냥도를 잘못 그린 것이다. 그 이유를 쓰거라.

이유 _____

_____

_____

(2) [6점]

> 다음은 정육면체의 전개도이다. 색칠한 면과 수직인 면, 평행한 면을 각각 모두 찾아 쓰거라.

수직인 면 (   )

평행한 면 (   )

6. 평균과 가능성

● 평균 알아보기

㉫ 수희네 모둠이 투호에서 넣은 화살 수의 평균 구하기

수희네 모둠이 넣은 화살 수

이름	수희	하은	지만	선우
넣은 화살 수(개)	6	3	7	4

수희네 모둠 학생 수: 4명

수희네 모둠이 넣은 화살 수의 합:

6+3+7+4=20(개)

➡ 수희네 모둠이 넣은 화살 수의 평균: 20÷4=5(개)

> 수희네 모둠의 투호 기록 6, 3, 7, 4를 모두 더해 자료의 수 4로 나눈 수 5는 수희네 모둠의 투호 기록을 대표하는 값으로 정할 수 있습니다. 이 값을 평균이라고 합니다.

● 여러 가지 방법으로 평균 구하기

㉫ 현주네 모둠이 공부한 시간의 평균 구하기

현주네 모둠이 공부한 시간

이름	현주	경민	진성	철희	연우
공부 시간(분)	60	30	40	50	20

방법 1 자료의 값을 고르게 하여 평균 구하기

평균을 40분으로 예상한 후 40, (60, 20), (30, 50)으로 수를 옮기고 짝 지어 자료의 값을 고르게 하여 구한 현주네 모둠이 공부한 시간의 평균은 40분입니다.

방법 2 (평균)=(자료의 값을 모두 더한 수)÷(자료의 수)

(60+30+40+50+20)÷5

=200÷5=40(분)

● 평균을 이용하여 문제 해결하기

> (자료의 값을 모두 더한 수)=(평균)×(자료의 수)

㉫ 영희네 모둠 4명이 딴 사과의 무게의 평균이 6 kg일 때 영희네 모둠이 딴 사과의 무게는 6×4=24 (kg)입니다.

● 일이 일어날 가능성을 말로 표현하기

> 1월 1일 다음 날이 1월 2일일 가능성은 확실합니다. 이처럼 가능성은 어떠한 상황에서 특정한 일이 일어나길 기대할 수 있는 정도를 말합니다. 가능성의 정도는 불가능하다, ~아닐 것 같다, 반반이다, ~일 것 같다, 확실하다 등으로 표현할 수 있습니다.

㉫ 일이 일어날 가능성을 생각해 보고 알맞게 표현한 곳에 ○표 하기

가능성 일	불가능하다	~아닐 것 같다	반반이다	~일 것 같다	확실하다
공룡이 우리 집에 놀러올 것입니다.	○				
동전을 두 번 던지면 두 번 모두 그림면이 나올 것입니다.		○			
1부터 6까지의 수 카드 중 1장을 뽑을 때 짝수가 나올 것입니다.			○		
7월에 1월보다 비가 자주 올 것입니다.				○	
내년 3월 달력에는 날짜가 31일까지 있을 것입니다.					○

● 일이 일어날 가능성을 비교하기

㉫

회전판을 돌렸을 때 화살이 파란색에 멈출 가능성이 높은 순서대로 쓰면 가, 나, 다, 라, 마입니다.

➡ 가능성이 높은 순서
확실하다 > ~일 것 같다 > 반반이다 > ~아닐 것 같다 > 불가능하다

● 일이 일어날 가능성을 수로 표현하기

일이 일어날 가능성을 0, $\frac{1}{2}$, 1과 같은 수로 표현할 수 있습니다.

불가능하다   반반이다   확실하다
|————————|————————|
0            $\frac{1}{2}$ 1

* 배점이 표시되어 있지 않은 문제는 문제당 4점입니다.

[01~02] 상혁이의 국어, 수학, 과학 점수를 나타낸 표입니다. 물음에 답하시오.

상혁이의 점수

과목	국어	수학	과학
점수(점)	90	95	79

01 상혁이의 점수의 합은 몇 점입니까?

$$90 + \boxed{} + \boxed{} = \boxed{} (점)$$

02 상혁이의 점수의 평균은 몇 점입니까?

$$\boxed{} \div 3 = \boxed{} (점)$$

03 □ 안에 일이 일어날 가능성의 정도를 알맞게 써넣으시오.

← 일이 일어날 가능성이 낮습니다.   일이 일어날 가능성이 높습니다. →

~아닐 것 같다	

반반이다   확실하다

04 일이 일어날 가능성을 수로 표현하려고 합니다. $0, \frac{1}{2}, 1$ 중에서 골라 □ 안에 써넣으시오.

(1) 불가능하다 ➡ □

(2) 확실하다 ➡ □

(3) 반반이다 ➡ □

[05~06] 일이 일어날 가능성을 알맞게 표현한 것을 보기에서 찾아 기호를 쓰시오.

보기
㉠ 불가능하다 ㉡ ~아닐 것 같다 ㉢ 반반이다
㉣ ~일 것 같다 ㉤ 확실하다

05 흰색 바둑돌이 4개 들어 있는 주머니에서 바둑돌 1개를 꺼낼 때 검은색 바둑돌일 가능성

(   )

06 검은색 바둑돌이 4개 들어 있는 주머니에서 바둑돌 1개를 꺼낼 때 검은색 바둑돌일 가능성

(   )

07 현아네 모둠의 줄넘기 횟수를 나타낸 표입니다. 현아네 모둠의 줄넘기 횟수의 평균을 구하시오.

중요!

현아네 모둠의 줄넘기 횟수

이름	현아	시헌	소민	준경
줄넘기 횟수(회)	50	45	55	50

평균을 □ 회로 예상한 후 (50, □), (45, □)(으)로 수를 옮기고 짝 지어 자료의 값을 고르게 하여 구한 현아네 모둠의 줄넘기 횟수의 평균은 □ 회입니다.

08 일이 일어날 가능성을 알맞게 표현한 것을 찾아 이어 보시오.

| 노란색 공 100개, 분홍색 공 2개가 들어 있는 상자에서 공 1개를 꺼낼 때 분홍색 공이 나올 가능성 | • | | • | ~일 것 같다 |

| 내일 출석하는 친구가 결석하는 친구보다 많을 가능성 | • | | • | ~아닐 것 같다 |

서술형·논술형 문제 ✏

09 버스 6대에 탄 전체 사람 수는 222명입니다. 버스 한 대에 탄 사람은 평균 몇 명인지 풀이 과정을 완성하고 답을 구하시오.

풀이 (평균)=(전체 사람 수)÷(버스 수)

= ☐ ÷ ☐ = ☐ (명)

답 _____

10 소율이가 ○× 문제를 풀고 있습니다. 소율이가 ×라고 답했을 때 정답을 맞혔을 가능성에 ↓로 나타내어 보시오.

```
0          1/2          1
```

11 상자 안에서 번호표를 한 개 꺼낼 때 21번 번호표를 꺼낼 가능성을 말과 수로 표현해 보시오.

 상자 안에는 1번부터 20번까지의 번호표가 있어.

말 _____ 수 _____

12 주어진 카드 중에서 한 장을 뽑을 때, ★ 의 카드를 뽑을 가능성을 말과 수로 표현해 보시오.

★ ★ ★ ★ ★ ★

말 _____ 수 _____

[13~14] 남경이네 모둠과 정표네 모둠의 단체 줄넘기 기록입니다. 물음에 답하시오.

남경이네 모둠

회	1회	2회	3회	4회
기록(회)	11	15	21	13

정표네 모둠

회	1회	2회	3회	4회
기록(회)	16	11	19	10

13 남경이네 모둠과 정표네 모둠의 단체 줄넘기 기록의 평균은 각각 몇 회입니까?

남경이네 모둠 ( )

정표네 모둠 ( )

14 어느 모둠의 단체 줄넘기 기록의 평균이 몇 회 더 많습니까?

( ), ( )

15 회전판에서 화살이 초록색에 멈출 가능성이 낮은 순서대로 기호를 쓰시오.

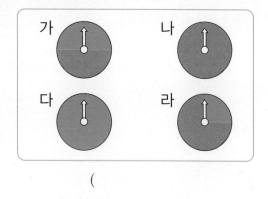

(   )

16 금희가 일주일 동안 섭취한 열량의 하루 평균이 1700 킬로칼로리일 때 금희가 일주일 동안 섭취한 열량의 합은 몇 킬로칼로리입니까? [6점]

(   )

서술형·논술형 문제

17 1부터 6까지의 눈이 그려진 주사위를 한 번 굴릴 때 일이 일어날 가능성이 가장 높은 것을 찾아 기호를 쓰려고 합니다. 풀이 과정을 쓰고 답을 구하시오. [6점]

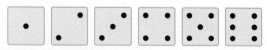

┌─────────────────────────────────────┐
│ ㉠ 주사위 눈의 수가 홀수일 가능성   │
│ ㉡ 주사위 눈의 수가 8의 배수일 가능성   │
│ ㉢ 주사위 눈의 수가 9보다 작은 수일 가능성 │
└─────────────────────────────────────┘

풀이 _____

_____

_____

답 _____

18 일이 일어날 가능성이 '반반이다'인 경우를 말한 사람의 이름을 쓰시오. [8점]

┌─────────────────────────────────────┐
│ 기주: 5와 7을 곱하면 30이 될 거야.   │
│ 석현: 올해 12살이니까 내년에는 13살이 될 거야. │
│ 은미: 은행에서 뽑은 대기 번호표의 번호는 홀수 │
│   일 거야.   │
└─────────────────────────────────────┘

(   )

서술형·논술형 문제

19 수혁이네 모둠의 몸무게를 나타낸 표입니다. 수혁이와 지민이의 몸무게가 같을 때 지민이의 몸무게는 몇 kg인지 풀이 과정을 쓰고 답을 구하시오. [10점]

수혁이네 모둠의 몸무게

이름	수혁	지민	우영	태민	평균
몸무게(kg)			36	44	39

풀이 _____

_____

_____

_____

답 _____

20 가희네 모둠은 남자가 6명, 여자가 4명입니다. 가희네 모둠의 멀리뛰기 기록의 평균은 290 cm이고, 남자 6명의 멀리뛰기 기록의 평균은 300 cm입니다. 여자 4명의 멀리뛰기 기록의 평균은 몇 cm입니까? [10점]

(   )

* 배점이 표시되어 있지 않은 문제는 문제당 4점입니다.

01 ☐ 안에 알맞은 말을 써넣으시오.

어떠한 상황에서 특정한 일이 일어나길 기대할 수 있는 정도를 [ ]이라고 합니다.

[02~03] 동민이네 학교 5학년 반별 학생 수를 나타낸 표입니다. 물음에 답하시오.

5학년 반별 학생 수

반	1반	2반	3반	4반
학생 수(명)	30	29	25	28

02 1반부터 4반까지 학생 수를 모두 더하면 몇 명입니까?

( )

03 동민이네 학교 5학년 반별 학생 수의 평균은 몇 명입니까?

( )

04 일이 일어날 가능성을 알맞게 표현한 것을 보기 에서 찾아 기호를 쓰시오.

중요!

보기
㉠ 불가능하다   ㉡ 반반이다   ㉢ 확실하다

(1)
내년에는 2월이 3월보다 빨리 올 것입니다.

( )

(2)
서울의 8월 평균 기온이 10 ℃보다 낮을 것입니다.

( )

05 일이 일어날 가능성을 수로 표현하려고 합니다. ☐ 안에 알맞은 수를 써넣으시오.

불가능하다   반반이다   확실하다

[ ]   [ ]   [ ]

06 상자 속에 노란색 카드가 2장 있습니다. 상자에서 카드 1장을 꺼낼 때 빨간색 카드일 가능성을 수로 표현하면 얼마인지 ◯표 하시오.

$$0 \qquad \frac{1}{2} \qquad 1$$

서술형·논술형 문제

07 원석이의 윗몸 말아 올리기 횟수를 나타낸 표입니다. 윗몸 말아 올리기 횟수의 평균은 몇 회인지 풀이 과정을 쓰고 답을 구하시오.

원석이의 윗몸 말아 올리기 횟수

회	1회	2회	3회	4회	5회
횟수(회)	28	25	27	24	26

풀이 _____

_____

_____

답 _____

08 ☐ 안에 알맞은 수를 써넣으시오.

내일 아침에 해가 동쪽에서 뜰 가능성을 수로 표현하면 [ ]입니다.

09 오른쪽 회전판에서 화살이 파란색에 멈출 가능성에 ↓로 나타내어 보시오.

```
├──────────────┼──────────────┤
0             1/2            1
```

10 일이 일어날 가능성을 생각해 보고, 알맞게 표현한 곳에 ○표 하시오.

일 \ 가능성	불가능하다	~아닐 것 같다	반반이다	~일 것 같다	확실하다
날씨가 추울 때 친구들이 반팔보다 긴팔을 입을 가능성					
동전 2개를 동시에 던졌을 때 모두 숫자 면이 나올 가능성					
고양이가 알을 낳을 가능성					

11 주하가 말한 일이 일어날 가능성을 말과 수로 표현해 보시오.

주하

흰색 바둑돌 1개, 검은색 바둑돌 1개가 들어 있는 주머니에서 바둑돌 1개를 꺼낼 때 흰색 바둑돌이 나올 가능성

말 _____ 수 _____

12 주황색, 초록색, 노란색으로 이루어진 회전판과 회전판을 60회 돌려 화살이 멈춘 횟수를 나타낸 표입니다. 일이 일어날 가능성이 가장 비슷한 것끼리 이어 보시오.

중요!

 •

색깔	주황	초록	노랑
횟수(회)	44	8	8

 •

색깔	주황	초록	노랑
횟수(회)	16	15	29

 •

색깔	주황	초록	노랑
횟수(회)	19	21	20

서술형·논술형 문제 ✏

13 인규네 반의 모둠별 친구 수와 먹은 사탕 수를 나타낸 표입니다. 1인당 먹은 사탕 수가 가장 많은 모둠은 어느 모둠인지 풀이 과정을 쓰고 답을 구하시오.

모둠 친구 수와 먹은 사탕 수

	모둠 1	모둠 2	모둠 3
모둠 친구 수(명)	4	4	5
먹은 사탕 수(개)	16	24	25

풀이 _____

_____

_____

_____

답 _____

[14~15] 일이 일어날 가능성이 낮은 순서대로 기호를 쓰려고 합니다. 물음에 답하시오.

> ㉠ 한 명의 아이가 태어날 때 남자 아이일 가능성
> ㉡ 주사위를 2번 굴릴 때 주사위 눈의 수가 모두 6이 나올 가능성
> ㉢ 367명의 사람들 중 서로 생일이 같은 사람이 있을 가능성

14 일이 일어날 가능성을 말로 표현해 보시오.

㉠ (   )

㉡ (   )

㉢ (   )

15 일이 일어날 가능성이 낮은 순서대로 기호를 쓰시오. [6점]

(   )

[16~17] 종수네 모둠과 강호네 모둠의 제기차기 기록을 나타낸 표입니다. 두 모둠의 제기차기 기록의 평균이 같습니다. 물음에 답하시오.

종수네 모둠

이름	기록(개)
종수	7
현우	6
희영	5

강호네 모둠

이름	기록(개)
강호	4
연수	8
범우	
미애	7

16 종수네 모둠의 제기차기 기록의 평균은 몇 개입니까?

(   )

17 범우의 제기차기 기록은 몇 개입니까? [6점]

중요!

(   )

18 수현이와 하빈이의 공 멀리 던지기 기록을 나타낸 표입니다. 공 멀리 던지기 기록의 평균은 누가 더 좋습니까? [8점]

공 멀리 던지기 기록

회	1회	2회	3회	4회
수현이의 기록(m)	28	36	33	31
하빈이의 기록(m)	32	30	26	32

(   )

19 조건 에 알맞은 회전판이 되도록 색칠해 보시오. [10점]

> 조건
> • 화살이 초록색에 멈출 가능성이 가장 높습니다.
> • 화살이 노란색에 멈출 가능성은 파란색에 멈출 가능성의 2배입니다.

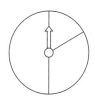

서술형·논술형 문제

20 선아네 반 남학생과 여학생의 키의 평균을 나타낸 것입니다. 선아네 반 전체 학생들의 키의 평균은 몇 cm인지 풀이 과정을 쓰고 답을 구하시오. [10점]

> • 남학생 12명의 키의 평균은 155 cm입니다.
> • 여학생 8명의 키의 평균은 150 cm입니다.

풀이 _____

_____

_____

_____

답 _____

1 동전 1개를 던질 때 그림 면이 나올 가능성과 숫자 면이 나올 가능성을 각각 수로 표현하고 두 수의 합을 구하려고 합니다. 풀이 과정을 완성하고 답을 구하시오. [6점]

풀이 동전 1개를 던질 때 그림 면이 나올 가능성을 수로 표현하면 ☐ 이고, 숫자 면이 나올 가능성을 수로 표현하면 ☐ 입니다.

따라서 두 수의 합은 ☐ + ☐ = ☐ 입니다.

답 ＿＿＿＿＿＿＿＿＿＿

2 어느 마을의 농장별 고구마 생산량입니다. 네 농장의 고구마 생산량의 평균이 350 kg일 때 다 농장의 고구마 생산량은 몇 kg인지 풀이 과정을 쓰고 답을 구하시오. [8점]

농장별 고구마 생산량

농장	가	나	다	라
생산량(kg)	410	380		360

풀이 ＿＿＿＿＿＿＿＿＿＿＿＿＿＿＿

＿＿＿＿＿＿＿＿＿＿＿＿＿＿＿＿＿＿

답 ＿＿＿＿＿＿＿＿＿＿

3 영아의 과목별 시험지입니다. 물음에 답하시오.

[총 16점]

국어
이름: 김영아 점수: 88점

수학
이름: 김영아 점수: 92점

사회
이름: 김영아 점수: 80점

과학
이름: 김영아 점수: 96점

(1) 네 과목의 평균 점수는 몇 점입니까? [4점]

(＿＿＿＿＿＿＿＿)

(2) 평균 점수보다 높은 점수를 받은 과목을 모두 쓰시오. [4점]

(＿＿＿＿＿＿＿＿)

(3) 영어 점수를 적어도 몇 점 받아야 다섯 과목의 평균 점수가 90점 이상이 되는지 풀이 과정을 쓰고 답을 구하시오. [8점]

풀이 ＿＿＿＿＿＿＿＿＿＿＿＿

＿＿＿＿＿＿＿＿＿＿＿＿＿＿＿＿＿＿

＿＿＿＿＿＿＿＿＿＿＿＿＿＿＿＿＿＿

답 ＿＿＿＿＿＿＿＿＿＿

1 준수네 모둠이 읽은 책 수를 나타낸 표입니다. 준수네 모둠이 읽은 책 수의 평균은 몇 권인지 풀이 과정을 완성하고 답을 구하시오. [6점]

준수네 모둠이 읽은 책 수

이름	준수	상미	민경
책 수(권)	5	9	4

풀이 준수네 모둠이 읽은 책 수를 모두 더하면

5+□+□=□(권)이고 준수네 모둠 학

생 수는 □명입니다.

따라서 준수네 모둠이 읽은 책 수의 평균은

□÷□=□(권)입니다.

답 _____

2 경희네 학교에서 단체 줄넘기 대회를 하였습니다. 평균이 25회 이상 되어야 결승에 올라갈 수 있을 때 5학년 1반은 결승에 올라갈 수 있는지 풀이 과정을 쓰고 답을 구하시오. [8점]

5학년 1반의 단체 줄넘기 기록

회	1회	2회	3회	4회
횟수(회)	22	28	26	20

풀이 _____

_____

_____

답 _____

3 대화를 읽고 일이 일어날 가능성을 알아보려고 합니다. 물음에 답하시오. [총 18점]

내일은 오늘보다 기온이 낮을 거야.

진하

상민

계산기로 8 × 6 = 을 누르면 48이 나올 거야.

주사위를 굴리면 주사위 눈의 수가 5 이하로 나올 거야.

은정

다솜

지금은 오후 4시니까 1시간 전에는 5시였을 거야.

(1) 일이 일어날 가능성이 '불가능하다'인 경우를 말한 친구의 이름을 쓰시오. [4점]

(   )

(2) (1)과 같은 상황에서 일이 일어날 가능성이 '확실하다'가 되도록 친구의 말을 바꿔 보시오. [6점]

_____

_____

(3) 일이 일어날 가능성이 높은 순서대로 이름을 쓰려고 합니다. 풀이 과정을 쓰고 답을 구하시오. [8점]

풀이 _____

_____

_____

_____

답 _____

* 배점이 표시되어 있지 않은 문제는 문제당 4점입니다.

정답 ○ 꼼꼼 풀이집 24쪽

관련 단원 : 1. 수의 범위와 어림하기

01 36 이상인 수가 <u>아닌</u> 것은 어느 것입니까? (   )

① 40   ② 39   ③ 42

④ 35   ⑤ 36

관련 단원 : 3. 합동과 대칭

02 점선을 따라 잘랐을 때 잘린 두 도형이 서로 합동이 <u>아닌</u> 것은 어느 것입니까? (   )

①   ②   ③

④   ⑤

관련 단원 : 5. 직육면체

03 직육면체의 겨냥도를 완성해 보시오.

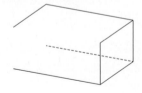

관련 단원 : 2. 분수의 곱셈

04 계산을 하시오.

$$\frac{7}{12} \times \frac{5}{8}$$

관련 단원 : 1. 수의 범위와 어림하기

05 수직선에 나타내어 보시오.

6 초과 11 미만인 수

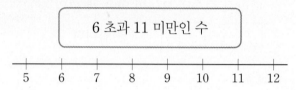

관련 단원 : 1. 수의 범위와 어림하기

06 올림, 버림, 반올림하여 백의 자리까지 나타내어 보시오.

수	올림	버림	반올림
4681			

서술형·논술형 문제 관련 단원 : 2. 분수의 곱셈

07 한 봉지에 $\frac{12}{25}$ kg씩 들어 있는 밀가루가 5봉지 있습니다. 밀가루는 모두 몇 kg인지 식을 쓰고 답을 구하시오.

식 _____

답 _____

관련 단원 : 4. 소수의 곱셈

08 계산이 옳은 것은 어느 것입니까? ( )

① $2.07 \times 10 = 0.207$ ② $2.07 \times 1000 = 207$

③ $400 \times 0.01 = 4$ ④ $400 \times 0.001 = 40$

⑤ $0.34 \times 0.1 = 0.34$

관련 단원 : 6. 평균과 가능성

09 당첨 제비만 5개 들어 있는 제비뽑기 상자에서 제비 1개를 뽑았습니다. 뽑은 제비가 당첨 제비일 가능성에 ↓로 나타내어 보시오.

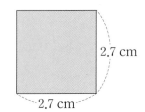

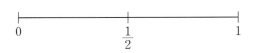

관련 단원 : 2. 분수의 곱셈

10 세 수의 곱을 구하시오.

( )

관련 단원 : 1. 수의 범위와 어림하기

11 과수원에서 사과를 5419개 땄습니다. 한 상자에 100개씩 넣어서 팔려고 합니다. 사과를 최대 몇 상자까지 팔 수 있습니까?

( )

서술형·논술형 문제 관련 단원 : 4. 소수의 곱셈

12 정사각형의 넓이는 몇 cm²인지 식을 쓰고 답을 구하시오.

2.7 cm

2.7 cm

식 _____

답 _____

관련 단원 : 3. 합동과 대칭

13 직선 ㄱㄴ을 대칭축으로 하는 선대칭도형입니다. □ 안에 알맞은 수를 써넣으시오.

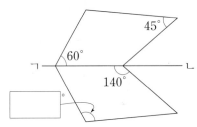

관련 단원 : 2. 분수의 곱셈

14 욕실에 한 변의 길이가 $6\frac{3}{4}$ cm인 정사각형 모양의 타일이 32장 붙어 있습니다. 타일이 붙어 있는 부분의 넓이는 몇 cm²인지 알아보시오.

(1) 정사각형 모양의 타일 한 장의 넓이는 몇 cm²입니까?

( )

(2) 타일이 붙어 있는 부분의 넓이는 몇 cm²입니까?

( )

관련 단원 : 5. 직육면체

15 정육면체의 전개도가 다음과 같을 때 ㉠에 알맞은 무늬를 그려 보시오. [6점]

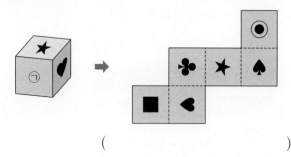

(   )

관련 단원 : 4. 소수의 곱셈

16 한 시간에 8.46 km씩 가는 자전거가 있습니다. 같은 빠르기로 2시간 30분 동안 몇 km를 갈 수 있습니까? [6점]

(   )

관련 단원 : 5. 직육면체

17 직육면체에서 보이지 않는 모서리의 길이의 합이 13 cm일 때 모든 모서리의 길이의 합은 몇 cm입니까? [8점]

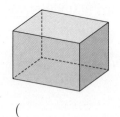

(   )

[18~19] 진아의 수학 점수를 나타낸 표입니다. 물음에 답하시오.

진아의 수학 점수

회	1회	2회	3회	4회	5회
점수(점)	80	95	95	85	90

관련 단원 : 6. 평균과 가능성

18 진아의 수학 점수의 평균은 몇 점입니까?

(   )

관련 단원 : 6. 평균과 가능성

19 수학 점수의 평균이 90점 이상이 되게 하려면 6회 시험에서 적어도 몇 점을 받아야 합니까? [10점]

(   )

서술형·논술형 문제 ✏ 관련 단원 : 3. 합동과 대칭

20 점 ㅇ을 대칭의 중심으로 하는 점대칭도형의 일부분입니다. 완성한 점대칭도형의 둘레는 몇 cm인지 풀이 과정을 쓰고 답을 구하시오. [10점]

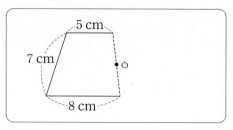

풀이 _____

_____

_____

_____

답 _____

* 배점이 표시되어 있지 않은 문제는 문제당 **4점**입니다.

정답 ◐ 꼼꼼 풀이집 25쪽

관련 단원 : 6. 평균과 가능성

01 연실이의 줄넘기 횟수를 나타낸 표입니다. 줄넘기 횟수의 평균을 구하시오.

연실이의 줄넘기 횟수

회	1회	2회	3회	4회
횟수(회)	40	57	30	33

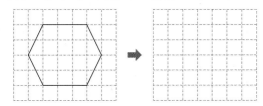

$(40 + 57 + \boxed{} + \boxed{}) \div \boxed{} = \boxed{}$ (회)

관련 단원 : 3. 합동과 대칭

02 주어진 도형과 서로 합동인 도형을 그려 보시오.

관련 단원 : 4. 소수의 곱셈

03 계산을 하시오.

(1) 0.4×8

(2) 21×0.7

관련 단원 : 1. 수의 범위와 어림하기

04 수직선에 나타내어 보시오.

39 이상인 수

관련 단원 : 3. 합동과 대칭

05 선대칭도형을 모두 고르시오. ( )

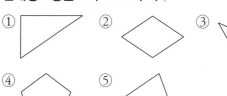

① ② ③
④ ⑤

관련 단원 : 2. 분수의 곱셈

06 두 수의 곱을 빈 곳에 써넣으시오.

15	$\dfrac{2}{9}$

관련 단원 : 4. 소수의 곱셈

07 영아는 하루에 0.759 km씩 달립니다. 영아가 100일 동안 달리는 거리는 모두 몇 km입니까?

( )

관련 단원 : 3. 합동과 대칭

08 오른쪽 점대칭도형에서 대칭의 중심을 찾아 표시해 보시오.

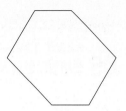

[09~10] 전개도를 접어서 직육면체를 만들었습니다. 물음에 답하시오.

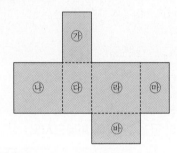

관련 단원 : 5. 직육면체

09 전개도를 접었을 때 면 ㉒와 평행한 면을 찾아 쓰시오.

( )

관련 단원 : 5. 직육면체

10 전개도를 접었을 때 면 ㉣와 수직인 면을 모두 찾아 쓰시오.

( )

관련 단원 : 1. 수의 범위와 어림하기

11 서연이네 모둠 친구들의 멀리뛰기 기록을 나타낸 표입니다. 뛴 거리를 반올림하여 일의 자리까지 나타내어 보시오.

서연이네 모둠 친구들의 멀리뛰기 기록

이름	서연	동주	민석
뛴 거리(cm)	129.3	117.9	140.5
반올림한 거리(cm)			

관련 단원 : 6. 평균과 가능성

12 회전판에서 화살이 회색에 멈출 가능성이 높은 순서대로 기호를 쓰시오.

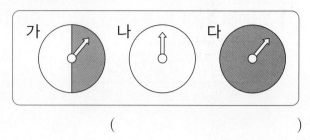

( )

서술형·논술형 문제 ✏️ 관련 단원 : 1. 수의 범위와 어림하기

13 가은이네 모둠 학생들의 윗몸 말아 올리기 횟수를 나타낸 표입니다. 윗몸 말아 올리기 횟수가 38회 이상 45회 이하인 학생은 모두 몇 명인지 풀이 과정을 쓰고 답을 구하시오.

가은이네 모둠의 윗몸 말아 올리기 횟수

이름	횟수(회)	이름	횟수(회)
가은	37	진영	35
태훈	43	지수	45
동원	33	진경	46
하나	40	민서	38

풀이 _____

_____

_____

답 _____

관련 단원 : 2. 분수의 곱셈

14 직사각형의 넓이는 몇 cm^2입니까?

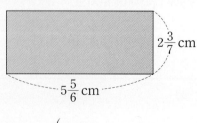

$2\frac{3}{7}$ cm

$5\frac{5}{6}$ cm

( )

관련 단원 : 4. 소수의 곱셈

15 $29 \times 316 = 9164$임을 이용하여 ☐ 안에 알맞은 수를 써넣으시오.

(1) ☐ $\times 316 = 91.64$

(2) $2.9 \times$ ☐ $= 9.164$

관련 단원 : 6. 평균과 가능성

18 주머니에 ②, ③, ④, ⑤의 구슬이 들어 있습니다. 이 중에서 구슬 1개를 꺼냈을 때, 꺼낸 구슬에 적힌 수가 홀수일 가능성과 화살이 초록색에 멈출 가능성이 같도록 회전판을 색칠해 보시오. [8점]

서술형·논술형 문제 ✐ 관련 단원 : 2. 분수의 곱셈

16 다음 수 카드 중 두 장을 사용하여 분수의 곱셈을 만들려고 합니다. 계산 결과가 가장 작은 식을 쓰고 답을 구하시오. [6점]

| 3 | 4 | 5 | 6 |

$$\frac{1}{\boxed{}} \times \frac{1}{\boxed{}}$$

식 _____

답 _____

서술형·논술형 문제 ✐ 관련 단원 : 3. 합동과 대칭

19 오른쪽은 직선 ㅅㅇ을 대칭축으로 하는 선대칭도형입니다. 선대칭도형의 둘레가 40 cm일 때 선분 ㄹㅁ은 몇 cm인지 풀이 과정을 쓰고 답을 구하시오. [10점]

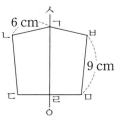

풀이 _____

_____

_____

_____

답 _____

관련 단원 : 5. 직육면체

17 모든 모서리의 길이의 합이 84 cm인 정육면체의 한 모서리의 길이는 몇 cm입니까? [6점]

(   )

관련 단원 : 4. 소수의 곱셈

20 떨어진 높이의 0.6배만큼 튀어오르는 공이 있습니다. 이 공을 4 m 높이에서 떨어뜨렸을 때 세 번째로 튀어오른 높이는 몇 m입니까? [10점]

(   )

* 배점이 표시되어 있지 않은 문제는 문제당 4점입니다.

정답 ○ 꼼꼼 풀이집 26쪽

관련 단원 : 2. 분수의 곱셈

01 □ 안에 알맞은 수를 써넣으시오.

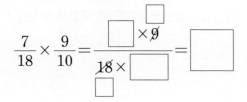

관련 단원 : 5. 직육면체

02 정육면체는 어느 것입니까? (   )

관련 단원 : 3. 합동과 대칭

03 직선 ㄱㄴ을 대칭축으로 하는 선대칭도형입니다. □ 안에 알맞은 수를 써넣으시오.

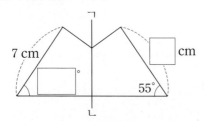

관련 단원 : 6. 평균과 가능성

04 어느 날 오전 10시에 지역별 기온을 조사하여 나타낸 표입니다. 5개 지역의 평균 기온은 몇 ℃입니까?

지역별 기온

지역	서울	부산	대전	대구	광주
기온(℃)	15	23	16	20	21

(   )

관련 단원 : 5. 직육면체

05 직육면체에서 면 ㄱㅁㅇㄹ과 수직인 면이 아닌 것은 어느 것입니까? (   )

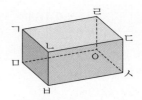

① 면 ㄱㄴㄷㄹ   ② 면 ㄱㅁㅂㄴ   ③ 면 ㄴㅂㅅㄷ
④ 면 ㅁㅂㅅㅇ   ⑤ 면 ㄹㅇㅅㄷ

관련 단원 : 6. 평균과 가능성

06 흰색 구슬 3개, 검은색 구슬 1개가 들어 있는 상자에서 구슬 1개를 꺼낼 때 일이 일어날 가능성을 찾아 이어 보시오.

| 꺼낸 구슬이 검은색일 가능성 | • | • | ~일 것 같다 |

| 꺼낸 구슬이 흰색일 가능성 | • | • | ~아닐 것 같다 |

서술형·논술형 문제 ✎   관련 단원 : 2. 분수의 곱셈

07 색종이가 32장이 있습니다. 이 중 $\frac{5}{8}$를 사용했다면 사용한 색종이는 몇 장인지 식을 쓰고 답을 구하시오.

식 _____

답 _____

관련 단원 : 4. 소수의 곱셈

08 계산 결과를 비교하여 ○ 안에 >, =, <를 알맞게 써넣으시오.

$$2.168 \times 100 \bigcirc 2168 \times 0.01$$

관련 단원 : 3. 합동과 대칭

09 점대칭도형을 완성해 보시오.

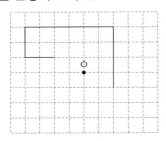

[10~11] 진영이네 가족은 12세인 진영이, 65세인 할아버지, 42세인 아버지, 41세인 어머니, 7세인 동생으로 모두 5명입니다. 진영이네 가족이 모두 대공원에 입장하려면 입장료를 얼마 내야 하는지 알아보려고 합니다. 물음에 답하시오.

대공원 입장료

구분	어린이	청소년	어른
요금(원)	800	1500	2000

• 어린이: 8세 이상 13세 이하
• 청소년: 13세 초과 20세 미만
• 어른: 20세 이상 65세 미만
※7세 이하와 65세 이상은 무료

관련 단원 : 1. 수의 범위와 어림하기

10 진영이는 입장료를 얼마 내야 합니까?

( )

관련 단원 : 1. 수의 범위와 어림하기

11 진영이네 가족은 입장료를 얼마 내야 합니까?

( )

관련 단원 : 5. 직육면체

12 정육면체의 전개도를 접었을 때 마주 보는 두 면의 눈의 수의 합이 7이 되도록 눈을 알맞게 그려 넣으시오.

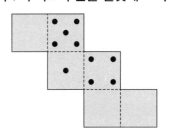

관련 단원 : 4. 소수의 곱셈

13 다연이는 하루에 요구르트를 0.24 L씩 마십니다. 3주일 동안 마시는 요구르트는 모두 몇 L입니까?

( )

서술형·논술형 문제 ✏️ 관련 단원 : 6. 평균과 가능성

14 진우가 섭취한 열량을 나타낸 표입니다. 진우가 4일 동안 섭취한 열량의 평균은 2200 킬로칼로리입니다. 진우가 화요일에 섭취한 열량은 몇 킬로칼로리인지 풀이 과정을 쓰고 답을 구하시오.

진우가 섭취한 열량

요일	월	화	수	목
열량 (킬로칼로리)	2000		1900	2300

풀이 _____

_____

_____

답 _____

관련 단원 : 1. 수의 범위와 어림하기

15 ㉠과 ㉡이 나타내는 수의 차를 구하시오.

> ㉠ 6.851을 올림하여 소수 둘째 자리까지 나타
> 낸 수
> ㉡ 3.72를 반올림하여 소수 첫째 자리까지 나타
> 낸 수

( )

관련 단원 : 6. 평균과 가능성

16 1부터 6까지의 눈이 그려진 주사위를 한 번 굴릴 때
일이 일어날 가능성이 '불가능하다'인 것을 찾아 기호
를 쓰시오. [6점]

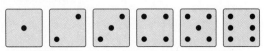

> ㉠ 주사위 눈의 수가 6 이하일 가능성
> ㉡ 주사위 눈의 수가 7의 배수일 가능성
> ㉢ 주사위 눈의 수가 짝수일 가능성

( )

관련 단원 : 3. 합동과 대칭

17 삼각형 ㄱㄴㄷ과 삼각형 ㄹㄷㅁ은 서로 합동입니다.
직사각형 ㄱㄷㅁㅂ의 넓이는 몇 cm²입니까? [6점]

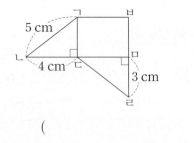

( )

관련 단원 : 2. 분수의 곱셈

18 계산 결과를 비교하여 ○ 안에 >, =, <를 알맞게
써넣으시오. [8점]

$$2\frac{3}{4} \times 2\frac{2}{7} \bigcirc 4\frac{1}{9} \times 1\frac{4}{5}$$

관련 단원 : 5. 직육면체

19 직육면체 모양의 상자에 그림과 같이 테이프를 붙였습
니다. 전개도가 다음과 같을 때, 테이프가 지나간 자리
를 그려 넣으시오. [10점]

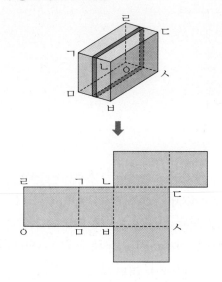

서술형·논술형 문제 관련 단원 : 4. 소수의 곱셈

20 해수가 산에 올라갈 때는 한 시간에 1.26 km의 빠르
기로 걸었고 내려올 때는 다른 길로 한 시간에
1.54 km의 빠르기로 걸어서 모두 6시간 30분이 걸
렸습니다. 산에 올라가는 데 3시간 30분이 걸렸다면
해수가 산에 올라갔다 내려온 전체 거리는 몇 km인
지 풀이 과정을 쓰고 답을 구하시오. [10점]

풀이 _____

_____

_____

_____

답 _____

사회

✏ 11종 검정 교과서 **공통 핵심 개념**을 알아볼까?

---

1. ❶ 나라의 등장과 발전 118쪽

백제는 삼국 중 가장 먼저 전성기를 이루었지.

삼국의 전성기

백제는 4세기 근초고왕 때, 고구려는 5세기 광개토대왕과 장수왕 때, 신라는 6세기 진흥왕 때 전성기를 맞았습니다.

---

1. ❷ 독창적 문화를 발전시킨 고려 124쪽

상감 청자는 표면에 무늬를 새기고 거기에 다른 흙을 메워 만든 청자야.

고려의 문화유산

고려는 상감 청자, 팔만대장경판, 『직지심체요절』 등 우수하고 독창적인 문화유산을 남겼습니다.

---

1. ❸ 민족 문화를 지켜 나간 조선 130쪽

농사지으랴, 다리 쌓으러 가랴…… 상민의 삶은 힘들어.

관리가 되어 나라를 다스리는 양반이 부럽네요.

조선의 신분 질서

조선의 신분은 법에 따라 양인과 천인으로 나뉘었으나, 실질적으로는 양반, 중인, 상민, 천민으로 구분되었습니다.

---

2. ❶ 새로운 사회를 향한 움직임 136쪽

인물에 맞는 탈을 쓰고 있어.

탈놀이는 백성들의 생각을 솔직하게 표현해서 인기가 많았대.

서민 문화

조선 후기 새롭게 등장한 서민 문화에는 풍속화, 탈놀이, 판소리 등이 있습니다.

---

2. ❷ 일제의 침략과 광복을 위한 노력 142쪽

탕 탕

동양의 평화를 해치는 원흉을 가만 두지 않겠소.

안중근 의거

1909년에 안중근은 대한 제국을 빼앗는 데 앞장섰던 이토 히로부미를 하얼빈역에서 처단했습니다.

---

2. ❸ 대한민국 정부의 수립과 6·25 전쟁 148쪽

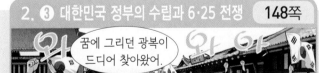

꿈에 그리던 광복이 드디어 찾아왔어.

8·15 광복

독립을 위한 우리 민족의 노력과 연합국의 승리로 우리나라는 1945년 8월 15일에 광복을 맞이했습니다.

1. ❶ 나라의 등장과 발전

✿ 고조선

건국 이야기	고조선이 농업을 중요시했고 곰을 믿는 부족이 환웅 부족과 연합했다는 내용이 담겨 있음.
사회 모습	전해지는 법 조항을 통해 고조선이 신분 제도가 있었고, 화폐의 개념이 있었으며, 개인의 재산을 인정했음을 알 수 있음.
문화유산	미송리식 토기, 비파형 동검, 탁자식 고인돌 등

┗→ 중국 악기인 비파를 닮은 동검

✿ 삼국의 성립과 발전
→ 백제는 온조, 고구려는 주몽, 신라는 박혁거세가 세웠습니다.

백제의 전성기(4세기)	고구려의 전성기(5세기)

• 삼국 중 가장 먼저 전성기를 맞았음. • 근초고왕: 남해안까지 영토 확장, 황해도 일부 지역까지 진출	• 광개토대왕: 요동 지역 차지, 한강 지역으로 세력 확장 • 장수왕: 평양 천도, 한강 유역 모두 차지

신라의 전성기(6세기)

진흥왕: 한강 유역 차지, 가야 연맹 소멸

삼국 전성기의 공통점
• 영토를 확장했음.
• 한강 유역을 차지했음.

↓

한강 유역
• 농사짓기에 유리했음.
• 이웃 나라와의 교류가 유리했음.

✿ 삼국과 가야의 문화유산

→ 시중드는 사람을 작게 그린 것으로 보아 고구려가 신분 사회였음을 알 수 있습니다.

고구려	금동 연가 7년명 여래 입상, 무용총 접객도 등
백제	무령왕릉, 백제 금동 대향로, 미륵사지 등
신라	황룡사 9층 목탑, 첨성대, 금관총 금관 등
가야	철제 무기와 갑옷, 가야 토기, 가야금 등

┗→ 가야는 질 좋은 철이 많이 생산되어 철을 다루는 기술이 발달했습니다.

✿ 통일신라

① 신라의 삼국 통일 과정

신라와 당의 동맹 → 나당 연합군에 의해 백제 멸망 → 나당 연합군에 의해 고구려 멸망 → 신라와 당의 전쟁 발발 → 신라가 당 군대 격파 → 삼국 통일(676년)

② 문화유산

불국사	석굴암
부처의 나라를 이루려는 마음을 담아 지은 절	화강암을 쌓아 올려 동굴처럼 만든 절 ┐

건축 기술의 우수성뿐만 아니라 석굴암 내부의 예술적 가치가 높게 평가되어 유네스코 세계 유산에 등재되었습니다.

✿ 발해

건국	대조영이 고구려 유민들과 말갈족을 이끌고 동모산 지역에 발해를 세웠음.
발전	해동성국: 당은 '바다 동쪽에서 기운차게 일어나 번성하는 나라'라는 뜻에서 발해를 '해동성국'이라고 불렀음.
문화	• 고구려 문화를 계승했고, 불교문화가 발달했음. • 정효 공주 무덤, 이불병좌상 등

01 우리나라 최초의 국가는 무엇입니까?

02 고조선의 법을 통해 고조선이 (평등 / 신분제) 사회였음을 알 수 있습니다.

03 고구려, 백제, 신라 중 4세기에 가장 먼저 전성기를 이룬 나라는 어디입니까?

04 고구려의 장수왕은 도읍을 (평양 / 금성)으로 옮긴 후 영토를 확장했습니다.

05 신라는 6세기 (진흥왕 / 선덕 여왕) 때 전성기를 맞았습니다.

06 백제의 문화유산에는 (무용총 / 무령왕릉)이 있습니다.

07 신라의 김춘추는 (송 / 당)과 동맹을 맺었습니다.

08 불국사, (석굴암 / 익산 미륵사지 석탑) 등은 통일신라의 문화유산입니다.

09 대조영이 고구려 유민들과 말갈족을 이끌고 동모산 지역에 세운 나라는 무엇입니까?

10 발해는 (유교 / 불교)문화가 발달했습니다.

* 배점이 표시되어 있지 않은 문제는 문제당 4점입니다.

[01~02] 다음은 『삼국유사』에 전해 오는 건국 이야기입니다.

> 환인의 아들 환웅이 인간 세상에 관심을 두었다. 환인이 아들의 뜻을 알고 내려다보니 태백산 지역이 적당하므로 아들에게 가서 다스리게 했다. ㉠ 환웅은 바람, 비, 구름을 다스리는 신하와 무리 삼천 명을 이끌고 내려와 인간 세상을 다스렸다. ㉡ 어느 날 곰과 호랑이가 환웅을 찾아와 사람이 되게 해 달라고 빌었다. 환웅은 쑥과 마늘을 주며, "이것을 먹으며 백 일 동안 햇빛을 보지 않으면 사람이 될 것이다."라고 말했다. 곰은 환웅이 말한 것을 잘 지켜 여자(웅녀)로 변했다. ㉢ 웅녀는 환웅과 혼인해 아들을 낳았다. 그 아들이 후에 단군왕검이 되어 ☐을/를 세웠다.

01 위 ㉠~㉢ 중 다음과 같은 의미가 담긴 것의 기호를 쓰시오.

11종 공통

> 고조선은 농업을 중요하게 생각했습니다.

( )

02 위 ☐ 안에 들어갈 나라는 어느 것입니까? ( )

11종 공통

① 신라   ② 백제   ③ 고려
④ 고조선   ⑤ 고구려

03 고조선의 문화유산으로 알맞은 것을 두 가지 고르시오.

11종 공통

(,)

① 가야금   ② 첨성대
③ 무령왕릉   ④ 비파형 동검
⑤ 미송리식 토기

서술형·논술형 문제 ✏

11종 공통

04 다음 고조선의 법 조항을 통해 알 수 있는 고조선의 사회 모습을 쓰시오. [8점]

> 도둑질한 사람은 데려다 노비로 삼는다. 죄를 면하려면 50만 전을 내야 한다.

고조선은 ①☐☐☐☐ 사회였고, ②☐☐☐☐

의 개념이 있었다.

05 고조선에 대한 설명으로 알맞은 것은 어느 것입니까?

11종 공통

( )

① 주몽이 세웠다.
② 우리나라 최초의 국가이다.
③ 4세기에 전성기를 이루었다.
④ 개인의 재산을 인정하지 않았다.
⑤ 금동 대향로가 대표적인 문화유산이다.

06 다음과 같은 업적을 남긴 백제의 왕은 누구입니까?

중요!

11종 공통

( )

> 남해안까지 영토를 넓혔고 황해도 일부 지역까지 진출했으며, 중국, 왜, 가야와 활발하게 교류했습니다.

① 법흥왕   ② 장수왕   ③ 근초고왕
④ 소수림왕   ⑤ 광개토대왕

07 고구려와 관련 없는 내용은 어느 것입니까? ( )

11종 공통

① 주몽   ② 무용총   ③ 장수왕
④ 칠지도   ⑤ 광개토대왕릉비

08 고구려 광개토대왕의 업적으로 알맞은 것은 어느 것입니까? (   )

① 율령 반포
② 평양 천도
③ 대가야 흡수
④ 요동 지역 차지
⑤ 광개토대왕릉비 건립

09 신라의 성립과 발전에 대한 설명으로 알맞지 <u>않은</u> 것은 어느 것입니까? [6점] (   )
중요!

① 박혁거세가 세웠다.
② 6세기에 전성기를 이루었다.
③ 졸본 지역에 세워진 나라이다.
④ 법흥왕은 불교를 인정했고 율령을 반포했다.
⑤ 진흥왕은 한강 유역을 차지하며 전성기를 이끌었다.

10 삼국이 전성기 때 공통으로 차지한 지역을 보기 에서 찾아 ○표를 하시오.

> 보기
> • 요동 지역   • 한강 유역   • 압록강 유역

11 다음 중 고구려의 전성기를 나타낸 지도의 기호를 쓰시오.

(   )

12 다음 나라의 불교 문화유산을 알맞게 줄로 이으시오.

(1) 백제 • • ㉠ 황룡사 9층 목탑

(2) 신라 • • ㉡ 익산 미륵사지 석탑

(3) 고구려 • • ㉢ 금동 연가 7년명 여래 입상

서술형·논술형 문제

13 다음은 백제의 문화유산에 대한 설명입니다. [총 10점]

백제를 대표하는 고분으로 무덤 내부의 방은 벽돌로 만들어졌으며, 그 안에서 <u>백제의 물건뿐만 아니라 중국, 일본의 문화유산이 나왔습니다.</u>

(1) 위에서 설명하는 백제의 문화유산은 무엇인지 쓰시오. [3점]

(   )

(2) 윗글의 밑줄 친 내용을 통해 알 수 있는 점을 쓰시오. [7점]

_____

_____

14 다음은 가야에 대한 설명입니다. ☐ 안에 공통으로 들어갈 알맞은 말은 어느 것입니까? (   )

> 가야는 질 좋은 ☐☐이/가 많이 생산되어 ☐☐을/를 다루는 기술이 발달했습니다.

① 철
② 금
③ 은
④ 청동
⑤ 구리

사회

천재교육, 천재교과서, 교학사, 금성출판사, 김영사, 동아출판,
비상교과서, 비상교육, 아이스크림 미디어, 지학사

15 천체 관측을 위해 만들어진 다음 신라의 건축물은 무엇인지 쓰시오.

(   )

서술형·논술형 문제 ✎

11종 공통

16 다음은 삼국의 통일 과정입니다. [총 10점]

> 신라와 당의 동맹 → 나당 연합군에 의해
> ⊙ 멸망 → 나당 연합군에 의해 ⓒ 멸망
> → ⓒ 신라와 당의 전쟁 발발 → 신라가 당 군대
> 격파 → 삼국 통일

(1) 위 ⊙, ⓒ에 들어갈 나라를 쓰시오. [3점]

⊙ (   ) ⓒ (   )

(2) 위 밑줄 친 ⓒ과 같이 신라가 당과 전쟁을 벌인 까닭을 쓰시오. [7점]

_____

_____

11종 공통

17 불국사에 대해 잘못 말한 어린이를 쓰시오.

중요!

> 지아: 통일신라 불교문화의 우수성을 보여 주는
> 대표적인 문화유산이지.
> 민주: 부처의 나라를 이루려는 신라 사람들의
> 마음을 잘 보여 주는 절이야.
> 세영: 불국사에는 익산 미륵사지 석탑과 같은
> 우수한 예술성을 갖춘 탑이 남아 있어.

(   )

[18~19] 다음은 발해에 대한 설명입니다.

> 고구려 멸망 이후 당은 고구려 땅을 직접 다스리려
> 했고, 이에 저항하는 고구려 유민들을 강제로 이곳저
> 곳에 옮겨 살게 했습니다. ⊙ 은/는 고구려 유민
> 들과 말갈족을 이끌고 동모산 지역에 발해를 세웠습
> 니다. 발해는 스스로 ⓒ 를 계승한 나라임을 내
> 세웠으며, 다른 나라의 문화를 받아들이면서 독자적
> 인 문화를 발전시켜 나갔습니다.

11종 공통

18 위 ⊙에 들어갈 알맞은 인물은 누구입니까? (   )

① 주몽   ② 대조영   ③ 이순신
④ 김춘추   ⑤ 박혁거세

11종 공통

19 위 ⓒ에 들어갈 나라를 쓰시오.

(   )

천재교육, 교학사, 금성출판사, 김영사, 동아출판,
비상교과서, 비상교육, 아이스크림 미디어

20 발해의 문화유산으로 알맞은 것은 어느 것입니까?

[6점] (   )

①
⊙ 불국사

②
⊙ 상경성 2호 절터 석등

③
⊙ 경주 분황사 모전 석탑

④
⊙ 씨름도

서술형·논술형 **문제**

11종 공통

1 다음은 우리 역사 속 최초의 국가와 관련 있는 문화유산입니다. [총 10점]

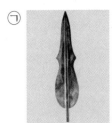
ⓒ 비파형 동검

ⓒ 탁자식 고인돌

(1) 위와 같은 문화유산을 남긴 나라를 쓰시오. [3점]

( )

(2) 위 유물들의 분포 지역으로 알 수 있는 점을 쓰시오. [7점]

_____

_____

천재교육, 천재교과서, 교학사, 동아출판, 비상교과서

2 다음은 고구려의 문화유산입니다. [총 10점]

ⓒ 접객도

(1) 위와 같은 벽화가 있는 고구려의 고분을 보기 에서 찾아 쓰시오. [3점]

보기
• 장군총   • 무용총   • 금관총

( )

(2) 위 벽화를 통해 알 수 있는 점을 쓰시오. [7점]

_____

_____

11종 공통

3 다음은 통일신라의 불교 문화유산입니다. [총 10점]

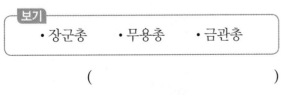

(1) 위 문화유산은 무엇인지 쓰시오. [3점]

( )

(2) 위 문화유산이 유네스코 세계 유산에 등재된 까닭을 쓰시오. [7점]

_____

_____

11종 공통

4 다음은 발해의 전성기에 대한 설명입니다. [총 10점]

> 발해는 당을 비롯해 주변 국가들과 활발히 교류하며 점차 강력한 나라로 발전해 옛 ⓐ ◯ 영토의 대부분을 되찾았습니다. 이에 당은 _____ ⓒ _____ 라는 뜻으로 발해를 '해동성국' 이라고 불렀습니다.

(1) 위 ⓐ에 들어갈 나라를 보기 에서 찾아 쓰시오. [3점]

보기
• 백제   • 신라   • 고구려

( )

(2) 위 ⓒ에 들어갈 알맞은 내용을 쓰시오. [7점]

_____

_____

1. ❷ 독창적 문화를 발전시킨 고려

❀ 후삼국의 성립과 고려의 건국

후삼국의 성립	• 신라 말 정치가 혼란해지자 지방에서 호족들이 등장했음. 신라 말부터 고려 초까지 군사력과 경제력을 바탕으로 지역을 스스로 다스리던 세력 • 여러 호족 중 견훤이 후백제(900년)를, 궁예가 후고구려(901년)를 세웠음.
고려의 건국	난폭한 정치로 믿음을 잃은 궁예를 몰아내고 왕건이 고려를 세웠음(918년). └▸ 고구려를 계승한다는 의미로 나라 이름을 고려라 했습니다.

❀ 고려의 후삼국 통일과 왕건의 정책

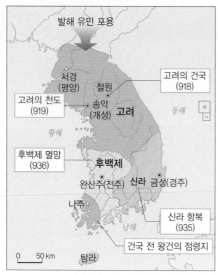

○ 고려의 건국과 후삼국 통일 과정

후삼국 통일	고려는 신라의 항복을 받았고, 왕위 다툼으로 혼란해진 후백제를 물리쳐 후삼국을 통일했음.
왕건의 정책	• 호족을 견제하되 존중했음. • 불교를 장려하고 백성들의 세금을 줄였음.

❀ 거란의 침입과 극복

1차 침입	• 침입 이유: 고려와 송의 관계를 끊기 위해서 • 서희의 외교 담판: 고려는 압록강 동쪽의 강동 6주를 확보했음.
2차 침입	개경이 함락되는 피해를 입었으나 양규의 군대가 거란군에 여러 차례 승리를 거두었음.
3차 침입	• 침입 이유: 강동 6주를 돌려받기 위해서 • 귀주 대첩: 강감찬을 비롯한 고려군은 돌아가는 거란군을 귀주에서 크게 물리쳤음.

❀ 몽골의 침입과 극복

몽골의 침입	세력을 키운 몽골은 고려에 왔던 몽골 사신이 돌아가는 길에 죽자 고려를 침입했음.
고려의 대응	• 도읍을 개경에서 강화도로 옮기고 몽골과 싸웠음. ▸ 강화도는 물살이 매우 빠르고 갯벌이 넓어 몽골군이 침략하기 어려운 지역이었습니다. • 귀주성, 처인성, 충주성 등에서 몽골군을 물리쳤음.
개경 환도	큰 피해를 입어 더 이상 몽골과의 전쟁이 어려웠던 고려 정부는 몽골과 강화를 맺고, 도읍을 강화도에서 개경으로 다시 옮겼음.
삼별초의 항쟁	삼별초는 근거지를 진도와 제주도로 옮겨 가며 고려 조정과 몽골에 끝까지 저항했으나 실패했음.
몽골 침입의 결과	몽골의 간섭을 받았지만, 나라를 유지하고 고유의 문화를 지킬 수 있었음.

❀ 고려의 문화유산

팔만 대장경	• 만든 까닭: 몽골의 침입을 부처의 힘으로 이겨 내기 위해서 • 팔만대장경판: 글자가 고르고 틀린 글자도 거의 없음. ▸ 세계 기록 유산에 등재되었습니다. ○ 팔만대장경판 • 합천 해인사 장경판전: 조선 시대에 건축된 장경판전은 과학적으로 설계되어 대장경판을 현재까지 잘 보존할 수 있었음.
금속 활자	• 판을 새로 짤 수 있어 여러 종류의 책을 인쇄하는 데 효율적이었음. • 『직지심체요절』: 오늘날 전해지는 금속 활자 인쇄본 중 세계에서 가장 오래되었음.
고려 청자	• 상감 청자: 청자 표면을 파서 무늬를 만들고 그 자리에 다른 색깔의 흙을 메워 넣어 굽는 방식으로 만들었음. ▸ 청자를 만드는 기술은 중국에서 들어왔으나 고려는 상감 청자를 만들어 냈습니다. • 의자, 접시, 주전자, 베개 등 고려 지배층의 생활용품으로 주로 사용되었음.

01 신라 말 호족 중에서 세력을 키운 (견훤 / 궁예)은/는 후백제를 세웠습니다.

02 궁예를 몰아내고 왕건이 세운 나라는 무엇입니까?

03 고려에 스스로 항복한 나라는 신라와 후백제 중 어디입니까?

04 왕건은 불교를 (장려 / 억압)하고 백성들의 세금을 줄여주었습니다.

05 거란의 1차 침입 때 거란의 장수 소손녕과 담판을 벌여 거란을 물러나게 한 인물은 누구입니까?

06 거란의 3차 침입 때 강감찬이 거란을 크게 물리친 전투는 (귀주 대첩 / 처인성 전투) 입니다.

07 몽골의 1차 침입 이후 고려가 도읍으로 정해 옮긴 곳은 (강화도 / 제주도)입니다.

08 몽골의 침입 때 근거지를 강화도 진도, 제주도로 옮겨가며 저항한 군대는 무엇 입니까?

09 팔만대장경은 부처의 힘으로 (거란 / 몽골)의 침입을 이겨 내고자 만들었습니다.

10 오늘날 전해지는 금속 활자 인쇄본 중 가장 오래된 것은 무엇입니까?

* 배점이 표시되어 있지 않은 문제는 문제당 4점입니다.

01 신라 말의 상황으로 알맞은 것을 두 가지 고르시오.
(,)

11종 공통

① 발해가 신라를 침입했다.
② 백성들의 생활이 풍족했다.
③ 지방에서 호족이 등장했다.
④ 왕위 다툼으로 정치가 혼란스러웠다.
⑤ 강한 왕권을 바탕으로 나라가 안정되었다.

02 신라 말에 등장한 다음 세력은 무엇인지 보기 에서 찾아 쓰시오.

11종 공통

> 신라 말부터 고려 초까지 군사력과 경제력을 바탕으로 지역을 스스로 다스리던 세력

보기
• 호족   • 권문세족   • 신진 사대부

( )

03 다음은 후삼국의 모습입니다. ㉠, ㉡에 들어갈 알맞은 인물을 쓰시오.

11종 공통

㉠는 고구려 계승을 내세우며 후고구려를 세웠음.

㉡은 백제의 계승을 내세우며 후백제를 세웠음.

신라는 나라 힘이 약해져 경상도 일대로 영토가 줄어들었음.

㉠ ( ) ㉡ ( )

04 왕건에 대해 바르게 알고 있는 어린이는 누구입니까?
( )

11종 공통
중요!

① 소현: 신라의 왕족이야.
② 민서: 훈민정음을 창제했어.
③ 운용: 궁예를 몰아내고 고려를 세웠어.
④ 현우: 당과 연합해 후삼국을 통일했지.
⑤ 지후: 견훤의 신하로 있으면서 여러 전투에서 공을 세웠어.

05 다음을 후삼국의 통일 과정에 맞게 순서대로 기호를 쓰시오.

11종 공통

> ㉠ 신라 항복 ㉡ 후백제 멸망 ㉢ 후삼국 통일

( ) → ( ) → ( )

서술형·논술형 문제 ✏️

06 다음은 왕건의 정책을 정리한 표입니다. [총 8점]

11종 공통

호족 포섭	호족을 적절히 견제하되 존중하면서 나라를 다스렸음.
㉠ 장려	㉠ 를 장려했음.
민생 안정	㉡

(1) 위 ㉠에 들어갈 종교는 무엇인지 쓰시오. [4점]
( )

(2) 위 ㉡에 들어갈 알맞은 내용을 쓰시오. [4점]

백성들의 [ ]을 줄여주었고, 가난한

사람들이 굶주리지 않도록 힘썼다.

07 다음 ☐ 안에 들어갈 나라는 어디입니까? (　　)

> 고려는 발해를 멸망시킨 ☐ 을 믿을 수
> 없는 나라라고 생각하여 멀리했습니다.

① 청　　　　② 명　　　　③ 후금
④ 몽골　　　⑤ 거란

08 거란의 고려 침입과 거리가 먼 내용은 어느 것입니까?
중요!　　　　　　　　　　　　　　[6점] (　　)

① 양규　　　　　　② 소손녕
③ 행주 대첩　　　④ 강동 6주
⑤ 서희의 담판

[09~10] 다음은 거란의 3차 침입에 관한 표입니다.

침입 이유	㉠ 을/를 돌려받기 위해서
귀주 대첩	㉡ 을 비롯한 고려군은 돌아가는 거란군을 귀주에서 크게 물리쳤음.

09 위 ㉠에 들어갈 지역은 어디입니까? (　　)

① 금성　　　② 서경　　　③ 탐라
④ 강화도　　⑤ 강동 6주

10 위 ㉡에 들어갈 인물을 보기 에서 찾아 쓰시오.

> 보기
> • 권율　　• 강감찬　　• 김유신

(　　　　　　　)

서술형·논술형 문제 ✏

11 다음은 몽골의 침략에 맞선 고려의 대응에 관한 글입니다. [총 10점]

> 몽골이 침략하자 고려는 도읍을 ☐ 로
> 옮기고 지방의 주민들에게는 산성이나 섬으로
> 들어가게 해 몽골의 침략에 저항하도록 했습니다.

(1) 위 ☐ 안에 들어갈 지역을 쓰시오. [3점]

(　　　　　　　)

(2) 고려가 몽골군에 맞서 싸우기 위해 위 (1)번 답의 지역으로 도읍을 옮긴 까닭을 쓰시오. [7점]

_____

_____

천재교육, 천재교과서, 김영사, 동아출판,
비상교과서, 아이스크림 미디어, 지학사

12 다음 자료와 관련 있는 전투는 무엇입니까? (　　)

> "만일 힘을 내어 싸울 수 있다면 귀하고 천함
> 없이 모두 관직을 줄 것이다."라고 하면서 관청
> 소속 노비들의 문서를 가져다 불사르고 빼앗은
> 소와 말을 그들에게 나누어 주었다. 이에 사람들이
> 죽음을 무릅쓰고 몽골군과 싸웠다.　－「고려사」

① 임진왜란　　　　② 귀주 대첩
③ 행주 대첩　　　④ 충주성 전투
⑤ 황산벌 전투

13 몽골의 침략으로 인한 고려의 피해로 알맞지 않은 것을
보기 에서 찾아 기호를 쓰시오.

> 보기
> ㉠ 국토가 황폐해졌습니다.
> ㉡ 수많은 사람이 죽거나 다쳤습니다.
> ㉢ 첨성대, 석굴암 등 문화유산이 불타 없어졌습니다.

(　　　　　　　)

금성출판사, 김영사, 동아출판, 미래엔, 아이스크림 미디어

14 몽골과의 강화 이후 고려 사회의 모습으로 알맞은 것에 ○표를 하시오.

(1) 몽골식 풍습이 유행했습니다. (　　　)

(2) 정치적으로 원의 간섭을 받지 않았습니다.
(　　　)

(3) 신진 사대부가 불교를 바탕으로 개혁을 주장했습니다. (　　　)

서술형·논술형 문제 🖊

11종 공통

15 다음은 고려의 문화유산입니다. [총 10점]

◎ 팔만대장경판

(1) 다음은 위 문화유산을 만든 까닭입니다. ☐ 안에 들어갈 알맞은 말을 쓰시오. [3점]

> 팔만대장경은 부처의 힘으로 ☐☐☐의 침입을 이겨 내고자 만들었습니다.

(　　　　　　　)

(2) 위 문화유산의 우수성을 쓰시오. [7점]

_____

_____

11종 공통

16 다음에서 설명하는 문화유산은 무엇인지 쓰시오.

> 조선 시대에 만들어진 세계 유일의 대장경판 보관용 건물로, 팔만대장경판이 상하지 않고 오래 유지될 수 있도록 설계되었습니다.

(　　　　　　　)

11종 공통

17 금속 활자의 특징으로 알맞은 것을 보기 에서 찾아 기호를 쓰시오.

> 보기
> ㉠ 책의 내용에 따라 필요한 활자를 골라서 인쇄할 수 있었습니다.
> ㉡ 여러 종류의 책을 인쇄하기 위해서는 매번 새로운 판을 만들어야 했습니다.

(　　　　　　　)

11종 공통

18 『직지심체요절』에 대한 설명으로 알맞은 것을 두 가지 고르시오. [6점] (　　, 　　)
중요!

① 유교의 가르침을 담고 있는 책이다.

② 세계 기록 유산으로 등재되어 있다.

③ 현재 합천 해인사 장경판전에 보관되어 있다.

④ 경주 불국사 삼층 석탑을 보수하는 과정에서 발견되었다.

⑤ 오늘날 전해지는 금속 활자 인쇄본 중 세계에서 가장 오래되었다.

11종 공통

19 고려청자에 대해 알맞게 말한 어린이를 쓰시오.

> 지후: 조선 시대를 대표하는 공예품이야.
> 서진: 의자, 접시 등 생활용품으로 사용되었어.
> 진영: 일반 백성들의 소박한 생활을 엿볼 수 있어.

(　　　　　　　)

천재교육, 금성출판사, 동아출판, 비상교과서

20 고려의 불교 예술이 아닌 것을 두 가지 고르시오.
(　　, 　　)

① 석굴암

② 〈수월관음도〉

③ 평창 월정사 8각 9층 석탑

④ 금동 연가 7년명 여래 입상

⑤ 논산 관촉사 석조 미륵보살 입상

11종 공통

1 다음은 고려의 건국과 관련된 글입니다. [총 10점]

> 호족 출신인 ⑦ 은 궁예의 신하로 있으면서 여러 전투에서 공을 세웠습니다. 궁예가 신하들을 의심하고, 나라를 난폭하게 다스리자 ⑦ 은 궁예를 몰아내고 나라를 세우고, ⓒ 나라 이름을 고려라고 했습니다.

(1) 위 ⑦에 공통으로 들어갈 인물을 쓰시오. [3점]

(   )

(2) 위 밑줄 친 ⓒ처럼 나라 이름을 고려라고 한 까닭을 쓰시오. [7점]

_____

_____

11종 공통

3 다음은 고려청자입니다. [총 10점]

⑦

❂ 청자 투각 고리무늬 의자

ⓒ

❂ 청자 상감 운학무늬 매병

(1) 위 ⑦, ⓒ 중 상감 청자는 무엇인지 기호를 쓰시오. [3점]

(   )

(2) 청자의 상감 기법은 무엇인지 쓰시오. [7점]

_____

_____

11종 공통

2 다음은 거란과 고려의 외교 담판 모습입니다. [총 10점]

우리와 국경을 접하고 있으면서 어찌 바다 건너 송하고만 교류하는가?

여진이 고려와 거란 사이에 살고 있어 당신들과 교류할 수 없다.

(1) 거란의 장수와 위와 같은 담판을 벌였던, ☐ 안에 들어갈 인물을 쓰시오. [3점]

(   )

(2) 위 담판으로 고려가 얻어낸 성과를 쓰시오. [7점]

_____

_____

11종 공통

4 다음은 합천 해인사 장경판전입니다. [총 10점]

❂ 장경판전 내부

(1) 위 장소에 보관되어 있는 고려의 문화유산을 쓰시오. [3점]

(   )

(2) 위 (1)번 답의 문화유산이 장경판전에 현재까지 잘 보존될 수 있었던 까닭을 쓰시오. [7점]

_____

_____

1. ❸ 민족 문화를 지켜 나간 조선

◉ 조선의 건국

고려 말의 상황	• 권문세족이 권력과 토지를 독차지했음. • <u>신흥 무인 세력, 신진 사대부</u> 등 새로운 세력이 등장했음. → 홍건적과 왜구를 물리치며 성장했습니다.
건국 과정	<u>이성계가 위화도 회군으로 권력을 잡았음.</u> → 이성계는 신진 사대부와 함께 토지 제도 개혁 등을 실시했음. → 개혁의 방향을 둘러싸고 신진 사대부 안에서 갈등이 생겼음. → <u>이성계는 고려를 유지하려는 세력</u>을 없애고 <u>조선을 건국했음.</u> → 예 정몽주
도읍 한양	• 유교 정신을 담아 건설했음. 예 숭례문 • 교통이 편리하고 농사짓기에 좋았음. • 산으로 둘러싸여 외적 방어에 좋았음.

◉ 세종 시기의 발전 → 세종은 집현전을 설치해 도서 수집, 왕에게 자문 등을 담당하게 했으며 능력 있는 학자를 키웠습니다.

훈민정음 창제	한자를 몰라 생활에 어려움을 겪는 백성들의 불편함을 줄이기 위해 우리글인 훈민정음을 창제했음.
과학 기구의 발명	• 측우기(비가 내린 양을 측정하는 기구), 자격루(물시계), 앙부일구(해시계), 혼천의(천문 관측기구) 등의 과학 기구를 발명했음. ◐ 자격루　　◐ 앙부일구 • 과학 기구의 발명은 농사짓는 데 도움이 되었음.
서적 편찬	『삼강행실도』, 『농사직설』, 『향약집성방』 등 유교의 가르침, 농사, 의학 등 여러 분야의 책을 펴냈음.
영토 확장	4군 6진을 개척해 압록강과 두만강을 경계로 오늘날의 국경선이 만들어졌음.

◉ 조선의 신분 제도 → 사람들은 유교 질서에 따라 주어진 신분대로 살았습니다.

양반	중인	상민	천민
유학을 공부했고 관리가 되었음.	통역, 의학 관련 일을 했음.	대부분 농사를 지으며 세금을 냈음.	대부분 노비로 허드렛일을 했음.

◉ 임진왜란

① 임진왜란의 발발(1592년): 일본을 통일한 도요토미 히데요시는 조선과 명을 정복하려고 쳐들어왔습니다.
② 임진왜란의 극복

이순신과 수군의 활약	한산도 대첩에서 <u>학익진 전법</u>으로 일본 수군을 크게 무찔렀음. → 학이 날개를 편 모양으로 상대방을 포위해 공격하는 전술
의병의 활약	• 백성들은 양반에서 천민에 이르기까지 적극적으로 의병에 참여했음. • 곽재우: 경상도 의령에서 자신의 재산으로 의병을 모아 일본군과 싸워 이겼음.
조선의 승리	철수하는 일본군을 노량에서 무찌르면서 전쟁이 끝남.

◉ 광해군의 중립 외교와 정묘호란
→ 한 나라에 치우치지 않고 각 나라에 같은 중요도를 두는 외교

광해군의 중립 외교	광해군은 명이 쇠퇴하고 후금이 성장하는 상황에서 신중한 중립 외교를 펼쳤음.
정묘호란	• 인조가 후금을 멀리하자 후금이 쳐들어옴. • 조선과 후금이 형제 관계를 맺었음.

◉ 병자호란 → 후금은 세력을 더욱 키워 나라 이름을 청으로 고쳤습니다.

청의 침입	청이 임금과 신하의 관계를 요구하며 침입함.
결과	• <u>조선은 청과 임금과 신하의 관계를 맺었음.</u> • 많은 백성이 청에 끌려가 고통을 겪었음.

01 고려 말 외적의 침입과 (권문세족 / 신진 사대부)의 횡포로 나라 안팎이 매우 혼란스러웠습니다.

02 이성계가 세운 나라는 무엇입니까?

03 조선의 도읍 한양은 (불교 / 유교) 정신을 담아 건설했습니다.

04 스스로 종을 쳐서 시각을 알려 주는 물시계는 (앙부일구 / 자격루)입니다.

05 세종이 백성들을 위해 만든 글자는 무엇입니까?

06 대부분 농사를 지으며 생활했던 조선의 신분은 (상민 / 양반)입니다.

07 이순신은 (한산도 / 명량) 대첩에서 학익진 전법으로 큰 승리를 거두었습니다.

08 임진왜란 때 (곽재우 / 정몽주) 등은 의병을 일으켰습니다.

09 정묘호란 후 조선은 후금과 (형제 / 임금과 신하)의 관계를 맺었습니다.

10 청이 조선에 임금과 신하의 관계를 요구하며 침입한 전쟁은 무엇입니까?

사회

* 배점이 표시되어 있지 않은 문제는 문제당 **4점**입니다.

[01~03] 다음은 고려 말의 상황입니다.

> 고려 말, ⊙ 등으로 나라 안팎에 여러 가지 문제가 발생했습니다. 이때 정몽주, 정도전 같은 ⓒ 은/는 성리학을 바탕으로 개혁을 주장했습니다. 한편, 최영, ⓒ 등은 홍건적과 왜구 등의 침략을 물리치는 데 공을 세우면서 나라 안에 이름을 떨치게 되었습니다.

01 위 ⊙에 들어갈 고려 말의 상황으로 알맞은 것을 두 가지 고르시오. (　　, 　　)

11종 공통

① 왕권 안정　　　② 호족의 등장
③ 명과의 전쟁　　④ 외적의 침입
⑤ 권문세족의 횡포

02 위 ⓒ에 들어갈 알맞은 말을 보기 에서 찾아 쓰시오.

11종 공통

> 보기
> • 권문세족　• 신진 사대부　• 신흥 무인 세력

(　　　　　　　　　)

03 위 ⓒ에 들어갈 알맞은 인물은 누구입니까? (　　　)

11종 공통

① 권율　　　② 이성계　　　③ 곽재우
④ 김춘추　　⑤ 김유신

04 다음은 요동 정벌을 가던 이성계가 한 말입니다. 밑줄 친 '이곳'은 어디입니까? (　　　)

중요! 　11종 공통

> "무리한 요동 정벌을 멈추고 이곳에서 군사를 돌려 도읍인 개경을 장악하겠다."

① 강화도　　② 제주도　　③ 울릉도
④ 위화도　　⑤ 거제도

[05~06] 다음은 조선의 건국에 관한 내용입니다.

> 이성계는 □□□ 세력과 힘을 합쳐 고려를 멸망시키고 조선을 세웠습니다. 그리고 도읍을 개경(개성)에서 한양으로 옮겼습니다.

05 위 □ 안에 들어갈 인물은 정도전과 정몽주 중 누구인지 쓰시오.

11종 공통

(　　　　　　　　　)

서술형·논술형 문제 ✐ 　11종 공통

06 위 밑줄 친 한양을 도읍으로 정한 까닭을 쓰시오. [8점]

한양은 ① [　　　　　] 이 흘러 교통이 편리했고,

② [　　　　　] 짓기에 좋았기 때문이다.

천재교육, 천재교과서, 교학사, 금성출판사, 김영사,
동아출판, 미래엔, 비상교과서, 비상교육, 지학사

07 다음과 같은 내용이 담긴 조선의 기본 법전은 무엇입니까? (　　　)

⊙ 남자는 15세, 여자는 14세가 되어야 혼인할 수 있다.　⊙ 땅을 사고팔면 100일 이내에 관청에 보고한다.

①『칠정산』　　　　②『삼국유사』
③『삼국사기』　　④『경국대전』
⑤『삼강행실도』

천재교육, 천재교과서, 교학사, 금성출판사, 김영사, 동아출판,
미래엔, 비상교과서, 아이스크림 미디어

08 다음 ( ) 안에 들어갈 알맞은 말에 ○표를 하시오.

> 세종은 학문 연구 기관인 (집현전 / 규장각)을 설치해 뛰어난 학자들을 길러 냈으며, 나라를 다스리는 일과 백성들의 생활에 도움이 되는 업적들을 남겼습니다.

서술형·논술형 문제 ✏️

11종 공통

09 다음 질문에 대한 알맞은 대답을 쓰시오. [10점]

> 세종이 훈민정음을 창제하고 반포한 까닭은 무엇입니까?

_____

_____

11종 공통

10 측우기가 백성들의 생활에 준 도움을 알맞게 말한 어린이를 쓰시오.

> 운용: 글자를 몰라도 그림을 보고 시각을 알 수 있게 되었어.
> 현아: 비가 내린 양을 알게 되어 농사짓는 데 도움이 되었어.

( )

11종 공통

11 해의 그림자를 관측해 시각을 측정하는 해시계는 무엇입니까? ( )

① 녹로   ② 거중기   ③ 자격루
④ 측우기   ⑤ 앙부일구

천재교육, 천재교과서, 교학사, 금성출판사, 김영사, 동아출판,
미래엔, 비상교과서, 비상교육, 아이스크림 미디어

12 조선 세종 대에 편찬된 우리나라의 환경에 맞는 농사법을 정리한 책은 무엇입니까? ( )

① 『난중일기』   ② 『목민심서』
③ 『향약집성방』   ④ 『농사직설』
⑤ 『용비어천가』

천재교과서, 교학사, 미래엔, 비상교과서, 아이스크림 미디어

13 다음 설명과 관련된 것을 두 가지 고르시오.

(,)

> 백성의 생활에서 농사가 매우 중요했기 때문에 천체 현상을 보고 날씨를 예측하는 천문학을 중요시 했습니다.

① 간의   ② 『칠정산』
③ 4군 6진   ④ 『경국대전』
⑤ 『삼강행실도』

11종 공통

⭐ 중요!

14 다음과 같은 생활을 했던 조선 시대의 신분은 무엇입니까? [6점] ( )

> 대부분 노비이며, 노비는 양반이나 나라의 재산으로 여겨져 주인을 위해 일했습니다.

①
⊙ 양반

②
⊙ 천민

③
⊙ 중인

④
⊙ 상민

사
회

15 다음은 조선 시대 인물에 관한 책입니다. 누구를 설명한 책인지 쓰시오.

이이의 어머니이자, 예술가로 시와 그림, 글씨에 뛰어난 능력을 갖추었다.

( )

[16~17] 다음은 임진왜란 해전도입니다.

16 위 지도의 전투를 승리로 이끈 인물은 누구입니까?

( )

① 권율 　② 김시민 　③ 이순신
④ 정문부 　⑤ 사명 대사

서술형·논술형 문제 ✎　　천재교육, 천재교과서, 교학사, 김영사, 동아출판,
비상교과서, 비상교육, 아이스크림 미디어, 지학사

17 위 지도와 같은 수군의 활약이 전쟁에 미친 영향을 쓰시오. [10점]

_____

_____

18 다음과 같이 명이 쇠퇴하고 후금이 성장하는 상황에서 중립 외교를 펼쳤던 왕은 누구입니까? ( )

① 선조 　② 세종 　③ 태조
④ 영조 　⑤ 광해군

19 다음 어린이들이 말하고 있는 전쟁은 무엇입니까?

( )

인조가 후금을 멀리하자 후금이 조선을 쳐들어 왔어.

조선과 후금이 형제 관계를 맺게 되었어.

① 정묘호란 　　② 귀주 대첩
③ 진주 대첩 　　④ 행주 대첩
⑤ 명량 대첩

20 병자호란에 대한 설명으로 알맞은 것은 어느 것입니까?
중요!　　　　　　　　　　　　　　　[6점] ( )

① 도요토미 히데요시가 조선에 쳐들어왔다.
② 강감찬이 귀주에서 거란군을 크게 무찔렀다.
③ 조선은 청군을 피해 강화도로 도읍을 옮겼다.
④ 병자호란이 발생하자 인조는 의주까지 피란했다.
⑤ 전쟁이 끝나고 조선과 청은 임금과 신하의 관계를 맺었다.

서술형·논술형 문제

1 다음은 조선의 도읍 한양과 관련된 글입니다. [총 10점]

11종 공통

> 조선은 한양을 유교의 가르침을 실현하기 위한 도읍으로 설계했습니다. ☐을 중심으로 동쪽에는 종묘, 서쪽에는 사직단을 세웠습니다. 한양 도성의 4대문은 유교의 가르침에서 중요하게 생각하는 덕목을 반영하여 이름 붙였습니다.

(1) 다음을 참고해 위 ☐ 안에 들어갈 건축물을 쓰시오. [3점]

> 임금이 덕으로써 나라를 다스려 만 년 동안 큰 복을 누리라는 의미를 담아 이름 지은 궁궐

( )

(2) 위와 같이 유교에서 강조하는 덕목을 건축물에 담은 까닭을 쓰시오. [7점]

_____

_____

2 다음은 조선 시대에 만들어진 과학 기구입니다. [총 10점]

11종 공통

◐ 자격루

◐ 앙부일구

(1) 위 과학 기구들은 조선의 어느 왕 때 만들어졌는지 쓰시오. [3점]

( )

(2) 위 과학 기구들의 공통점을 쓰시오. [7점]

_____

_____

3 다음은 조선 시대 신분에 따른 생활 모습을 정리한 표입니다. [총 10점]

11종 공통

양반	관리가 되거나 유교의 가르침이 담긴 책을 공부했음.
㉠	높은 관리를 도와 일을 하거나 의학, 법률에 관한 일, 통역 등을 했음.
상민	㉡
천민	대부분 노비이며, 노비는 양반이나 나라의 재산으로 여겨져 주인을 위해 일했음.

(1) 위 ㉠에 들어갈 신분을 쓰시오. [3점]

( )

(2) 위 ㉡에 들어갈 상민의 생활 모습을 쓰시오. [7점]

_____

_____

4 다음은 임진왜란 때 의병의 활약에 대한 설명입니다. [총 10점]

11종 공통

> 바다에서 이순신이 일본 수군을 막아 내고 있을 때 육지에서는 의병이 활약했습니다. ㉠ 는 경상도 의령에서 자신의 재산으로 의병을 모아 여러 전투에서 일본군과 싸워 이겼습니다. 의병의 신분은 _____ ㉡

(1) 홍의 장군이라 불렸던, 위 ㉠에 들어갈 인물을 쓰시오. [3점]

( )

(2) 위 ㉡에 들어갈 알맞은 내용을 쓰시오. [7점]

_____

_____

2. ❶ 새로운 사회를 향한 움직임

● 영조와 정조의 개혁 정치

영조	• 탕평책을 시행해 왕권을 강화하고 정치를 안정시켰음. ↳ 각 붕당의 인재를 골고루 뽑아 나랏일을 맡기는 정책 • 세금을 줄여 백성의 생활을 안정시켰음.
정조	• 수원 화성을 건설해 정치·군사·경제의 새로운 중심지로 삼았음. • 규장각을 설치해 정책과 학문을 연구했음.

● 실학 → 임진왜란과 병자호란 이후 백성의 생활이 어려워지면서 나타났습니다.

① 의미: 현실 문제에 관심을 가지고 적극적으로 해결하려는 새로운 학문

② 실학자들의 주장

청의 문물 수용	청의 발달된 문물과 기술을 적극적으로 받아들여야 함.
토지 제도 개혁	농민에게 땅을 나누어 주고, 새로운 농사 기술을 보급해야 함.
공업과 상업 발달 장려	새로운 기술을 개발하고 공업과 상업을 발달시켜야 함.
우리의 역사와 문화 연구	중국이 세상의 중심이라는 생각에서 벗어나 우리의 언어, 역사 등을 연구해야 함.

● 서민 문화의 발달

한글 소설	한글을 익힌 사람들이 늘어나며 널리 읽힘.
판소리	이야기를 노래로 들려주는 공연
탈놀이	백성의 생각과 감정을 솔직하게 표현함.
풍속화와 민화	사람들의 생활 모습을 그린 풍속화와 백성의 소망을 담아 자유롭게 그린 민화가 발달했음.

탈놀이
● 양주별산대놀이

풍속화
● 김홍도의 「벼타작」

● 흥선 대원군의 개혁 정책 → 임진왜란 때 불탔던 경복궁을 무리하게 고쳐 지어 백성의 원망을 듣기도 했습니다.

배경	세도 정치로 인해 정치 기강이 무너지고 부정부패가 심해져 백성의 생활이 어려워졌음.
정책	• 양반도 세금을 내게 했음. • 백성을 수탈하던 서원을 정리했음.

● 외세의 침략과 강화도 조약

① 병인양요와 신미양요 → 흥선 대원군은 서양과의 통상을 거부한다는 뜻을 굳건히 하기 위해 전국 각지에 척화비를 세웠습니다.

병인양요	프랑스가 통상을 요구하며 강화도를 침략했음.
신미양요	미국이 통상을 요구하며 강화도를 침략했음.

② 강화도 조약(1876년): 외국과 맺은 최초의 근대적 조약이자, 조선에 불리한 불평등 조약이었습니다.

● 갑신정변 → 새로운 나라를 만들기 위한 정치 개혁 운동이었지만, 일본의 힘에 의존해 많은 사람의 지지를 얻지 못했습니다.

개화를 둘러싼 주장	• 김홍집: 천천히 개화를 추진해야 한다고 주장함. • 김옥균: 서양의 제도와 사상 등을 적극적으로 받아들여 개혁해야 한다고 주장함.
전개	김옥균 등은 우정총국 개국 축하 잔치를 틈타 정변을 일으켰음. → 권력을 장악하고 개혁 정책을 발표했음. → 청의 군대가 개입하고, 일본이 약속을 지키지 않아 3일 만에 끝났음.

● 동학 농민 운동

① 전개

고부 군수의 횡포에 맞서 전봉준과 농민들이 봉기했음.	➡	조선 정부는 청에 지원군을 요청했고 일본도 군대를 보냈음.
농민군은 외국군의 개입을 막기 위해 철수했지만, 일본이 청일 전쟁을 일으켰음.	⬅	농민군은 일본군을 몰아내기 위해 다시 봉기했지만 우금치 전투에서 패배했음.

② 의의: 조선의 정치와 사회를 개혁하려는 시도이자, 외세의 침략을 물리치려는 움직임이었습니다.

01 각 붕당의 인재를 골고루 뽑아 나랏일을 맡기는 정책을 (탕평책 / 세도 정치)(이)라고 합니다.

02 정조는 ☐ 을 설치해 나랏일과 관련된 정책과 학문을 연구하게 하고, 인재들을 재교육해 개혁 세력으로 길러 냈습니다.

03 조선 후기 실학자들은 (청 / 일본)의 발달된 문물과 기술을 적극적으로 받아들여야 한다고 주장했습니다.

04 이야기를 노래로 들려주는 공연을 (풍속화 / 판소리)라고 합니다.

05 흥선 대원군은 백성의 생활을 안정시키고자 여러 정책을 펼쳤지만, 임진왜란 때 불탔던 ☐ 을 고쳐 지으면서 백성들의 원망을 듣기도 했습니다.

06 병인양요는 (미국 / 프랑스)이/가 통상을 요구하며 강화도를 침략했던 사건입니다.

07 조선은 일본과 (강화도 / 거제도) 조약을 맺고 개항했습니다.

08 김옥균 등의 사람들이 일본의 지원을 약속받고 우정총국 개국 축하 잔치를 틈타 일으킨 정변은 무엇입니까?

09 동학을 믿는 농민들이 전봉준을 중심으로 봉기한 사건을 무엇이라고 합니까?

10 일본이 조선의 정치에 심하게 간섭하자 농민군은 일본을 몰아내기 위해 다시 봉기했지만, (우금치 / 봉오동) 전투에서 패배하고 지도자가 체포되었습니다.

* 배점이 표시되어 있지 않은 문제는 문제당 4점입니다.

11종 공통
01 다음 설명과 관련된 정책을 쓰시오.

> 영조가 펼쳤던 정책으로 각 붕당의 인재를 골고루 뽑아 나랏일을 맡기는 정책입니다.

( )

[02~03] 다음은 조선 시대에 세워진 건물입니다.

⊙ 규장각   ⊙ 수원 화성

11종 공통
02 위 건물 중 나랏일과 관련된 정책과 학문을 연구했던 장소를 찾아 기호를 쓰시오.

( )

11종 공통
03 위 ⓒ에 대한 설명으로 알맞지 <u>않은</u> 것은 어느 것입니까?
[6점] ( )

① 정조 때 건설되었다.
② 정약용과 관련이 없다.
③ 거중기, 녹로 등의 기구를 이용해 건설했다.
④ 정치·군사·경제의 새로운 중심지로 삼고자 했다.
⑤ 과학 기술과 건축물의 예술적 가치를 인정받아 유네스코 세계 유산으로 등재되었다.

11종 공통
04 조선 후기에 나타난 현실 문제에 관심을 가지고 적극적으로 해결하려는 새로운 학문은 무엇입니까? ( )

① 동학   ② 불교   ③ 실학
④ 성리학   ⑤ 천주교

서술형·논술형 문제 ✏
11종 공통
05 다음과 관련 있는 실학자들의 주장을 쓰시오. [8점]

> 나는 우리 역사를 체계적으로 정리한 『동사강목』을 썼다네.

이제는 ① [ ] 이 세상의 중심이라는 생각

에서 벗어나 우리의 언어, ② [ ] 등을 연구

해야 한다.

11종 공통
06 다음 중 조선 후기 실학자들의 주장으로 알맞지 <u>않은</u> 것은 어느 것입니까? ( )

중요!

①
⊙ 토지 제도를 개혁해 농민에게 땅을 주어야 함.

②
⊙ 기술을 개발하고 공업과 상업을 장려해야 함.

③
⊙ 관리는 백성을 위해 정치를 바르게 해야 함.

④
⊙ 청의 문물과 기술을 거부해야 함.

11종 공통
07 조선 후기에 서민 문화가 발달했던 까닭으로 알맞은 것은 어느 것입니까? ( )

① 사람들의 생활이 어려워져서
② 한글을 쓰는 사람들이 적어져서
③ 경제적으로 여유가 생긴 백성들이 많아져서
④ 서양의 제도와 사상 등을 적극적으로 받아들여서
⑤ 조선이 세상의 중심이라고 생각하는 사람들이 많아져서

08 조선 후기에 사람들의 생활 모습을 생생하게 그린 그림은 무엇입니까? (　　　)

① 민화　　　② 유화　　　③ 산수화
④ 수채화　　⑤ 풍속화

천재교육, 천재교과서, 금성출판사, 김영사, 동아출판,
미래엔, 비상교과서, 비상교육, 지학사

09 다음과 관련 있는 서민 문화는 어느 것입니까? (　　　)

자자, 『춘향전』을 읽어 드리겠습니다.

◎ 조선 후기에 생겨난 직업인 '전기수'

① 민화　　　② 풍속화　　　③ 판소리
④ 탈놀이　　⑤ 한글 소설

10 중요! 흥선 대원군이 실시했던 정책으로 알맞은 것을 두 가지 고르시오. [6점] (　　　,　　　)

① 천리장성을 쌓았다.
② 세도 정치를 실시했다.
③ 신분 제도를 폐지했다.
④ 양반도 세금을 내게 했다.
⑤ 백성을 수탈하던 서원을 정리했다.

11 흥선 대원군이 왕실의 권위를 세우기 위해 고쳐 지었던 궁궐은 무엇입니까? (　　　)

① 경복궁　　　② 창덕궁　　　③ 덕수궁
④ 창경궁　　　⑤ 경희궁

12 다음 나라와 관련 있는 침략 전쟁은 무엇인지 바르게 줄로 이으시오.

(1) 프랑스　•　　　•ㄱ 신미양요

(2) 미국　•　　　•ㄴ 병인양요

13 병인양요와 신미양요를 겪은 이후 흥선 대원군의 대응에 대해 바르게 말한 어린이를 쓰시오.

준민: 서양과의 교류를 적극적으로 받아들여 개화를 위해 노력했습니다.
병호: 서양과의 통상을 거부한다는 뜻을 굳건히 하기 위해 전국 각지에 척화비를 세웠습니다.
아영: 일본에 통신사를 보내 외교 관계를 회복하고 일본에 끌려갔던 사람들을 데려왔습니다.

(　　　　　　　　　　　)

서술형·논술형 문제 ✏

14 다음은 1876년 조선이 강화도 조약을 체결하는 모습입니다. [총 10점]

(1) 조선과 위 조약을 맺었던 나라는 어디인지 쓰시오. [3점]

(　　　　　　　　　　　)

(2) 위 조약의 특징을 쓰시오. [7점]

_____

_____

사 회

[15~16] 다음은 조선의 개화 방법에 대해 서로 다른 주장을 펼쳤던 사람들입니다.

서양의 기술과 제도, 사상 등을 적극적으로 받아들여야 합니다.

◎ 김홍집

◎ ㉡

천재교과서, 교학사, 금성출판사, 김영사, 동아출판, 미래엔, 비상교과서, 비상교육, 아이스크림 미디어, 지학사

15 위 ㉠에 들어갈 내용으로 알맞은 것에 ○표를 하시오.

(1) 서양의 기술만을 받아들이고 천천히 개화를 추진해야 합니다. ( )

(2) 기술력은 우리나라가 더 좋으니 서양의 제도와 사상만을 받아들여야 합니다. ( )

11종 공통
16 위 ㉡에 들어갈 사람은 누구입니까? ( )

① 권율 ② 정약용 ③ 김정호
④ 김옥균 ⑤ 곽재우

⭐ **17** 다음 자료에 나타난 갑신정변을 일으킨 사람들의 주장
중요! 으로 알맞지 <u>않은</u> 것은 어느 것입니까? ( )
11종 공통

갑신정변의 개혁안(일부)

• 청에 대한 조공을 폐지한다.
• 문벌을 폐지하고 능력에 따라 관리를 임명한다.
• 세금 제도를 고쳐 관리의 부정을 막고 국가의 살림살이를 튼튼히 한다.
• 부정한 관리를 처벌하고, 백성들이 빚진 쌀을 면제한다.

① 탐관오리를 처벌해야 한다.
② 청의 영향력에서 벗어나야 한다.
③ 능력에 따라 관리를 뽑아야 한다.
④ 세금 관련 문제를 해결해야 한다.
⑤ 일본에 협력하는 사람을 처벌해야 한다.

11종 공통
18 다음 설명과 관련 있는 종교를 보기 에서 찾아 쓰시오.

최제우가 세상과 백성을 구한다는 뜻으로 서학에 대응하여 만든 민족 종교로, 평등사상과 사회 개혁 등을 내세웠습니다.

보기
• 동학 • 천주교 • 이슬람교

( )

[19~20] 다음은 조선 시대에 있었던 사건을 다룬 신문 기사입니다.

고부 군수의 횡포에 저항하며 일어난 백성들
전라도 고부의 군수였던 조병갑은 만석보를 쌓고, 물에 대한 세금까지 강제로 거두는 등 백성들을 수탈했다. 이에 견디다 못한 농민들은 ㉠ 을 중심으로 ㉡ 봉기를 일으켜 전라도 일대를 장악하고 전주성까지 점령했다.

11종 공통
19 위 ㉠에 들어갈 사람은 누구입니까? ( )

① 고종 ② 전봉준
③ 윤희순 ④ 이순신
⑤ 흥선 대원군

✏️ 서술형·논술형 문제
11종 공통
20 위 밑줄 친 ㉡의 의의를 쓰시오. [10점]

_____

_____

11종 공통

1 다음은 조선 시대의 왕입니다. [총 10점]

> ㉠ 나는 어느 한 붕당에 치우치지 않고 인물을 고루 쓸 것이오!

> 여봐라, 백성들의 어려운 형편을 생각해서 세금을 반으로 줄이도록 하라.

(1) 위 자료에 나타난 왕은 영조와 정조 중 누구인지 쓰시오. [3점]

(   )

(2) 위 (1)번 답의 왕이 밑줄 친 ㉠과 같은 정책을 펼쳤던 까닭을 쓰시오. [7점]

_____

_____

11종 공통

2 다음은 흥선 대원군이 펼쳤던 정책에 대한 어린이들의 대화입니다. [총 10점]

> 승준: 흥선 대원군은 세금 제도를 개혁해 노비도 세금을 내게 했어.
> 성민: 백성을 수탈하고 세금을 면제받던 서원을 대부분 정리하기도 했지.
> 다영: 하지만 임진왜란 때 불탔던 경복궁을 다시 지어 백성들의 원망을 들었어.

(1) 위 어린이 중 흥선 대원군이 펼쳤던 정책에 관해 잘못 말한 어린이를 쓰시오. [3점]

(   )

(2) 위 (1)번 답 어린이의 말을 바르게 고쳐 쓰시오. [7점]

_____

_____

11종 공통

3 다음은 서양의 배들이 강화도로 들어왔던 까닭입니다. [총 10점]

> 강화도에서 물길을 따라 들어오면 한강으로 이어져 한양까지 쉽게 들어올 수 있어 조선 후기 강화도에는 외세의 침략이 잦았습니다.

(1) 윗글의 밑줄 친 내용과 관련 있는 전쟁을 보기 에서 찾아 쓰시오. [3점]

> **보기**
> • 임진왜란   • 병자호란   • 신미양요

(   )

(2) 위 (1)번 답을 겪은 이후 흥선 대원군과 조선의 대응을 쓰시오. [7점]

_____

_____

11종 공통

4 다음은 갑신정변의 전개 과정입니다. [총 10점]

> 우정총국 개국 축하 잔치를 틈타 정변을 일으켰음. → 권력을 장악하고 개혁 정책을 발표했음. → ㉠ 의 군대가 개입하고, ㉡ 이/가 약속을 지키지 않아 3일 만에 끝났음.

(1) 위 ㉠, ㉡에 들어갈 나라를 보기 에서 찾아 쓰시오. [3점]

> **보기**
> • 청   • 일본   • 러시아

㉠ (   ) ㉡ (   )

(2) 갑신정변의 의의를 쓰시오. [7점]

_____

_____

2. ② 일제의 침략과 광복을 위한 노력

◉ 을미사변과 아관 파천

을미사변	일본이 경복궁에 침입해 명성황후를 시해했음.
아관 파천	을미사변 이후 고종은 일본의 위협을 피해 러시아 공사관으로 피신했음.

◉ 『독립신문』과 독립 협회

→ 순 한글로 쓰였으며, 정부의 정책과 세계에서 일어나는 여러 가지 일을 알렸습니다.

『독립신문』	서재필이 정부 지원을 받아 창간한 신문으로 자주독립을 강조했음.
독립 협회	독립문을 건설했고, 만민 공동회를 열었음.

↳ 신분과 관계없이 누구나 참여할 수 있었습니다.

◉ 대한 제국의 수립과 을사늑약

대한 제국의 수립과 개혁	• 고종은 나라 이름을 대한 제국으로 바꾸고 환구단에서 황제로 즉위했음. • 개혁 정책: 근대적 제도 마련, 교통·통신 시설 도입, 외국에 유학생 파견 등
을사늑약의 체결	일제는 고종과 신하들을 위협해 을사늑약을 맺고 대한 제국의 외교권을 빼앗았음.
을사늑약에 대한 우리 민족의 저항	• 을사늑약 체결의 부당함을 호소하는 글을 쓰거나, 스스로 목숨을 끊어 저항했음. • 고종은 네덜란드 헤이그에서 열리는 만국 평화 회의에 특사를 파견해 을사늑약이 무효임을 국제 사회에 알리고자 했음.

◉ 을사늑약 체결 이후 일제의 침략을 막기 위한 노력

항일 의병	• 을사늑약에 반발해 전국에서 의병이 일어났음. • 양반들뿐만 아니라 신돌석과 같은 평민 출신 의병장도 활동했음.
애국 계몽 운동	애국심을 높이고 민족의 실력을 키워 국권을 지키고자 노력했음.
안중근의 의거	안중근은 을사늑약을 강제로 맺게 한 이토 히로부미를 하얼빈역에서 처단했음.  안중근 ▶

◉ 일제에게 나라를 빼앗긴 뒤 우리나라 사람들의 생활

강압적인 통치	조선 총독부 설치, 헌병에게 경찰의 임무 부여, 독립운동 탄압, 태형 제도 실시 등
경제적 수탈	• 조선 총독부는 토지 조사 사업을 실시해 주인이 없거나 모호한 땅을 차지하여 일본인에게 싼값에 넘겼음. • 땅을 가진 한국인의 세금 부담이 늘어났음.
나라를 떠난 독립운동가	• 안창호: 미국으로 떠나 흥사단을 세웠음. • 이회영: 만주로 떠나 신흥 강습소(신흥 무관 학교)를 세웠음.

◉ 3·1 운동

전개	1919년 3월 1일 독립 선언서를 발표하고 만세 시위를 벌였음. → 만세 시위는 전국으로 퍼져나가 전 민족적인 운동으로 발전했음. → 일제는 만세 시위를 잔인하게 진압했음.
의의	한국인의 독립 의지를 전 세계에 널리 알렸음.

◉ 대한민국 임시 정부

배경과 수립	• 배경: 3·1 운동을 계기로 민족을 대표하고 독립 운동을 체계적으로 이끌 정부가 필요해졌음. • 수립: 여러 임시 정부를 통합한 대한민국 임시 정부가 중국 상하이에서 수립되었음.
활동	• 자금을 모으고 국내의 독립운동을 지휘했음. • 김구는 한인 애국단을 조직해 이봉창과 윤봉길의 의거를 지휘했음. • 한국광복군을 창설해 일본과의 전쟁에 나섰음.

◉ 나라를 되찾으려는 노력

→ 홍범도, 김좌진은 독립군을 이끌고 봉오동 전투, 청산리 대첩을 통해 일본군을 물리치기도 했습니다.

1930년대 일제의 식민 통치	• 민족 말살 정책을 실시했음. • 물자와 인력을 수탈하고, 여성들도 일본군 '위안부'로 강제로 끌고 갔음.
우리 것을 지키기 위한 노력	• 신채호: 일제의 역사 왜곡을 반박하고, 민족 영웅 이야기를 책으로 썼음. • 조선어 학회: 우리말과 우리글을 연구하고 한글을 널리 보급하는 데 힘썼음.

01 일본은 [   ]을 일으켜 명성황후를 무참히 시해했습니다.

02 을미사변 이후 고종이 일본의 위협을 피해 러시아 공사관으로 피신한 사건을 무엇이라고 합니까?

03 『독립신문』은 (서재필 / 흥선 대원군)이 정부 지원을 받아 창간한 신문으로 자주독립을 강조했습니다.

04 고종은 덕수궁으로 돌아와 나라 이름을 [   ]으로 바꾸고 환구단에서 황제로 즉위했습니다.

05 일제는 고종과 신하들을 위협해 (강화도 조약 / 을사늑약)을 맺고 대한 제국의 외교권을 빼앗았습니다.

06 1910년, 일제가 조선을 지배하기 위해 설치했던 통치 기구는 무엇입니까?

07 1919년 3월 1일에 일어났던 대규모 만세 시위는 무엇입니까?

08 1919년 9월 중국 (충칭 / 상하이)에서는 여러 임시 정부를 통합한 대한민국 임시 정부가 수립되었습니다.

09 대한민국 임시 정부의 김구는 [   ]을 조직해 이봉창과 윤봉길의 의거를 지휘했습니다.

10 우리말과 우리글을 연구하고 한글을 널리 보급하는데 힘썼던 단체는 (조선어 학회 / 독립 협회)입니다.

사

회

* 배점이 표시되어 있지 않은 문제는 문제당 4점입니다.

01 다음 ( ) 안에 들어갈 알맞은 말에 ○표를 하시오.
11종 공통

청일 전쟁 이후 조선에서 일본의 영향력이 강해지자, 고종과 명성황후는 ① (러시아 / 청)의 힘을 빌려 일본을 견제하려 했습니다. 이에 일본은 ② (을미사변 / 신미양요)을/를 일으켰습니다.

02 아관 파천의 결과는 어느 것입니까? [6점] ( )
11종 공통

① 청일 전쟁이 일어났다.
② 미국과 일본이 전쟁을 벌였다.
③ 조선에서 청의 간섭이 심해졌다.
④ 조선에서 러시아의 간섭이 심해졌다.
⑤ 조선에서 일본의 간섭과 수탈이 심해졌다.

03 『독립신문』의 특징에 대해 잘못 말한 어린이를 쓰시오.
11종 공통

준영: 서재필이 정부의 지원을 받아 창간했어.
수연: 한자로만 쓰여 있어 일반 백성들은 읽기 어려웠어.
세실: 자주독립을 강조하고 정부의 정책과 세계에서 일어나는 여러 가지 일을 알렸어.

( )

《서술형·논술형 문제》
04 독립 협회가 한 일을 쓰시오. [8점]
11종 공통
중요!

영은문을 허물고 그 부근에 ① [ ] 을 세웠으며, 신분이나 나이에 상관없이 누구나 자신의 주장을 펼 수 있었던 ② [ ] 를 열었다.

05 아관 파천 이후 경운궁(덕수궁)으로 돌아온 고종이 한 일로 알맞은 것에 ○표를 하시오.
11종 공통

(1) 외국과의 교류를 끊었습니다. ( )
(2) 나라 이름을 대한 제국으로 바꾸고 황제로 즉위했습니다. ( )

06 고종이 다음과 같이 네덜란드 헤이그에 특사를 파견한 까닭은 무엇입니까? ( )
11종 공통

우리는 대한 제국에서 왔습니다.

◎ 헤이그 특사

① 의병을 일으키기 위해
② 다른 나라와도 조약을 맺기 위해
③ 러시아 공사관으로 피신하기 위해
④ 을사늑약 체결의 긍정적인 점을 알리기 위해
⑤ 강제로 체결된 을사늑약이 무효임을 국제 사회에 알리기 위해

07 다음 자료의 ㉠에 들어갈 인물을 쓰시오.
11종 공통

• 평민 출신 의병장임.
• '태백산 호랑이'라고 불렸음.
• 경상도 일대에서 일본군과 싸웠음.

◎ 대표적인 의병장의 활동

( )

08 다음 설명과 관련 있는 운동은 무엇인지 보기 에서 찾아 기호를 쓰시오.

> 민족의 실력을 기르는 것이 중요하다고 생각한 이승훈, 안창호 등은 학교를 세워 새로운 학문과 우리글, 우리 역사를 가르쳤습니다.

보기
ㄱ 금 모으기 운동
ㄴ 물산 장려 운동
ㄷ 애국 계몽 운동

( )

09 다음과 같은 활동을 한 사람은 누구입니까? ( )

○ 하얼빈역에서 이토 히로부미를 사살함.

① 고종　　　　　② 민영환
③ 안중근　　　　④ 명성황후
⑤ 흥선 대원군

10 일제에게 나라를 빼앗긴 뒤 우리나라 사람들의 생활 모습으로 알맞지 <u>않은</u> 것은 어느 것입니까? ( )

① 한국인 농민들의 생활이 매우 어려워졌다.
② 땅을 가진 한국인들의 세금 부담이 늘어났다.
③ 조선 총독부에서 한국 농민들에게 땅을 나누어 주었다.
④ 일제의 헌병들이 경찰의 역할을 부여받아 한국인들을 감시했다.
⑤ 태형 제도가 실시되어 사소한 잘못을 저지른 한국인들은 매를 맞았다.

[11~12] 다음은 어떤 독립운동가에 관한 설명입니다.

> 조선에서 손꼽히는 부자였던 　ㄱ　 와/과 형제들은 일제에 나라를 빼앗기자 막대한 재산을 처분하고 고향을 떠나 만주로 갔습니다. 만주로 간 　ㄱ　 와/과 가족들은 함께 ㄴ독립운동을 펼쳤습니다.

11 위 ㄱ에 들어갈 인물은 누구입니까? ( )

① 안창호　　　② 이회영　　　③ 한용운
④ 김홍집　　　⑤ 박영효

서술형·논술형 문제 ✎

12 위 밑줄 친 ㄴ에 해당하는 내용을 한 가지만 쓰시오. [10점]

_____

_____

13 3·1 운동에 대해 <u>잘못</u> 말한 어린이는 누구입니까?

( )

① 만세 시위는 전국으로 퍼져나갔어.

② 서울과 부산, 인천 부근에서만 만세 시위가 일어났어.

③ 만세 시위를 통해 한국인의 독립 의지를 전 세계에 널리 알렸어.

④ 학생과 시민들은 서울 종로의 탑골 공원에서 만세 시위를 벌였어.

천재교과서, 교학사, 금성출판사, 김영사, 동아출판,
비상교과서, 비상교육, 아이스크림 미디어, 지학사

14 다음 글을 통해 알 수 있는 내용에 ○표를 하시오.

> 일제는 경기도 화성의 제암리에서 교회에 사람
> 들을 모아 놓고 불을 질러 학살하기도 했습니다.

(1) 3·1 운동은 평화롭게 마무리되었습니다. (   )

(2) 일제는 3·1 운동을 잔인하게 진압했습니다.
(   )

11종 공통
15 다음 질문에 대한 알맞은 대답은 어느 것입니까?
(   )

> 3·1 운동을 계기로 독립운동을
> 체계적으로 이끌어 가기 위해
> 만들어진 단체는 무엇일까?

① 흥사단   ② 의열단   ③ 신민회
④ 독립 협회   ⑤ 대한민국 임시 정부

11종 공통
16 대한민국 임시 정부의 활동으로 알맞지 <u>않은</u> 것을 두
중요! 가지 고르시오. [6점] (,   )

① 독립문을 세웠다.

② 민족 말살 정책을 실시했다.

③ 독립운동에 필요한 자금을 모았다.

④ 한국광복군을 창설해 일본과의 전쟁에 나섰다.

⑤ 한인 애국단을 조직해 이봉창과 윤봉길의 의거를
지휘했다.

11종 공통
17 1920년대 독립군의 활약에 대해 바르게 말한 어린이를
쓰시오.

> 현호: 신돌석이 이끌었고 주로 경상도와 태백산
> 부근에서 활약했어.
>
> 종화: 김좌진과 홍범도가 이끄는 독립군은 청산리
> 일대에서 전투를 벌여 큰 승리를 거두었어.

(   )

[18~19] 다음은 영우의 일기입니다.

> 오늘 학교에서 1930년대 후반 일제의 식민 통치에
> 대해 배웠다. 일제는 ㉠ 학교에서 우리말 교육을 금
> 지했고, 신사 참배를 강요했다고 한다. 또한 전쟁이
> 오랜 기간 이어지자 일제는 ㉡ 물자와 인력 수탈을
> 강화했다고 한다.

11종 공통
18 위 밑줄 친 ㉠과 관련 있는 것을 보기 에서 찾아 쓰시오.

> 보기
> • 갑오개혁   • 민족 말살 정책   • 토지 조사 사업

(   )

서술형·논술형 문제
11종 공통
19 위 밑줄 친 ㉡과 관련 있는 내용을 한 가지만 쓰시오.
[10점]

_____

_____

11종 공통
20 우리 것을 지키기 위해 다음 사람들이 했던 활동은 어느
것입니까? (   )

◎ 조선어 학회

① 우리말과 우리글을 연구했다.

② 민족 영웅 이야기를 책으로 썼다.

③ 일제의 역사 왜곡을 정면으로 반박했다.

④ 일제에 저항하는 문학 작품을 발표했다.

⑤ 자신의 재산을 들여 문화유산을 구입하고 보존
했다.

비상교육

1 다음은 독립 협회에서 주최했던 민중 집회를 보도한 신문 기사입니다. [총 10점]

> 눈먼 걸인이 약간의 돈을 가지고 …… 사람들에게 보조금으로 내면서 하는 말이, "이것이 얼마 안 되지만, 나도 동포 형제로 충성하고 애국하는 사람들을 위한다."라고 하였더라.
> – 매일신문, 1898. 11. 11.

(1) 위 기사에 나타난 민중 집회는 무엇인지 쓰시오. [3점]

(   )

(2) 위 신문 기사를 읽고 알 수 있는 (1)번 답의 특징을 쓰시오. [7점]

_____

_____

11종 공통

2 다음은 일제와 대한 제국 간에 맺어진 조약에 대한 글입니다. [총 10점]

> 러시아와 전쟁에서 승리한 일제는 대한 제국의 정치에 더욱 간섭했습니다. 일제의 특사로 대한 제국에 온 이토 히로부미는 고종과 신하들을 위협해 이 조약을 맺게 했습니다.

(1) 윗글의 밑줄 친 '이 조약'을 보기 에서 찾아 쓰시오. [3점]

> **보기**
> • 을사늑약   • 조미 수호 통상 조약

(   )

(2) 위 (1)번 답의 조약이 대한 제국의 어떤 권리를 빼앗았는지 쓰시오. [7점]

_____

11종 공통

3 다음은 3·1 운동이 일어난 주요 지역을 표시한 지도입니다. [총 10점]

❖ 3·1 운동 지역별 시위 현황

(1) 위 ㉠에 들어갈 인물과 관련하여 다음 ( ) 안의 알맞은 말에 ○표를 하시오. [3점]

> ㉠에 들어갈 인물은 1919년 3·1 운동이 일어나자 고향인 천안으로 내려가 만세 시위를 벌였던 (윤희순 / 유관순)입니다.

(2) 위 지도를 통해 알 수 있는 3·1 운동의 특징을 쓰시오. [7점]

_____

_____

11종 공통

4 일제로부터 우리 역사를 지키기 위해 오른쪽 사람이 했던 일을 한 가지만 쓰시오. [8점]

❖ 신채호

_____

_____

2. ❸ 대한민국 정부의 수립과 6·25 전쟁

◉ 8·15 광복

광복	• 1945년 8월 15일, 일본이 연합국에 항복하면서 우리나라는 광복을 맞이했음. • 광복은 연합국이 승리한 결과이자, 우리 민족이 전개한 독립운동의 결실임.
건국을 위한 준비	• 여운형 등이 조선 건국 위원회를 구성했음. • 대한민국 임시 정부는 건국의 원칙과 방향을 발표했음.

◉ 한반도의 분단과 통일 정부 수립을 위한 노력

미국과 소련의 한반도 진입	일본군의 무장 해제를 명분으로 38도선 남쪽에는 미군, 북쪽에는 소련군이 들어 왔음.

↓

모스크바 3국 외상 회의	한반도에 임시 민주 정부를 세우고, 미소 공동 위원회를 설치하며, 최대 5년간 신탁 통치를 시행할 것을 결정했음.

└→ 스스로 운영하기 힘든 나라를 안정될 때까지 국제 연합의 감독 아래 다른 나라가 대신 도맡아 다스리는 것

↓

신탁 통치 문제를 둘러싼 갈등	모스크바 3국 외상 회의 내용이 국내에 알려지자 신탁 통치 문제를 둘러싸고 사람들 사이에 갈등이 일어났음.

↓

미소 공동 위원회	미국과 소련은 미소 공동 위원회를 열었지만 의견 차이를 좁히지 못했고, 이에 미국은 한국 문제를 국제 연합(UN)에 넘겼음.

↓

남한만의 단독 선거 시행	• 국제 연합은 남북한 총선거를 시행해 정부를 수립하기로 결정했으나 소련이 이를 거부했음. └→ 유엔 한국 임시 위원단이 38도선 이북으로 들어오는 것을 거부했습니다. • 결국 국제 연합은 선거가 가능한 남한 지역에서만 선거를 실시하기로 결정했음.

천재교육, 천재교과서, 금성출판사, 김영사, 미래엔,
비상교과서, 비상교육, 아이스크림 미디어, 지학사

◉ 통일 정부 수립에 관한 서로 다른 주장

① 이승만: 남한만이라도 정부를 수립해 38도선 이북에서 소련이 물러나도록 해야 한다고 주장했습니다.

② 김구: 38도선을 무너뜨리고 통일 정부를 수립하기 위해 힘써야 한다고 주장했습니다.

◉ 대한민국 정부의 수립

① 대한민국 정부 수립 과정

헌법을 만드는 임무를 가지고 구성되어 제헌 국회라고 불렸습니다.

1 5·10 총선거
1948년 5월 10일 우리나라 최초의 민주 선거가 시행되었음.

→

2 제헌 국회 구성
제헌 국회가 구성되어 나라 이름을 '대한민국'으로 정하고 헌법을 제정했음.

↓

3 초대 대통령 선출
헌법에 따라 국회의원들의 투표로 이승만이 제1대 대통령으로 뽑혔음.

→

4 대한민국 정부 수립
1948년 8월 15일 대한민국 정부가 수립되어 합법 정부로 인정받았음.

② 제헌 헌법에 담긴 대한민국 정부 수립의 의의

• 대한민국 임시 정부를 계승했음.
• 대한민국은 민주 공화국이며, 주권은 국민에게 있다고 밝혔음.

◉ 6·25 전쟁

① 전개 과정

1 북한군의 남침	• 1950년 6월 25일, 북한은 남한을 기습적으로 공격했음. • 국제 연합은 연합군을 남한에 파견했음.
2 국군과 국제 연합군의 반격	국군과 국제 연합군은 인천 상륙 작전에 성공해 서울을 되찾고 압록강까지 다다랐음.
3 중국군의 개입	중국군이 전쟁에 개입하면서 국군과 국제 연합군은 서울을 내주고 후퇴했음.
4 전선의 고착과 정전	38도선 근처에서 싸움을 계속하다가 1953년 7월에 정전 협정이 체결되었음.

② 피해

국토의 황폐화	국토가 황폐해졌고 건물과 도로, 철도, 다리 등 산업 시설 대부분이 파괴되었음.
인명 피해	많은 군인과 민간인이 죽거나 다쳤으며, 이산가족과 전쟁고아가 생겨났음.

└→ 이리저리 흩어져서 서로 소식을 모르는 가족

01 1945년 8월 15일 일본이 연합국에 항복하면서 우리나라는 (광복 / 식민 지배)을/를 맞이했습니다.

02 광복을 전후하여 (흥사단 / 대한민국 임시 정부)은/는 건국의 원칙과 방향을 발표했습니다.

03 광복 이후 일본군의 무장 해제를 명분으로 (38도선 / 적도)의 남쪽에는 미군이, 북쪽에는 소련군이 들어왔습니다.

04 모스크바 3국 외상 회의에서는 한반도에 임시 민주 정부를 세우고 최대 5년간 ☐☐☐를 시행할 것을 결정했습니다.

05 한반도 문제가 해결되지 않자 남북한 총선거를 시행해 정부를 수립하기로 결정했던 국제기구는 무엇입니까?

06 헌법에 따라 (국민 / 국회의원)들의 투표로 이승만이 대한민국 제1대 대통령으로 뽑혔습니다.

07 제헌 헌법에서는 대한민국이 (민주 공화국 / 왕국)이며, 주권은 국민에게 있다고 밝혔습니다.

08 1950년 6월 25일 북한의 기습적인 (남침 / 북침)으로 전쟁이 시작되었습니다.

09 국군과 국제 연합군은 ☐☐☐의 성공으로 서울을 되찾고 북쪽으로 나아가 압록강까지 이르렀습니다.

10 6·25 전쟁으로 늘어난, 이리저리 흩어져서 서로 소식을 모르는 가족을 무엇이라고 합니까?

사
회

* 배점이 표시되어 있지 않은 문제는 문제당 4점입니다.

01 다음과 같은 라디오 방송 이후에 일어난 일로 알맞은 것은 어느 것입니까? (   )   11종 공통

일본은…… 전쟁을 멈추고 연합국에 항복하겠습니다.

① 우리나라는 광복을 맞이했다.
② 일본과 미국이 전쟁을 벌였다.
③ 제2차 세계 대전이 시작되었다.
④ 일본이 조선의 외교권을 빼앗았다.
⑤ 대한민국 임시 정부가 수립되었다.

★ 서술형·논술형 문제 ✏   11종 공통
02 1945년 8월 15일 우리나라가 맞이한 광복의 의의를 쓰시오. [8점]
중요!

광복은 연합국이 ① [   ] 한 결과이기도 하

지만, 우리 민족이 끈질기게 ② [   ] 을

벌인 결과이기도 하다.

동아출판, 미래엔
03 다음 [   ] 안에 들어갈 인물은 누구입니까? (   )

나라 안팎의 독립운동가들은 광복 이후 새로운 나라를 세우기 위해 준비했습니다. 국내에선 [   ] 등이 조선 건국 위원회를 구성해 치안과 질서를 유지하고자 노력했습니다.

① 신채호   ② 이승만   ③ 주시경
④ 여운형   ⑤ 이육사

천재교육, 교학사, 미래엔, 지학사
04 광복 이후에 변화한 사람들의 모습으로 알맞지 <u>않은</u> 것은 어느 것입니까? (   )

① 조선 총독부가 세워졌다.
② 우리말과 우리의 역사를 배우게 되었다.
③ 학교에서 한글로 된 교과서를 사용했다.
④ 강제로 폐간시켰던 신문들이 발간되었다.
⑤ 사람들은 한국식 이름을 다시 가지게 되었다.

11종 공통
05 다음 (   ) 안에 들어갈 알맞은 말에 각각 ○표를 하시오.

일본이 항복하자 일본군의 무장 해제를 위해 38도선을 기준으로 북쪽에는 ① (미군 / 소련군)이 들어왔고 남쪽에는 ② (미군 / 소련군)이 들어왔습니다.

11종 공통
06 모스크바 3국 외상 회의에서 한반도 문제에 관해 결정된 내용은 어느 것입니까? [6점] (   )

① 한반도를 분단한다.
② 일본이 다시 한반도를 통치한다.
③ 고종을 복귀시키고 대한 제국을 세운다.
④ 임시 민주 정부를 세우고, 신탁 통치를 실시한다.
⑤ 대한민국 임시 정부를 중심으로 새로운 나라를 만든다.

11종 공통
07 미소 공동 위원회에 대한 설명으로 알맞은 것에 ○표를 하시오.

⑴ 영국, 미국, 소련이 함께 한반도 문제를 의논했습니다.   (   )
⑵ 미국은 의견 통일이 되지 않자 한반도 문제를 국제 연합(UN)에 넘겼습니다.   (   )

08 남북한 총선거에 대한 소련의 반응에 대해 바르게 말한 어린이를 쓰시오.

찬혁: 남북한 총선거를 실시해 통일 정부를 꾸리는 데 도움을 주었어.

지희: 유엔 한국 임시 위원단이 북한 지역으로 들어오는 것을 거부했어.

(   )

천재교육, 천재교과서, 금성출판사, 김영사, 미래엔,
비상교과서, 비상교육, 아이스크림 미디어, 지학사

09 통일 정부 수립에 관한 이승만과 김구의 주장은 무엇인지 바르게 줄로 이으시오.

(1) 이승만 •

(2) 김구 •

• ㉠ 남한만이라도 정부를 수립해 소련이 물러나도록 해야 함.

• ㉡ 38도선을 무너뜨리고 통일 정부를 수립하기 위해 힘써야 함.

10 중요! 대한민국 정부의 수립 과정에서 일어난 일이 <u>아닌</u> 것을 두 가지 고르시오. [6점] (,   )

① 나라 이름을 정하고 헌법을 제정했다.
② 1948년 5월 10일 총선거가 시행되었다.
③ 1948년 8월 15일 대한민국 정부가 수립되었다.
④ 제헌 국회는 북한의 정권 수립에도 도움을 주었다.
⑤ 헌법에 따라 국민들의 투표로 안중근이 대한민국의 제1대 대통령으로 뽑혔다.

11 다음 검색 결과와 관련 있는 것을 찾아 기호를 쓰시오.

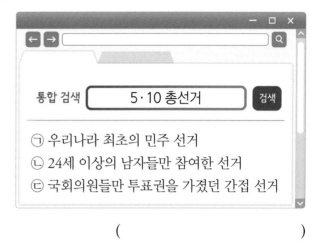

통합 검색 [5·10 총선거] 검색

㉠ 우리나라 최초의 민주 선거
㉡ 24세 이상의 남자들만 참여한 선거
㉢ 국회의원들만 투표권을 가졌던 간접 선거

(   )

[12~14] 다음은 어떤 헌법의 내용 중 일부입니다.

> 유구한 역사와 전통에 빛나는 우리들 대한 국민은 기미 ㉠ 으로 대한민국을 건립하여 세계에 선포한 위대한 독립 정신을 계승하여 이제 민주 국가를 재건함에 있어서 …… 자유로이 선거된 대표로써 구성된 국회에서 단기 4281년(1948년) 7월 12일 이 헌법을 제정한다.
> 제1조 ㉡ <u>대한민국은 민주 공화국이다.</u>

12 1948년 7월 12일 제정되고 7월 17일에 공포된 위 헌법의 이름을 쓰시오.

(   )

13 위 ㉠에 들어갈 독립운동은 어느 것입니까? (   )

① 3·1 운동
② 청산리 대첩
③ 봉오동 전투
④ 애국 계몽 운동
⑤ 광주 학생 항일 운동

서술형·논술형 문제

14 위 밑줄 친 ㉡의 의미를 쓰시오. [10점]

_____

_____

사회

15 6·25 전쟁이 일어난 까닭으로 알맞은 것에 ○표를 하시오.

(1) 만주와 한반도를 둘러싸고 러시아와 대립했던 일본이 전쟁을 일으켰습니다. (　　)

(2) 북한이 한반도를 무력으로 통일하고자 38도선 이남을 기습적으로 쳐들어왔습니다. (　　)

[16~17] 다음은 6·25 전쟁 중 어떤 작전의 모습입니다.

아이스크림 미디어

16 다음은 위 작전에 대한 설명입니다. □ 안에 들어갈 알맞은 지역은 어디입니까? (　　)

> 국군과 국제 연합군은 서울과 가까워 북한군의 보급로를 끊을 수 있고, 국군과 함께 낙동강에서 공격할 수 있는 곳인 □□□에서 상륙 작전을 실시했습니다.

① 부산　　② 목포　　③ 인천
④ 울산　　⑤ 제주도

17 위 작전이 국군과 국제 연합군에게 미친 영향으로 알맞은 것은 어느 것입니까? (　　)

중요!

① 국제 연합군이 대한민국에서 철수하게 되었다.
② 서울을 빼앗기고 낙동강까지 후퇴하게 되었다.
③ 서울을 되찾고 압록강까지 진격할 수 있게 되었다.
④ 전쟁의 흐름이 국군과 국제 연합군에게 불리하게 바뀌었다.
⑤ 국제 연합이 국군의 공격을 침략 행위로 규정하게 되었다.

18 6·25 전쟁의 과정에서 다음과 같은 일이 벌어진 까닭을 바르게 말한 어린이를 쓰시오.

> 국군과 국제 연합군이 서울을 내주고 다시 후퇴했음.

> 주환: 흥남 철수 작전이 실패했기 때문이야.
> 은혜: 중국과 일본이 만주에서 전쟁을 벌였기 때문이야.
> 현지: 중국군이 북한 편에 서서 전쟁에 개입했기 때문이야.

(　　　　　　)

19 다음 6·25 전쟁과 관련된 설명에서 ㉠, ㉡에 들어갈 말이 알맞게 짝 지어진 것은 어느 것입니까? (　　)

> 서울을 내주고 후퇴했던 국군과 국제 연합군은 다시 반격해 서울을 되찾았으나, ㉠ 부근에서 밀고 밀리는 싸움이 계속되었습니다. 결국 1953년 7월, ㉡ 협정이 체결되었습니다.

	㉠	㉡		㉠	㉡
①	낙동강	남침	②	38도선	북침
③	낙동강	식민 지배	④	38도선	정전
⑤	낙동강	신탁 통치			

서술형·논술형 문제

20 6·25 전쟁의 피해를 한 가지만 쓰시오. [10점]

_____

_____

11종 공통

1 다음은 한반도의 분단 과정입니다. [총 10점]

미국과 소련의 한반도 진입	일본군의 무장 해제를 명분으로 38 도선 남쪽에는 미군, 북쪽에는 소련 군이 들어 왔음.

⬇

	한반도에 임시 민주 정부를 세우고, 미소 공동 위원회를 설치하며, 최대 5년간 ⓛ 신탁 통치를 시행할 것을 결정했음.

⬇

미소 공동 위원회	• 미국과 소련은 미소 공동 위원회를 열었지만 의견 차이를 좁히지 못 했음. • 이에 미국은 한국 문제를 국제 연합 (UN)에 넘겼음.

⬇

국제 연합의 결정	• 국제 연합은 남북한 총선거를 시행 해 정부를 수립하기로 결정했으나 소련이 이를 거부했음. • 결국 국제 연합은 ___ⓒ___

(1) 위 ㉠에 들어갈 회의를 **보기**에서 찾아 쓰시오.
[2점]

보기
• 카이로 회담   • 모스크바 3국 외상 회의

(   )

(2) 위 밑줄 친 ㉡과 관련하여 다음 (   ) 안의 알맞은 말에 ○표를 하시오. [2점]

스스로 운영하기 힘든 나라를 국제 연합의 감독 아래 (안정될 때까지 / 평생) 다른 나라가 대신 도맡아 다스리는 것을 말합니다.

(3) 위 밑줄 친 ㉢에 들어갈 내용을 쓰시오. [6점]

_____

_____

11종 공통

2 다음은 대한민국 정부 수립 축하식을 찍은 사진입니다.
[총 10점]

(1) 위 사진이 찍혔던 날짜를 **보기**에서 찾아 기호를 쓰시오. [3점]

보기
㉠ 1919년 3월 1일
㉡ 1945년 8월 15일
㉢ 1948년 8월 15일

(   )

(2) 대한민국 정부 수립의 의의를 쓰시오. [7점]

_____

_____

11종 공통

3 다음은 6·25 전쟁의 전개 과정입니다. [총 10점]

1950년 6월 25일 __㉠__ 군의 기습으로 전쟁이 시작됨. → 국군과 국제 연합군이 인천 상륙 작 전을 통해 반격함. → 중국군이 전쟁에 개입하 면서 국군과 국제 연합군이 후퇴함. → __㉡__

(1) 위 ㉠에 들어갈 나라는 남한과 북한 중 어디인지 쓰시오. [3점]

(   )

(2) 위 밑줄 친 ㉡에 들어갈 내용을 쓰시오. [7점]

_____

_____

* 배점이 표시되어 있지 않은 문제는 문제당 4점입니다.

정답 ❍ 꼼꼼 풀이집 36쪽

관련 단원: 1. ❶ 나라의 등장과 발전

01 고조선과 관련된 내용으로 알맞지 <u>않은</u> 것은 어느 것입니까? ( )

① 단군왕검
② 신분제 사회
③ 청동기 문화
④ 비파형 동검
⑤ 금동 연가 7년명 여래 입상

서술형·논술형 문제 ✏ 관련 단원: 1. ❶ 나라의 등장과 발전

02 다음은 삼국의 전성기를 이끈 왕의 업적을 정리한 표입니다. [총 10점]

백제 (4세기)	㉠ : 남해안까지 영토를 넓혔고 황해도 일부까지 진출했음.
고구려 (5세기)	• 광개토대왕: 요동 지역을 차지했음. • 장수왕: ㉡
신라 (6세기)	진흥왕: 한강 유역을 차지했고, 가야의 영토를 흡수했음.

(1) 위 ㉠에 들어갈 왕을 쓰시오. [3점]

( )

(2) 위 ㉡에 들어갈 장수왕의 업적을 쓰시오. [7점]

_____

_____

관련 단원: 1. ❶ 나라의 등장과 발전

03 신라의 문화유산은 어느 것입니까? ( )

① 가야금
② 첨성대
③ 무용총
④ 무령왕릉
⑤ 익산 미륵사지 석탑

관련 단원: 1. ❶ 나라의 등장과 발전

04 대조영이 세운 나라에 대한 설명으로 알맞은 것은 어느 것입니까? ( )

① 한양이 도읍이었다.
② 유교 문화가 발달했다.
③ 한강 유역에 세워졌다.
④ 백제를 계승한 나라이다.
⑤ 당에서 '해동성국'이라고 불렀다.

관련 단원: 1. ❷ 독창적 문화를 발전시킨 고려

05 다음 글을 통해 알 수 있는 왕건의 정책은 무엇입니까?
( )

> 왕건은 호족의 딸들과 결혼을 하여 부인이 스물아홉 명이었습니다. 왕건은 이들 사이에서 아들 스물다섯 명과 딸 아홉 명을 낳았습니다.

① 불교를 장려했다.
② 백성의 세금을 줄였다.
③ 발해 유민을 받아들였다.
④ 호족을 자신의 편으로 만들었다.
⑤ 가난한 사람들이 굶주리지 않도록 힘썼다.

관련 단원: 1. ❷ 독창적 문화를 발전시킨 고려

06 거란의 침입에 대한 고려의 대응으로 알맞은 것을 두 가지 고르시오. [6점] (,)

① 강감찬이 귀주에서 거란군을 크게 물리쳤다.
② 서희가 소손녕과 담판을 벌여 거란을 물러나게 했다.
③ 고려는 강화도로 도읍을 옮기고 거란과 맞서 싸웠다.
④ 한산도 대첩에서 학익진 전법으로 거란을 크게 무찔렀다.
⑤ 부처의 힘으로 거란을 물리치고자 팔만대장경을 만들었다.

관련 단원: 1. ❷ 독창적 문화를 발전시킨 고려

07 다음에서 설명하는 고려의 문화유산을 쓰시오.

> • 오늘날 전해지는 금속 활자 인쇄본 중 가장 오래된 것입니다.
> • 유럽에서 만든 금속 활자보다 70여 년 이상 앞서 제작되었습니다.

( )

관련 단원: 1. ❸ 민족 문화를 지켜 나간 조선

08 다음 ☐ 안에 들어갈 나라는 무엇입니까? ( )

> 신진 사대부와 신흥 무인 세력의 등장 → 위화도 회군 → 토지 제도 개혁 → 정몽주 제거 → ☐의 건국

① 신라 ② 백제 ③ 조선
④ 고려 ⑤ 발해

관련 단원: 1. ❸ 민족 문화를 지켜 나간 조선

09 해와 달, 별의 움직임을 관찰할 수 있는 과학 기구는 무엇입니까? ( )

① 측우기 ② 자격루 ③ 혼천의
④ 『칠정산』 ⑤ 앙부일구

관련 단원: 1. ❸ 민족 문화를 지켜 나간 조선

10 조선 시대 상민의 생활 모습으로 알맞은 것에 ◯표를 하시오.

(1)
◈ 의학, 법률에 관한 일을 했음.

(2)
◈ 농사를 짓고 세금을 냈음.

( ) ( )

관련 단원: 2. ❶ 새로운 사회를 향한 움직임

11 영조와 정조의 개혁 정책에 대한 설명으로 알맞지 않은 것은 어느 것입니까? ( )

① 영조와 정조는 세도 정치를 펼쳤다.
② 영조는 탕평책을 펼치고 정치를 안정시켰다.
③ 정조는 규장각을 설치해 인재들을 길러 냈다.
④ 영조는 세금을 줄였고 큰 죄를 지은 사람이 세 번 재판받을 수 있도록 했다.
⑤ 정조는 수원 화성을 건설해 정치·군사·경제의 새로운 중심지로 만들고자 했다.

서술형·논술형 문제 관련 단원: 2. ❶ 새로운 사회를 향한 움직임

12 다음은 흥선 대원군의 정책을 정리한 표입니다. [총 10점]

세금 제도 개혁	양반도 세금을 내게 했음.
㉠ 중건	임진왜란 때 불탔던 ㉠을 고쳐 지었음.
서원 정리	㉡

(1) 위 ㉠에 공통으로 들어갈 궁궐을 쓰시오. [3점]
( )

(2) 위 ㉡에 들어갈 알맞은 내용을 쓰시오. [7점]
_____
_____

관련 단원: 2. ❶ 새로운 사회를 향한 움직임

13 다음 설명과 관련 있는 사건은 어느 것입니까? ( )

> 김옥균 등 급진 개화파 사람들이 우정총국 개국 축하 잔치를 틈타 일으킨 정변

① 갑오개혁 ② 갑신정변
③ 을미사변 ④ 3·1 운동
⑤ 동학 농민 운동

관련 단원: 2. ❷ 일제의 침략과 광복을 위한 노력

14 다음 ㉠, ㉡에 들어갈 말이 알맞게 짝 지어진 것은 어느 것입니까? (　　　)

> 일제가 1905년 　㉠　을 맺고 대한 제국의 외교권을 빼앗자 　㉡　은/는 하얼빈역에서 이토 히로부미를 처단했습니다.

	㉠	㉡
①	을사늑약	고종
②	을사늑약	안중근
③	강화도 조약	김구
④	강화도 조약	이승만
⑤	강화도 조약	안창호

서술형·논술형 문제 ✏️   관련 단원: 2. ❷ 일제의 침략과 광복을 위한 노력

15 다음은 1919년에 있었던 사건을 다룬 기사입니다. [총 10점]

> **한국인의 대규모 만세 운동!**
> 일제의 강압적인 통치가 계속되는 가운데, 민족 대표들은 독립 선언서를 발표했고, 학생과 시민들은 서울 종로의 탑골 공원에서 독립 선언서를 낭독하고 만세 시위를 벌였다.

(1) 윗글과 관련 있는 독립운동을 **보기**에서 찾아 ○표를 하시오. [3점]

> **보기**
> • 3·1 운동   • 광주 학생 항일 운동

(2) 위 (1)번 답의 의의를 쓰시오. [7점]

_____

_____

관련 단원: 2. ❷ 일제의 침략과 광복을 위한 노력

16 한인 애국단을 조직해 독립운동의 새로운 힘을 불어넣었던 사람은 누구입니까? (　　　)

① 김구   ② 이승만   ③ 김좌진
④ 홍범도   ⑤ 안창호

관련 단원: 2. ❷ 일제의 침략과 광복을 위한 노력

17 1930년대 후반 일제가 한국인의 민족의식을 없애기 위해 실시했던 정책은 어느 것입니까? (　　　)

① 탕평책   ② 세도 정치
③ 태형 제도   ④ 헌병 경찰 제도
⑤ 민족 말살 정책

관련 단원: 2. ❸ 대한민국 정부의 수립과 6·25 전쟁

18 다음 ㉠ 시기에 있었던 일은 어느 것입니까? (　　　)

> 모스크바 3국 외상 회의 ➡ ㉠ 미소 공동 위원회 ➡ 남한만의 단독 선거

① 북한 정권의 수립
② 5·10 총선거 실시
③ 대한민국 임시 정부 수립
④ 미군과 소련군의 한반도 철수
⑤ 신탁 통치를 둘러싼 사람들 사이의 갈등

관련 단원: 2. ❸ 대한민국 정부의 수립과 6·25 전쟁

19 제헌 국회가 한 일로 알맞지 **않은** 것을 두 가지 고르시오. (　　　,　　　)

① 헌법을 제정했다.
② 독립운동을 지휘했다.
③ 신탁 통치를 실시했다.
④ 투표를 통해 대통령을 뽑았다.
⑤ 나라 이름을 '대한민국'으로 정했다.

관련 단원: 2. ❸ 대한민국 정부의 수립과 6·25 전쟁

20 6·25 전쟁의 전개 과정에 대해 바르게 말한 어린이를 쓰시오.

> 민규: 국제 연합은 북한군의 남침을 침략 행위로 규정하고 국제 연합군을 남한에 파견했어.
> 정환: 미군이 북한을 도와 전쟁에 개입하면서 국군과 국제 연합군은 서울을 내주고 후퇴했어.

(　　　　　　　)

과학

5·2

🖋 9종 검정 교과서 공통 핵심 개념을 알아볼까?

① 과학 탐구 — 158쪽

우리 예상과 실험 결과가 달라.

그래도 결과를 정확히 기록해야 해.

■ 실험할 때 유의할 점
• 실험 중 관찰한 내용과 측정 결과를 정확히 기록하고, 예상과 달라도 기록을 고치거나 내용을 빼지 않습니다.

② 생물과 환경 — 162쪽

생물 요소는 살아 있는 것이야.

공기   햇빛   물   돌

비생물 요소는 살아 있지 않은 것이야.

■ 생태계
• 생태계는 동·식물 등의 생물 요소와 온도, 햇빛, 물, 공기 등의 비생물 요소로 구성되어 있습니다.

③ 날씨와 우리 생활 — 168쪽

습도가 높군! 신나.

곰팡이

에취

습도가 낮군! 감기에 걸려라!

감기균

■ 습도
• 습도가 높으면 곰팡이가 피기 쉽고, 습도가 낮으면 감기에 걸리기 쉽습니다.

④ 물체의 운동 — 174쪽

1초 동안 얼마나 이동했지?

자동차의 속력은 커.

부우웅

■ 속력
• 속력은 단위 시간 동안 물체가 이동한 거리입니다.
• 속력은 물체가 이동한 거리를 걸린 시간으로 나누어 구합니다.

⑤ 산과 염기 — 180쪽

붉게 변한 분 이쪽!

푸른색

묽은 염산   식초

빨래비눗물   석회수

붉은색

푸르게 변한 분 이쪽!

■ 지시약으로 용액 분류하기
• 산성 용액은 푸른색 리트머스 종이를 붉은색으로, 염기성 용액은 붉은색 리트머스 종이를 푸른색으로 변하게 합니다.

1. 과학 탐구

◉ 탐구 문제를 정하고 가설 세우기

① 문제 인식: 자연 현상을 관찰하며 생기는 의문을 탐구 문제로 분명하게 나타내는 것

② 탐구 문제를 정할 때 생각할 점

> • 스스로 탐구할 수 있어야 합니다.
> • 탐구 준비물을 쉽게 구할 수 있어야 합니다.
> • 탐구하고 싶은 내용이 분명하게 드러나야 합니다.

③ 가설: 탐구 문제에 대해 미리 생각해 본 답

④ 가설을 세울 때 생각할 점

> • 알아보려는 내용이 분명히 드러나야 합니다.
> • 누구나 이해할 수 있도록 쉽고 간결해야 합니다.
> • 탐구를 거쳐 가설이 맞는지 틀리는지 확인할 수 있어야 합니다.
> • 탐구 문제에 영향을 주는 것이 무엇인지, 어떤 영향을 줄지 생각해 봅니다.

◉ 실험을 계획하고 실험하기

① 실험에서 다르게 해야 할 조건과 같게 해야 할 조건을 정합니다. → 알아내려는 조건은 다르게 하고, 그 이외의 조건은 모두 같게 해야 합니다.

천재교육

> 예 탐구 문제: 빨래를 어떻게 널면 더 잘 마를까?
> 가설: 빨래를 펼쳐서 널면 더 잘 마를 것이다.

다르게 해야 할 조건	빨래가 놓인 모양
같게 해야 할 조건	기온, 빨래의 종류와 크기, 햇빛의 세기, 바람의 세기 등

② 실험 기간, 실험 장소, 준비물, 실험 순서, 역할 분담, 주의할 점 등을 고려합니다.

③ 실험할 때 유의할 점 → 주변에 위험 요소는 없는지 확인하고 안전 수칙에 따라 실험합니다.

> • 같게 해야 할 조건이 잘 유지되도록 합니다.
> • 관찰한 내용과 측정 결과를 정확히 기록하고, 예상과 달라도 고치거나 빼지 않습니다.
> • 실험을 여러 번 반복하면 보다 정확한 결과를 얻을 수 있습니다.

◉ 자료를 해석하고 결론 내리기
천재교육, 김영사, 동아, 미래엔, 아이스크림, 지학사

① 자료 변환: 실험으로 얻은 자료를 표나 그래프 등으로 변환하는 것 → 실험 결과를 한눈에 비교하기 쉽습니다.

> 예 페트리 접시의 무게 변화 측정 결과

건조 시간(분)	0	1	2	3	4	5
펼친 헝겊이 놓인 페트리 접시의 무게(g)	31.3	31.1	31.1	31.0	31.0	30.9
접은 헝겊이 놓인 페트리 접시의 무게(g)	31.3	31.2	31.2	31.1	31.1	31.0

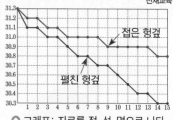
천재교육

◈ 표: 결과를 체계적으로 정리할 수 있음.

◈ 그래프: 자료를 점, 선, 면으로 나타내어 정리할 수 있음.

② 자료 해석: 자료 변환한 실험 결과에서 자료 사이의 관계나 규칙을 찾는 것

③ 결론 도출: 가설이 맞는지 틀리는지 판단하고, 탐구 문제의 결론을 내는 것

> • 수집한 자료가 정확한지 검토해야 합니다.
> • 실험으로 얻은 자료와 해석을 근거로 결론을 내려야 합니다.
> • 실험 결과가 가설과 다르다면 가설과 다른 원인을 찾거나 다시 실험해서 확인해 보아야 합니다.

◉ 탐구 결과 발표하기
천재교과서, 금성, 김영사, 미래엔, 아이스크림, 지학사

① 발표 자료에는 탐구 문제, 탐구한 사람, 시간과 장소, 준비물, 탐구 순서, 결과, 탐구를 통해 알게 된 것과 더 알아보고 싶은 것 등이 들어가야 합니다.

② 시청각 설명, 포스터, 시연 등 탐구 결과를 효과적으로 전달할 수 있는 발표 방법을 정해야 합니다.

③ 발표자는 너무 빠르지 않게 친구들이 잘 알아들을 수 있는 크기로 또박또박 말하고, 듣는 사람은 발표자를 바라보며 궁금한 점을 기록해 둡니다. → 발표가 끝난 뒤 질문합니다.

◉ 새로운 탐구 시작하기
천재교과서, 김영사, 미래엔, 아이스크림, 지학사

① 탐구한 내용 중 궁금한 점이나 더 탐구하고 싶은 내용을 새로운 탐구 주제로 정합니다.

② 새로운 탐구 문제를 위한 탐구 계획을 세웁니다.

01 자연 현상을 관찰하며 생기는 의문을 [   ](으)로 분명하게 나타내는 것을 문제 인식이라고 합니다.

02 (스스로 탐구할 수 있는 / 혼자서 탐구할 수 없는) 문제가 적절한 탐구 문제입니다.

03 가설이란 탐구 문제에 대해 미리 생각해 본 [   ]입니다.

04 실험을 계획할 때, 실험에서 [   ] 해야 할 조건과 같게 해야 할 조건을 정합니다.

05 탐구를 통해 알아내려는 조건은 다르게 하고, 그 이외의 조건은 모두 (다르게 / 같게) 해야 합니다.

06 실험을 여러 번 [   ]하면 보다 정확한 결과를 얻을 수 있습니다.

07 실험으로 얻은 자료를 표나 그래프 등으로 변환하면 실험 결과를 한눈에 비교하기 (쉽습니다 / 어렵습니다).

08 결론 도출이란 [   ]이/가 맞는지 틀리는지 판단하고, 탐구 문제의 결론을 내는 것입니다.

09 탐구 결과 발표 시간에 발표를 듣는 사람은 발표자를 바라보며 [   ]을/를 기록해 둡니다.

10 탐구를 통해 알게 된 점과 더 탐구하고 싶은 내용 중 새로운 탐구 주제로 적절한 것은 어느 것입니까?

과
학

* 배점이 표시되어 있지 않은 문제는 문제당 6점입니다.

천재교육, 천재교과서, 금성, 김영사, 동아, 미래엔, 아이스크림, 지학사

01 다음에서 설명하는 탐구 기능은 어느 것입니까?
(   )

> 자연 현상을 관찰하며 생기는 의문을 탐구 문제로 분명하게 나타내는 것입니다.

① 문제 인식   ② 가설 설정   ③ 자료 변환
④ 자료 해석   ⑤ 결론 도출

천재교육, 천재교과서, 금성, 김영사, 동아, 미래엔, 아이스크림, 지학사

02 다음 중 탐구 문제로 가장 적절한 것은 어느 것입니까?
(   )

① 동물의 수명은 얼마일까?
② 남극의 일교차는 얼마일까?
③ 동전 하나의 무게는 얼마일까?
④ 화성에서 초를 붙이면 어떻게 될까?
⑤ 딸기가 가장 잘 자라는 온도는 몇 도일까?

천재교육, 김영사, 동아, 미래엔

03 다음과 같이 탐구 결과에 대해 미리 생각해 본 답을 의미하는 것은 무엇입니까? (   )

예상 결과	각설탕의 크기가 작을수록 물에 녹는 데 걸리는 시간이 더 짧다.

① 탐구   ② 가설   ③ 자료
④ 조건   ⑤ 결론

천재교육, 김영사, 동아, 미래엔

04 다음 보기 에서 가설을 세울 때 생각할 점으로 옳지 않은 것을 골라 기호를 쓰시오.

> **보기**
> ㉠ 나만 이해할 수 있도록 간결해야 합니다.
> ㉡ 탐구 문제에 영향을 주는 것을 생각해 봅니다.
> ㉢ 탐구를 통해 알아보려는 내용이 분명히 드러나야 합니다.

(   )

[05~06] 다음은 은영이의 실험 계획서 일부입니다. 물음에 답하시오.

탐구 문제	㉠	
가설	빨래를 펼쳐서 널면 더 잘 마를 것이다.	
㉡		㉢
빨래가 놓인 모양		기온, 햇빛의 세기, 바람의 세기, 빨래의 종류와 크기 등

천재교육

05 다음 중 위 실험 계획서의 ㉠에 들어갈 탐구 문제로 적절한 것은 어느 것입니까? (   )

① 빨래를 몇 시에 하는 것이 좋을까?
② 빨래를 어떻게 널면 더 잘 마를까?
③ 빨래가 잘 마르는 기온은 얼마일까?
④ 빨래를 널 때 바람의 방향을 고려해야 할까?
⑤ 빨래를 분류하는 효과적인 방법은 무엇일까?

천재교육, 김영사, 동아, 아이스크림, 지학사

06 다음 중 위 실험 계획서의 ㉡과 ㉢에 들어갈 알맞은 말을 골라 각각 쓰시오.
중요!

> 다르게 해야 할 조건, 같게 해야 할 조건, 측정할 것, 주의할 점, 준비물

㉡ (   )
㉢ (   )

서술형·논술형 문제 ✎ 천재교육, 천재교과서, 금성, 김영사, 동아, 미래엔, 아이스크림, 지학사

07 다음은 실험할 때 유의할 점을 정리한 것입니다. 이외에 유의할 점을 한 가지 쓰시오. [10점]

> • 같게 해야 할 조건이 잘 유지되도록 합니다.
> • 관찰한 내용과 측정 결과를 정확히 기록하고, 예상과 달라도 고치거나 빼지 않습니다.

실험을 여러 번 ①[   ] 하면 보다 ②[   ]

결과를 얻을 수 있다.

08 다음은 실험 결과를 정리하는 방법에 대한 설명입니다. ☐ 안에 공통으로 들어갈 알맞은 말을 쓰시오.

> • 실험 결과를 표나 그래프의 형태로 바꾸어 나타내는 것을 ☐☐☐(이)라고 합니다.
> • ☐☐☐을/를 하면 자료를 한눈에 비교하여 이해하기 쉽습니다.

(   )

서술형·논술형 문제 ✎

09 다음은 자료 변환 형태의 종류와 특징을 정리한 것입니다. 표의 특징을 한 가지 쓰시오. [10점]

구분	특징
표	
그래프	자료를 점이나 선, 면으로 나타낼 수 있음.

---

10 다음에서 설명하는 탐구 기능은 어느 것입니까?

(   )

> 표나 그래프로 나타낸 실험 결과에서 자료 사이의 관계나 규칙을 찾는 것입니다.

① 가설 설정   ② 변인 통제   ③ 자료 해석
④ 결론 도출   ⑤ 결과 발표

---

11 다음 중 결론 도출에 대해 잘못 말한 친구를 쓰시오.

> 정윤: 가설이 맞는지 판단하는 과정이야.
> 혜지: 실험으로 얻은 자료를 근거로 해야 해.
> 민성: 수집한 자료가 정확한지 검토해야 해.
> 나은: 실험은 반복하면 안 되므로 결과가 가설과 달라도 그대로 실험을 마무리해야 해.

(   )

---

12 다음 중 탐구 결과 발표 자료에 들어가야 하는 내용으로 옳지 **않은** 것은 어느 것입니까? (   )

① 준비물   ② 탐구 장소
③ 탐구 결과   ④ 탐구 문제
⑤ 장난치며 탐구한 사람

---

13 탐구 결과를 효과적으로 전달할 수 있는 발표 방법을 한 가지 쓰시오.

(   )

---

14 다음 중 새로운 탐구 문제를 정하는 방법으로 옳은 것을 두 가지 고르시오. (,   )

① 멋진 주제로 정한다.
② 쉬운 주제로 정한다.
③ 결론을 알고 있는 주제로 정한다.
④ 탐구한 내용 중 궁금한 점으로 정한다.
⑤ 탐구가 끝난 뒤, 더 탐구하고 싶은 내용으로 정한다.

⭐ **15**   중요!

다음 보기 를 탐구 과정 순서에 맞게 기호를 쓰시오.

[8점]

> **보기**
> ㉠ 실험하기
> ㉡ 가설 세우기
> ㉢ 실험 계획하기
> ㉣ 결론 도출하기
> ㉤ 탐구 문제 정하기
> ㉥ 자료 변환하고 해석하기

(,   ,   ,   ,   ,   )

2. 생물과 환경

생태계

① 뜻: 어떤 장소에서 생물과 생물을 둘러싸고 있는 환경이 서로 영향을 주고받는 것

② 생태계를 이루는 구성 요소

생물 요소	생산자	햇빛을 이용하여 스스로 양분을 만드는 생물 ⑩ 식물
	소비자	스스로 양분을 만들지 못하고 다른 생물을 먹이로 하여 살아가는 생물 ⑩ 동물
	분해자	주로 죽은 생물이나 배출물을 분해하여 양분을 얻는 생물 ⑩ 곰팡이, 세균, 버섯
비생물 요소		햇빛, 돌, 물, 흙, 공기 등

생물의 먹이 관계 → 실제 생태계에서 생물의 먹이 관계는 먹이 그물의 형태입니다.

먹이 사슬	먹이 그물
먹이 관계가 사슬처럼 연결되어 있음.	여러 개의 먹이 사슬이 얽혀 그물처럼 연결되어 있음.

생태계 평형

① 뜻: 어떤 지역에 사는 생물의 종류와 수 또는 양이 균형을 이루며 안정된 상태를 유지하는 것

② 생태계 평형이 깨어지는 원인

• 자연재해(산불, 홍수, 가뭄, 지진 등)

산불

홍수

• 사람에 의한 자연 파괴(도로나 댐 건설 등)

도로 건설

댐 건설

비생물 요소가 생물에 미치는 영향

흙	생물이 사는 장소를 제공함.
공기	생물이 숨을 쉴 수 있게 해 줌.
물	• 생물이 생명을 유지하는 데 꼭 필요함. • 물을 준 콩나물은 길쭉하게 자라고, 물을 주지 않은 콩나물은 시듦.
햇빛	• 식물이 양분을 만들 때 필요함. • 꽃이 피는 시기, 동물의 번식 시기에도 영향을 줌. • 햇빛을 받은 콩나물의 떡잎은 초록색이고, 햇빛을 받지 못한 콩나물의 떡잎은 노란색임.
온도	• 동물의 털갈이, 철새의 이동 등에 영향을 줌. • 생물의 생활 방식과 나뭇잎에 단풍이 들고 낙엽이 지는 데 영향을 줌.

다양한 환경에 적응한 생물
→ 생물이 오랜 기간에 걸쳐 사는 곳의 환경에 알맞은 생김새와 생활 방식을 갖게 되는 것

① 생김새를 통해 서식지 환경에 적응한 생물: 선인장의 가시 모양의 잎과 두꺼운 줄기, 북극곰의 두꺼운 털과 지방층, 사막여우와 북극여우의 털색과 귀의 크기 등

② 생활 방식을 통해 서식지 환경에 적응한 생물: 잎자루에 공기 주머니가 있어 물에 뜰 수 있는 부레옥잠, 곰과 다람쥐의 겨울잠 등

환경 오염이 생물에 미치는 영향

① 환경 오염: 사람들의 활동으로 자연환경이나 생활 환경이 더럽혀지거나 훼손되는 것

종류	토양 오염	수질 오염	대기 오염
원인	생활 쓰레기, 농약 사용 등	공장 폐수, 생활 하수, 바다에서의 기름 유출 등	자동차나 공장의 매연 등

② 환경 오염을 줄일 수 있는 생활 습관 ⑩

• 샤워 시간 1분간 줄이기

• 다회용 물병 가지고 다니기

• 음식을 남기지 않고 다 먹기

• 물티슈 대신 손수건 사용하기

• 자동차 대신 자전거나 대중교통 이용하기

 쪽지시험

01 생태계의 구성 요소 중 살아 있는 것은 (생물 요소 / 비생물 요소)입니다.

02 숲 생태계에서 햇빛, 돌, 물, 흙, 공기는 [   ] 요소입니다.

03 생물 요소 중 주로 죽은 생물이나 배출물을 분해하여 양분을 얻는 생물을 [   ](이)라고 합니다.

04 생물들의 먹고 먹히는 관계가 사슬처럼 연결되어 있는 것을 (먹이 사슬 / 먹이 그물)이라고 합니다.

05 어떤 지역에 사는 생물의 종류와 수 또는 양이 [   ]을/를 이루며 안정된 상태를 유지하는 것을 생태계 평형이라고 합니다.

06 생태계 평형이 깨어지는 원인에는 산불, 홍수, 가뭄, 지진 등과 같은 (자연재해 / 사람에 의한 자연 파괴)가 있습니다.

07 물이 콩나물의 자람에 미치는 영향을 알아보기 위한 실험에서 다르게 해야 할 조건은 콩나물에 주는 [   ]의 양입니다.

08 꽃이 피는 시기와 동물의 번식 시기에 영향을 주고, 식물이 양분을 만들 때 필요한 비생물 요소는 (세균 / 햇빛)입니다.

09 사막여우와 북극여우의 [   ]은/는 서식지 환경과 비슷하여 적으로부터 몸을 숨기거나 먹잇감에 접근하기 유리합니다.

10 (생활 하수 / 쓰레기 분리수거)는 수질 오염의 원인입니다.

정답 ◆ 꼼꼼 풀이집 38쪽

* 배점이 표시되어 있지 않은 문제는 문제당 4점입니다.

01 어떤 장소에서 생물과 생물을 둘러싸고 있는 환경이 서로 영향을 주고받는 것을 무엇이라고 하는지 쓰시오.

9종 공통

(   )

02 다음 중 비생물 요소는 어느 것입니까? (   )

9종 공통

① 매   ② 흙   ③ 토끼
④ 검정말   ⑤ 개구리

03 다음 중 생물 요소가 양분을 얻는 방법으로 옳지 <u>않은</u> 것은 어느 것입니까? (   )

9종 공통

중요!

① 독수리는 다른 생물을 먹어서 양분을 얻는다.
② 배추는 햇빛을 이용하여 스스로 양분을 만든다.
③ 소나무는 햇빛을 이용하여 스스로 양분을 만든다.
④ 세균은 생물의 배출물을 분해하여 양분을 얻는다.
⑤ 곰팡이는 비생물 요소를 이용하여 스스로 양분을 만든다.

04 다음 중 소비자에 해당하는 생물 요소는 어느 것입니까?

9종 공통

(   )

❂ 배추

❂ 세균

❂ 검정말

❂ 북극여우

서술형·논술형 **문제** ✎

05 다음과 같은 방법으로 양분을 얻는 생물을 무엇이라고 하는지 쓰고, 해당하는 생물 요소의 예를 한 가지 쓰시오.

9종 공통

[8점]

> 주로 죽은 생물이나 배출물을 분해하여 양분을 얻습니다.

① [   ] (이)라고 하며, ② [   ]

등이 있다.

06 다음 중 벼와 같은 방법으로 양분을 얻어 살아가는 생물은 어느 것입니까? (   )

9종 공통

① 나비   ② 곰팡이
③ 토끼풀   ④ 왜가리
⑤ 잠자리

07 다음 보기 에서 생태계를 구성하는 생물의 먹이 관계에 대한 설명으로 옳은 것을 골라 기호를 쓰시오.

9종 공통

보기

㉠ 모든 생물의 먹이는 같습니다.
㉡ 모든 생물은 한 가지 생물에게 잡아먹힙니다.
㉢ 생물 요소는 서로 먹고 먹히는 관계에 있습니다.

(   )

[08~10] 다음은 생물의 먹이 관계를 나타낸 것입니다. 물음에 답하시오.

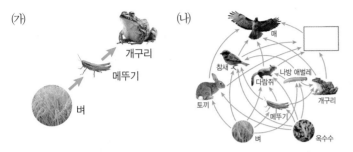

(가)
개구리
메뚜기
벼

(나)
매
참새
나방 애벌레
다람쥐
토끼
개구리
메뚜기
벼
옥수수

08 위 (나)의 □ 안에 들어갈 알맞은 생물을 한 가지 쓰시오.

( )

09 위 (가)와 (나) 중 여러 생물들이 함께 살아가기에 유리한 먹이 관계의 기호를 쓰시오.
중요!

( )

10 다음 보기 에서 위의 생물의 먹이 관계에 대한 설명으로 옳지 <u>않은</u> 것을 골라 기호를 쓰시오.

보기
㉠ (가)와 (나)의 공통점은 없습니다.
㉡ (나)는 여러 개의 먹이 사슬이 얽혀 있는 먹이 그물입니다.
㉢ (가)는 생물의 먹이 관계가 한 방향으로 연결되어 있습니다.

( )

---

11 다음 보기 에서 생태계 평형에 대한 설명으로 옳은 것을 골라 기호를 쓰시오.

보기
㉠ 생물들의 먹고 먹히는 관계를 말합니다.
㉡ 사람들의 활동으로 자연환경이나 생활 환경이 더럽혀지거나 훼손되는 것을 말합니다.
㉢ 어떤 지역에 사는 생물의 종류와 수 또는 양이 균형을 이루며 안정된 상태를 유지하는 것입니다.

( )

서술형·논술형 **문제** 　　천재교육, 천재교과서, 김영사, 미래엔, 아이스크림

12 다음은 어느 국립 공원의 생물 이야기입니다. [총 12점]

공원의 늑대는 사슴 등을 먹이로 살아갔습니다. 그런데 사람들의 무분별한 사냥으로 늑대는 공원에서 사라졌습니다. 이후 사슴의 수는 빠르게 늘어났고, 이 사슴들이 강가의 나무를 먹어 치우면서 비버가 거의 사라졌습니다.

(1) 위 국립 공원에서 생태계 평형이 깨어진 까닭을 쓰시오. [4점]

( )

(2) 위 국립 공원에 늑대를 다시 데려오게 되면 일어날 수 있는 일을 한 가지 쓰시오. [8점]

_____

_____

천재교육, 천재교과서, 김영사, 미래엔

13 다음은 햇빛과 물이 콩나물의 자람에 미치는 영향을 알아보는 실험 조건입니다. 일주일 이상 관찰한 결과 ㉠~㉣ 중에서 콩나물이 가장 잘 자라는 경우는 어느 것인지 기호를 쓰시오.

햇빛이 잘 드는 곳에 놓아둔 콩나물		어둠상자로 덮어 놓은 콩나물	
물을 줌.	물을 주지 않음.	물을 줌.	물을 주지 않음.
㉠	㉡	㉢	㉣

( )

9종 공통

14 다음은 비생물 요소가 생물에 미치는 영향입니다. ☐ 안에 들어갈 알맞은 말을 보기 에서 골라 기호를 쓰시오.

> ☐은/는 동물의 털갈이와 철새의 이동, 식물의 단풍 등에 영향을 줍니다.

보기
㉠ 돌   ㉡ 구름   ㉢ 온도

(   )

서술형·논술형 문제 ✎
천재교과서
15 다음은 다양한 환경에 적응한 생물입니다. [총 12점]

북극곰

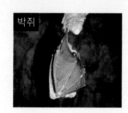
박쥐

(1) 위 생물 중 어두운 동굴 속에 살면서 먹잇감을 찾고 빠르게 날아다닐 수 있는 생물을 쓰시오.
[4점]

(   )

(2) 위 (1)번 답의 생물이 어두운 동굴 환경에 적응한 특징을 한 가지 쓰시오. [8점]

_____

_____

천재교과서, 김영사, 미래엔, 지학사
16 오른쪽의 여우가 잘 살아갈 수 있는 서식지를 보기 에서 골라 기호를 쓰시오.

보기
㉠ 울창한 숲
㉡ 추운 극지방
㉢ 모래가 많은 사막

(   )

천재교과서, 김영사
17 다음 중 물이 많은 환경에 적응해 잎자루에 공기 주머니가 있어 물에 뜰 수 있는 생물은 어느 것입니까? (   )

① 벼   ② 토끼풀
③ 검정말   ④ 도토리
⑤ 부레옥잠

9종 공통
18 다음 중 환경 오염이 생물에 미치는 영향으로 옳지 않은 것은 어느 것입니까? (   )

① 강물이 오염되어 물고기가 죽는다.
② 자동차의 매연 때문에 식물이 잘 자란다.
③ 쓰레기를 땅속에 묻으면 토양이 오염되어 악취가 난다.
④ 오염된 공기 때문에 동물의 호흡 기관에 이상이 생긴다.
⑤ 유조선의 기름이 유출되어 생물의 서식지가 파괴된다.

9종 공통
19 다음 중 환경 오염의 원인이 <u>아닌</u> 것은 어느 것입니까?
(   )

① 농약 사용   ② 공장 폐수
③ 생활 쓰레기   ④ 자원 재활용
⑤ 유조선의 기름 유출

9종 공통
20 다음 중 생태계 보전을 위해 우리가 실천할 수 있는 방법으로 가장 알맞은 것은 어느 것입니까? (   )

① 나무를 심는다.
② 길거리에 쓰레기를 버린다.
③ 일회용품을 자주 사용한다.
④ 전기를 절대 사용하지 않는다.
⑤ 짧은 거리는 자동차로 이동한다.

9종 공통

1 다음은 연못 생태계의 생물 요소를 양분을 얻는 방법에 따라 분류한 것입니다. [총 12점]

㉠	소비자	㉡
연꽃, 검정말	개구리, 붕어	세균, 곰팡이

(1) 위의 ㉠, ㉡에 들어갈 알맞은 말을 각각 쓰시오.
[4점]

㉠ (   )

㉡ (   )

(2) 위 (1)번의 ㉡에 해당하는 모든 생물 요소가 사라진다면 생태계에 일어날 수 있는 일을 한 가지 쓰시오. [8점]

_____

_____

천재교육, 천재교과서, 김영사, 미래엔

2 다음은 햇빛과 물의 조건을 각각 달리하여 7일 동안 콩나물이 자라는 모습을 관찰한 결과입니다. [총 12점]

구분	㉠	㉡	㉢	㉣
모습	햇빛 ○ 물 ○	햇빛 ○ 물 ✕	햇빛 ✕ 물 ○	햇빛 ✕ 물 ✕

(1) 위의 ㉢과 ㉣ 콩나물 떡잎의 색깔이 노란색인 것은 어떤 비생물 요소의 영향인지 쓰시오. [4점]
(   )

(2) 위 (1)번 답이 콩나물의 자람에 어떤 영향을 미치는지 콩나물이 자란 모습을 비교하여 쓰시오.
[8점]

_____

_____

천재교육

3 다음은 환경에 적응한 생물의 모습입니다. [총 12점]

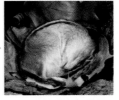
○ 다람쥐

○ 북극여우

(1) 위의 생물 중 생활 방식을 통해 서식지 환경에 적응한 생물을 쓰시오. [4점]
(   )

(2) 위 (1)번 답의 생물이 어떤 생활 방식을 통해 환경에 적응하였는지 쓰시오. [8점]

_____

_____

9종 공통

4 다음은 우리가 생활에서 실천할 수 있는 생태계 보전 방법입니다. 이 방법이 생태계를 보전하는 데 어떻게 도움이 되는지 각각 쓰시오. [총 12점]

	방법	생태계 보전에 도움이 되는 점
(1)	자전거 타기 [6점]	자전거를 탈 때는 배기가스가 나오지 않으므로, _____ _____
(2)	일회용품 사용 줄이기 [6점]	우리가 쓰는 일회용품을 만드는 데 필요한 _____ _____

● 습도

① 습도: 공기 중에 수증기가 포함된 정도로, 건습구 습도계로 측정할 수 있습니다.

② 습도와 우리 생활

습도가 높을 때	음식물이 부패하기 쉽고, 빨래가 잘 마르지 않음.
습도가 낮을 때	감기에 걸리거나 산불이 발생하기 쉬움.

● 이슬, 안개, 구름

① 이슬과 안개 발생 실험하기   김영사, 비상, 아이스크림

이슬 발생 실험하기	안개 발생 실험하기
집기병에 물과 조각 얼음을 넣음.	집기병 안을 데운 뒤 조각 얼음이 담긴 페트리 접시를 올려놓음.
[결과] 집기병 표면에 작은 물방울이 맺힘.	[결과] 집기병 안이 뿌옇게 흐려짐.

② 구름: 수증기가 응결하여 생긴 물방울이나 얼음 알갱이가 하늘 높이 떠 있는 것입니다.

③ 이슬, 안개, 구름의 공통점과 차이점
  • 공통점: 수증기가 응결해 나타나는 현상입니다.
  • 차이점

이슬	• 밤에 차가워진 나뭇가지나 풀잎 표면 등에 공기 중 수증기가 응결함. • 물체 표면에 맺힘.
안개	• 밤에 지표면 근처의 공기가 차가워지면 공기 중 수증기가 응결함. • 지표면 근처에 떠 있음.
구름	• 공기가 위로 올라가 차가워지면 공기 중 수증기가 응결하거나 얼음 알갱이로 변함. • 높은 하늘에 떠 있음.

● 기압 → 공기의 무게 때문에 생기는 힘입니다.

① 고기압과 저기압

고기압	주위보다 상대적으로 기압이 높은 곳
저기압	주위보다 상대적으로 기압이 낮은 곳

② 바람: 기압 차로 공기가 이동하는 것입니다.

● 지면과 수면의 하루 동안 온도 변화

낮	지면이 수면보다 빠르게 데워지므로 지면의 온도가 수면보다 높음.
밤	지면이 수면보다 빠르게 식으므로 지면의 온도가 수면보다 낮음.

● 바람이 부는 방향

① 향 연기의 움직임: 물은 모래보다 천천히 데워져 공기가 물 쪽에서 모래 쪽으로 이동합니다.

→ 물 위는 고기압이 되고, 모래 위는 저기압이 됩니다.   금성, 미래엔

모래   물

② 바닷가에서의 바람   천재교육, 천재교과서, 금성, 김영사, 동아, 미래엔, 아이스크림

낮에 부는 바람	밤에 부는 바람
• 육지가 바다보다 온도가 높으므로 육지 위는 저기압, 바다 위는 고기압이 됨. • 바람은 바다에서 육지로 붊.	• 바다가 육지보다 온도가 높으므로 바다 위는 저기압, 육지 위는 고기압이 됨. • 바람은 육지에서 바다로 붊.

● 우리나라의 계절별 날씨

① 우리나라의 계절별 날씨에 영향을 미치는 공기 덩어리

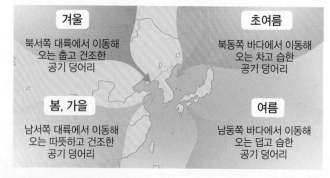

겨울
북서쪽 대륙에서 이동해 오는 춥고 건조한 공기 덩어리

초여름
북동쪽 바다에서 이동해 오는 차고 습한 공기 덩어리

봄, 가을
남서쪽 대륙에서 이동해 오는 따뜻하고 건조한 공기 덩어리

여름
남동쪽 바다에서 이동해 오는 덥고 습한 공기 덩어리

② 봄과 가을은 따뜻하고 건조하고, 여름은 덥고 습하며, 겨울은 춥고 건조합니다. → 우리나라의 날씨는 계절별로 서로 다른 공기 덩어리의 영향을 받습니다.

정답 ▶ 꼼꼼 풀이집 39쪽

01 공기에 수증기가 포함된 정도를 [   ](이)라고 합니다.

02 건구 온도계와 습구 온도계의 온도 차이를 이용하여 습도를 측정하는 도구를 건습구 (온도계 / 습도계)라고 합니다.

03 습도가 (낮을 / 높을) 때는 음식물이 쉽게 부패하고, 습도가 (낮을 / 높을) 때는 산불이 나기 쉽습니다.

04 밤이 되어 기온이 낮아지면 공기 중의 수증기가 나뭇가지나 풀잎 등에 닿아 물방울로 맺히는 것은 [   ]입니다.

05 구름은 수증기가 [   ]하여 생긴 물방울이나 얼음 알갱이가 하늘 높이 떠 있는 것입니다.

06 공기의 무게 때문에 생기는 힘을 (기압 / 수압)이라고 합니다.

07 주위보다 상대적으로 기압이 높은 곳을 [   ](이)라고 하고, 주위보다 상대적으로 기압이 낮은 곳을 [   ](이)라고 합니다.

08 고기압에서 저기압으로 공기가 이동하는 것을 (비 / 바람)(이)라고 합니다.

09 맑은 날 (낮 / 밤)에 바닷가에서 바람은 바다에서 육지로 붑니다.

10 우리나라의 계절 중 [   ]에 주로 영향을 주는 공기 덩어리는 남동쪽 바다에서 이동해 옵니다.

* 배점이 표시되어 있지 않은 문제는 문제당 4점입니다.

[01~02] 오른쪽과 같이 알코올 온도계 두 개를 사용하여 건습구 습도계를 설치하고 습도를 측정하였습니다. 물음에 답하시오.

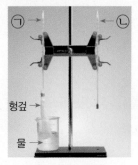

헝겊

물

❏ 건습구 습도계

천재교과서, 김영사, 동아, 비상, 지학사

01 ㉠과 ㉡의 온도계를 무엇이라고 하는지 각각 쓰시오.

㉠ (   )

㉡ (   )

9종 공통

02 위 장치에서 ㉠의 온도가 23 ℃, ㉡의 온도가 28 ℃일 때 아래의 습도표를 보고 현재 습도를 구하시오.

(단위 : %)

건구 온도 (℃)	건구 온도와 습구 온도의 차(℃)			
	5	6	7	8
27	65	58	52	47
28	65	59	53	48
29	65	60	54	49

(   ) %

9종 공통

03 다음 중 습도가 높을 때 나타날 수 있는 현상으로 옳은 것은 어느 것입니까? (   )

① 빨래가 잘 마른다.

② 피부가 건조해진다.

③ 산불이 발생하기 쉽다.

④ 음식물이 부패하기 쉽다.

⑤ 감기와 같은 호흡기 질환이 생기기 쉽다.

[04~06] 다음은 이슬과 안개가 발생하는 원리를 알아보기 위한 실험 장치입니다. 물음에 답하시오.

㉠ 물과 조각 얼음을 넣은 집기병	㉡ 집기병 안을 데운 뒤 조각 얼음이 담긴 페트리 접시를 올려놓은 집기병
물과 조각 얼음 →	조각 얼음

김영사, 비상, 아이스크림

04 다음 중 위 실험 결과 ㉠과 ㉡의 집기병에서 나타나는 현상으로 옳은 것을 두 가지 고르시오.

중요!

(,   )

① ㉠의 집기병이 점점 뜨거워진다.

② ㉡의 집기병 안에 얼음이 생긴다.

③ ㉡의 집기병 안이 뿌옇게 흐려진다.

④ ㉠의 집기병 표면에 물방울이 맺힌다.

⑤ ㉡의 집기병 안에서 '펑'하는 소리가 난다.

김영사, 비상, 아이스크림

05 위 실험 장치 ㉠과 ㉡ 중 다음에서 설명하는 '이것'과 관련이 있는 것의 기호를 쓰시오.

'이것'은 밤에 지표면 근처의 공기가 차가워지면 공기 중 수증기가 응결해 작은 물방울로 떠 있는 것입니다.

(   )

서술형·논술형 문제

9종 공통

06 위 실험 결과를 통해 알 수 있는 이슬과 안개가 생기는 과정의 공통점을 쓰시오. [8점]

공기 중 ① [   ]이/가 ② [   ]해 나타

나는 현상이다.

[07~08] 오른쪽은 뜨거운 물이 든 비커 위에 잘게 부순 얼음과 찬물을 넣고 둥근바닥 플라스크를 고정시킨 모습입니다. 물음에 답하시오.

얼음 + 찬물

뜨거운 물

천재교육

07 위의 둥근바닥 플라스크에서 나타나는 현상으로 옳은 것을 다음 보기 에서 골라 기호를 쓰시오.

보기

㉠ 둥근바닥 플라스크의 온도가 높아집니다.
㉡ 둥근바닥 플라스크 아랫면에 물방울이 맺힙니다.
㉢ 둥근바닥 플라스크 안에서 '펑' 하는 소리가 납니다.

(   )

천재교육

08 다음 중 위의 7번 답에서 나타나는 현상과 비슷한 자연 현상은 어느 것입니까? (   )

① 비   ② 눈   ③ 우박
④ 안개   ⑤ 구름

9종 공통

09 다음은 날씨 현상에 대한 설명입니다. '이것'은 무엇인지 쓰시오.

'이것'은 구름 속 작은 물방울이 합쳐지면서 무거워져 떨어지거나, 크기가 커진 얼음 알갱이가 무거워져 떨어지면서 녹은 것입니다.

(   )

9종 공통

10 다음 중 공기의 무게 때문에 생기는 힘을 뜻하는 말은 어느 것입니까? (   )

① 습도   ② 온도   ③ 날씨
④ 기압   ⑤ 풍향

서술형·논술형 문제
천재교육, 금성, 김영사, 아이스크림

11 다음은 공기의 온도에 따른 공기의 무게를 비교하는 실험입니다. (단, 플라스틱 통의 부피는 같습니다.)

[총 12점]

㉠ 머리말리개
◎ 차가운 공기를 넣은 플라스틱 통

㉡ 플라스틱 통 →
◎ 따뜻한 공기를 넣은 플라스틱 통

(1) ㉠과 ㉡ 중 무게가 더 무거운 플라스틱 통은 어느 것인지 골라 기호를 쓰시오. [4점]

(   )

(2) 위 (1)번 답과 같이 생각한 까닭은 무엇인지 쓰시오. [8점]

_____

_____

9종 공통

12 다음은 기압 차로 일어나는 공기의 이동을 화살표로 나타낸 그림입니다. ㉠과 ㉡에 해당하는 기압을 각각 쓰시오.

㉠ (   )   ㉡ (   )

금성, 미래엔

13 오른쪽과 같이 장치하여 전등을 켰을 때와 껐을 때 모래와 물의 온도 변화를 측정하는 실험을 하였습니다. 실험에서 물이 나타내는 것을 보기 에서 골라 ○표를 하시오.

전등

알코올 온도계

모래   물

보기

태양   바다   육지

천재교육, 금성

14 다음은 육지와 바다의 하루 동안 온도 변화를 나타낸 그래프입니다. 이에 대한 설명으로 옳은 것은 어느 것입니까? ( )

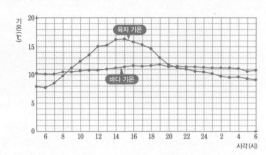

① 육지가 바다보다 더 빨리 식는다.

② 16시 무렵 바다가 육지보다 온도가 높다.

③ 24시 무렵 육지가 바다보다 온도가 높다.

④ 바다의 온도는 육지의 온도보다 항상 낮다.

⑤ 밤에는 육지의 온도가 바다의 온도보다 더 높다.

9종 공통

15 다음 보기 에서 바닷가에서 모래와 바닷물의 온도가 다른 까닭으로 옳은 것을 골라 기호를 쓰시오.

중요!

보기
㉠ 태양 빛의 세기가 다르기 때문입니다.
㉡ 바다가 육지보다 낮은 위치에 있기 때문입니다.
㉢ 모래와 바닷물은 데워지고 식는 빠르기가 다르기 때문입니다.

( )

서술형·논술형 문제

천재교육, 천재교과서, 금성, 김영사, 동아, 미래엔, 아이스크림

16 오른쪽은 밤의 바닷가의 모습입니다. [총 12점]

(1) 위의 ㉠과 ㉡ 중 바람이 부는 방향으로 옳은 것을 골라 기호를 쓰시오. [4점]

( )

(2) 위 (1)번 답과 같이 생각한 까닭을 온도, 기압과 관련지어 쓰시오. [8점]

_____

9종 공통

17 다음은 날씨에 영향을 미치는 것에 대한 설명입니다. □ 안에 공통으로 들어갈 알맞은 말을 쓰시오.

대륙이나 바다와 같이 넓은 곳을 덮고 있는 □□□이/가 한 지역에 오랫동안 머물게 되면 □□□은/는 그 지역의 온도나 습도와 비슷한 성질을 갖게 됩니다.

( )

9종 공통

18 다음 중 우리나라의 남동쪽 바다에서 이동해 오는 공기 덩어리의 성질로 옳은 것은 어느 것입니까? ( )

① 건조하다. ② 차고 습하다.

③ 춥고 건조하다. ④ 덥고 습하다.

⑤ 따뜻하고 건조하다.

9종 공통

19 우리나라로 이동해 오는 위 **18**번 공기 덩어리는 사계절 중 어느 계절에 주로 영향을 미치는지 쓰시오.

( )

금성, 김영사

20 다음은 날씨와 건강에 대한 설명입니다. ( ) 안의 알맞은 말에 ○표를 하시오

덥고 습한 날에는 장시간 야외 활동을 할 경우 (비염 / 열사병)이 올 수 있습니다.

1 다음은 우리 생활에서 나타날 수 있는 현상입니다.

9종 공통

[총 12점]

> 음식물이 부패하기 쉽고, 빨래가 잘 마르지 않습니다.

(1) 위의 현상은 습도가 높을 때와 낮을 때 중 언제 잘 나타나는지 쓰시오. [4점]

　습도가 (　　　　　　　　　　) 때

(2) 위 (1)번 답과 같을 때 습도를 조절할 수 있는 방법을 두 가지 쓰시오. [8점]

_____

_____

2 다음은 이슬과 안개가 발생하는 원리를 알아보기 위한 실험입니다. [총 14점]

김영사, 비상, 아이스크림

㉠ 집기병에 물과 조각 얼음을 넣기	㉡ 집기병 안을 데운 뒤 조각 얼음이 담긴 페트리 접시를 올려놓기

(1) 위 실험 ㉠의 집기병 표면과 실험 ㉡의 집기병 안에서 나타나는 현상을 각각 쓰시오. [8점]

　㉠ 집기병 표면: _____

　㉡ 집기병 안: _____

(2) 위 실험 ㉠과 ㉡에서 일어나는 공통된 현상을 쓰시오. [6점]

_____

_____

3 다음은 육지와 바다의 하루 동안 온도 변화를 나타낸 그래프입니다. [총 12점]

천재교육, 금성

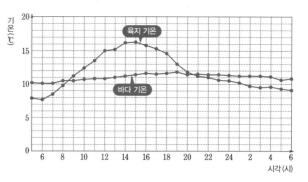

(1) 하루 동안 온도 변화가 더 크게 나타나는 것은 육지와 바다 중 어느 것인지 쓰시오. [4점]

　　　　　(　　　　　　　　　　)

(2) 육지와 바다의 하루 동안 온도 변화가 다르게 나타나는 까닭을 쓰시오. [8점]

_____

_____

4 다음은 우리나라의 어느 계절의 모습입니다. [총 12점]

9종 공통

(1) 위와 같은 날씨는 우리나라 계절 중 어느 계절의 모습인지 쓰시오. [4점]

　　　　　(　　　　　　　　　　)

(2) 위 (1)번 답의 계절 날씨에 영향을 주는 공기 덩어리의 성질을 쓰시오. [8점]

_____

_____

4. 물체의 운동

🌑 물체의 운동

① 뜻: 시간이 지남에 따라 물체의 위치가 변하는 것

② 물체의 운동 나타내기

• 시간이 지남에 따라 물체의 위치가 변할 때 물체가 운동했다고 합니다.

• 물체가 이동하는 데 걸린 시간과 이동한 거리로 나타냅니다. 예 자전거는 1초 동안 2 m를 이동했습니다.

🌑 여러 가지 물체의 운동

① 물체의 빠르기: 물체의 움직임이 빠르고 느린 정도

② 빠르기가 변하는 물체와 빠르기가 일정한 물체의 예

빠르기가 변하는 운동을 하는 물체	기차, 치타, 롤러코스터, 바이킹, 자동차, 움직이는 농구공 등
빠르기가 일정한 운동을 하는 물체	자동길, 자동계단, 리프트, 케이블카, 회전목마, 대관람차 등

→ 일정한 거리를 이동하는 시간으로 빠르기를 비교하는 운동 경기: 수영, 스피드 스케이팅, 육상 경기, 조정, 카누, 봅슬레이, 자동차 경주 등

🌑 같은 거리를 이동하는 물체의 빠르기 비교

① 같은 거리를 이동하는 데 걸린 시간으로 비교합니다.

② 같은 거리를 이동하는 데 걸린 시간이 짧을수록 더 빠릅니다.

❂ 50 m를 달리는 데 걸린 시간 비교

🌑 같은 시간 동안 이동하는 물체의 빠르기 비교

① 같은 시간 동안 이동한 거리로 비교합니다.

② 같은 시간 동안 이동한 거리가 길수록 더 빠릅니다.

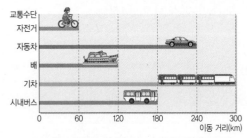

❂ 3시간 동안 여러 교통수단이 이동한 거리 비교

🌑 물체의 속력

→ 1초, 1분, 1시간 등 기준이 되는 시간 단위를 뜻합니다.

① 뜻: 물체가 단위 시간 동안 이동한 거리

② 물체가 빠르게 운동할 때 속력이 크다고 합니다.

③ 속력 구하기

방법	(속력) = (이동 거리) ÷ (걸린 시간)
예	1초 동안 2 m를 이동한 자전거의 속력 = 2 m ÷ 1 s = 2 m/s

④ 속력 나타내기

/는 '매'라고 읽습니다.

단위	읽는 방법
km/h	'시속 ○○ 킬로미터' 또는 '○○ 킬로미터 매 시'
m/s	'초속 ○○ 미터' 또는 '○○ 미터 매 초'

→ 2 m/s는 '초속 이 미터' 또는 '이 미터 매 초'라고 읽습니다.

⑤ 속력을 구하여 걸린 시간과 이동 거리가 모두 다른 여러 물체의 빠르기를 비교할 수 있습니다.

🌑 속력과 관련된 안전장치

① 도로에 설치된 안전장치 예

• 과속 방지 턱: 자동차의 속력을 줄여서 사고를 예방합니다.

• 어린이 보호구역 표지판: 학교 주변 도로에서 자동차의 속력을 제한합니다.

• 과속 단속 카메라: 자동차가 일정한 속력 이상으로 달리지 못하도록 제한합니다.

② 자동차에 설치된 안전장치 예

• 안전띠: 긴급 상황에서 탑승자의 몸을 고정합니다.

• 에어백: 충돌 사고에서 탑승자의 몸에 가해지는 충격을 줄입니다.

🌑 도로 주변에서 지켜야 할 교통안전 수칙 예

① 공은 공 주머니에 넣습니다.

② 버스는 인도에서 기다립니다.

③ 횡단보도에서는 자전거에서 내려 끌고 갑니다.

④ 자전거나 킥보드를 탈 때는 보호 장비를 착용합니다.

⑤ 차가 멈췄는지 확인한 후 손을 들고 횡단보도를 건넙니다.

01 물체의 운동은 물체가 이동하는 데 걸린 시간과 [   ](으)로 나타냅니다.

02 시간이 지남에 따라 물체의 (무게 / 위치)가 변할 때 물체가 운동했다고 합니다.

03 물체의 움직임이 빠르고 느린 정도를 물체의 무엇이라고 합니까?

04 같은 거리를 이동한 물체의 빠르기는 물체의 무엇으로 비교합니까?

05 같은 시간 동안 이동한 물체의 빠르기는 물체가 (이동하는 데 걸린 시간 / 이동한 거리)(으)로 비교합니다.

06 물체가 이동한 거리를 물체가 이동하는 데 걸린 시간으로 (나누어 / 곱하여) 속력을 구합니다.

07 속력의 단위인 km/h에서 km는 거리의 단위이고, h는 (시간 / 무게)의 단위 입니다.

08 물체의 빠르기가 빠를 때, 물체의 속력이 (크다 / 깊다)고 합니다.

09 속력과 관련된 안전장치인 과속 방지 턱은 자동차와 도로 중 어디에 설치된 것입니까?

10 [   ]에서는 자전거에서 내려 자전거를 끌고 가야 합니다.

* 배점이 표시되어 있지 않은 문제는 문제당 4점입니다.

01 다음 중 ☐ 안에 들어갈 알맞은 말은 어느 것입니까?

9종 공통

(   )

> 시간이 지남에 따라 물체의 ☐이/가 변하는 것을 물체의 운동이라고 합니다.

① 위치   ② 무게   ③ 종류
④ 촉감   ⑤ 색깔

02 다음 중 운동하는 물체는 어느 것입니까? (   )

9종 공통

① 나무   ② 건물
③ 가로등   ④ 떨어지는 낙엽
⑤ 정지한 자동차

03 다음 보기 에서 물체의 운동을 바르게 나타내지 <u>않은</u> 친구의 이름을 쓰시오.

9종 공통

> 보기
> 민정: 새는 3분 동안 6 m를 날아갔어.
> 예리: 나는 학교까지 10분 동안 걸어왔어.
> 지민: 자동차가 1분 동안 5 m를 이동했어.

(   )

04 다음 중 여러 가지 물체의 운동에 대한 설명으로 옳지 <u>않은</u> 것은 어느 것입니까? (   )

9종 공통

① 운동하지 않는 물체도 있다.
② 여러 가지 물체의 빠르기는 서로 비교할 수 있다.
③ 리프트와 움직이는 농구공의 운동은 서로 다르다.
④ 자동길, 케이블카, 기차는 빠르기가 일정한 운동을 하는 물체이다.
⑤ 물체의 움직임이 빠르고 느린 정도를 물체의 빠르기라고 한다.

05 다음이 설명하는 것은 무엇인지 쓰시오.

9종 공통

> 물체의 움직임이 빠르고 느린 정도입니다. 물체가 운동하는 동안 변하기도 하고 일정하기도 합니다.

(   )

06 다음의 놀이기구를 빠르기가 일정한 운동을 하는 것과 빠르기가 변하는 운동을 하는 것으로 바르게 분류하여 기호를 쓰시오.

천재교과서

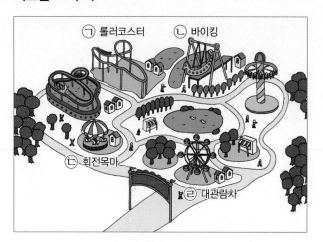

(1) 빠르기가 일정한 운동을 하는 놀이기구

(,   )

(2) 빠르기가 변하는 운동을 하는 놀이기구

(,   )

서술형·논술형 문제 ✎

07 다음은 각 선수의 50m 달리기 기록입니다. 가장 빠른 선수의 이름을 쓰고, 그렇게 생각한 까닭을 쓰시오. [8점]

9종 공통

이름	걸린 시간	이름	걸린 시간
이선우	7초 32	박현재	7초 99
김상연	9초 11	최주연	8초 03

① ☐ , 일정한 거리를 이동하는 데 걸린

시간이 ② ☐ 수록 빠르기 때문이다.

[08~10] 다음은 네 친구의 교내 수영 경기 결과입니다. 물음에 답하시오.

결승선에 도착한 순서	1	2	3	4
이름	김철수	이미현	박수빈	조희주

천재교과서, 금성, 동아, 미래엔, 비상, 지학사

08 위 네 친구 중 가장 빠른 친구의 이름을 쓰시오.

(   )

천재교과서, 금성, 동아, 미래엔, 비상, 지학사

09 다음 보기 에서 위의 결승선에 도착한 순서로 비교할 수 있는 것으로 옳지 <u>않은</u> 것을 골라 기호를 쓰시오.

> 보기
> ㉠ 빠르기　　　　　㉡ 이동 거리
> ㉢ 이동하는 데 걸린 시간

(   )

천재교과서, 금성, 동아, 미래엔, 비상, 지학사

10 다음 보기 에서 위 네 친구의 빠르기를 바르게 비교한 것을 골라 기호를 쓰시오.

중요!

> 보기
> ㉠ 이미현이 박수빈보다 더 빠르게 수영했습니다.
> ㉡ 조희주는 결승선까지 수영하는 데 가장 짧은 시간이 걸렸습니다.
> ㉢ 결승선에 도착한 순서로는 네 친구의 빠르기를 비교할 수 없습니다.

(   )

천재교과서, 금성, 김영사, 미래엔, 아이스크림, 지학사

11 다음은 3시간 동안 여러 교통수단의 이동 거리를 나타낸 것입니다. 세 번째로 빠른 교통수단의 이름을 쓰시오.

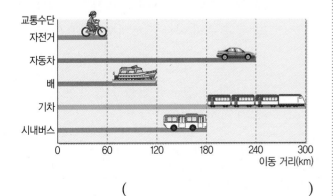

(   )

천재교육, 천재교과서, 김영사

12 오른쪽은 무궁화 꽃이 피었습니다 놀이의 모습 입니다. [총 12점]

❂ 술래가 구호를 외치는 동안 술래를 향해 이동함.

(1) 위에서 가장 빠른 친구의 기호를 쓰시오. [4점]

(   )

(2) 위 (1)번 답의 친구를 고른 까닭을 출발선에서 부터의 거리로 비교하여 쓰시오. [8점]

_____

_____

9종 공통

13 다음 중 가장 빠른 물체는 어느 것입니까? (   )

① 1시간 동안 60 km를 이동하는 버스
② 1시간 동안 100 km를 이동하는 기차
③ 1시간 동안 40 km를 이동하는 유람선
④ 1시간 동안 80 km를 이동하는 자동차
⑤ 1시간 동안 20 km를 이동하는 자전거

9종 공통

14 위 **13**번의 물체 중 가장 느린 것의 이름을 쓰시오.

(   )

9종 공통

15 다음의 속력의 크기와 그 의미를 바르게 줄로 이으시오.

(1) 크다.　•

(2) 작다.　•

• ㉠ 같은 시간 동안 더 긴 거리를 이동함.

• ㉡ 빠르기가 빠름.

• ㉢ 같은 거리를 더 긴 시간 동안 이동함.

16 다음 중 속력을 구하는 식으로 옳은 것은 어느 것입니까?

9종 공통

중요! ( )

① (속력) = (이동 거리) + (걸린 시간)
② (속력) = (이동 거리) − (걸린 시간)
③ (속력) = (이동 거리) × (걸린 시간)
④ (속력) = (이동 거리) ÷ (걸린 시간)
⑤ (속력) = (걸린 시간) ÷ (이동 거리)

17 다음 중 여러 이동 수단의 빠르기에 대한 설명으로 옳지 9종 공통 않은 것은 어느 것입니까? ( )

> 자전거: 1시간 동안 20 km를 이동합니다.
> 자동차: 60 km/h의 속력으로 이동합니다.
> 킥보드: 시속 오 킬로미터의 속력으로 이동합니다.
> 지하철: 팔십 킬로미터 매 시의 속력으로 이동합니다.

① 자전거의 속력은 20 km/h이다.
② 가장 빠른 이동 수단은 지하철이다.
③ 킥보드는 5 m/s의 속력으로 이동한다.
④ 지하철의 속력은 80 km/h로 쓸 수 있다.
⑤ 자전거의 속력은 이십 킬로미터 매 시이다.

18 다음은 트럭과 버스의 운동을 나타낸 것입니다. 이에 9종 공통 대한 설명으로 옳은 것은 어느 것입니까? ( )

> • 트럭은 2시간 동안 100 km를 이동했습니다.
> • 버스는 3시간 동안 360 km를 이동했습니다.

① 트럭이 버스보다 빠르다.
② 트럭의 속력은 100 km/h이다.
③ 버스의 속력은 360 km/h이다.
④ 버스가 트럭보다 일정한 시간 동안 더 긴 거리를 이동할 수 있다.
⑤ 트럭이 버스보다 일정한 거리를 이동하는 데 더 짧은 시간이 걸린다.

19 다음의 우리 주변의 속력과 관련된 안전장치와 각 기능을 9종 공통 바르게 짝지은 것은 어느 것입니까? ( )

ⓖ ✪ 과속 방지 턱

ⓝ ✪ 과속 단속 카메라

ⓒ ✪ 에어백

ⓡ ✪ 안전띠

① ⓖ: 긴급 상황에서 탑승자의 몸을 고정한다.
② ⓝ: 원래 주행 중이던 차로로 복귀하게 한다.
③ ⓒ: 충돌 사고에서 탑승자의 몸에 가해지는 충격을 줄여 준다.
④ ⓒ: 자동차가 일정한 속력 이상으로 달리지 못하도록 제한하여 사고를 예방한다.
⑤ ⓡ: 학교 주변 도로에서 자동차의 속력을 제한하여 어린이들의 교통 안전사고를 예방한다.

서술형·논술형 문제 ✏

9종 공통

20 다음은 도로 주변에서 어린이가 지켜야 할 교통안전 수칙에 대한 친구들의 대화입니다. [총 12점]

> 호준: 버스를 기다릴 때는 인도에서 기다려야 해.
> 지호: 횡단보도에서는 자전거에서 내려서 자전거를 끌고 건너야 해.
> 민지: 신호등의 초록색 불이 켜지자마자 횡단보도를 빠르게 뛰어서 건너야 해.

(1) 위 세 친구 중 교통안전 수칙을 바르게 말하지 않은 친구의 이름을 쓰시오. [4점]

( )

(2) 위 (1)번 답 친구의 말을 교통안전 수칙에 맞게 고쳐 쓰시오. [8점]

_____

1 다음은 물체의 처음과 1분 후의 위치를 나타낸 것입니다.

9종 공통

[총 12점]

구분	강아지	자전거	가로등
처음 위치 (m)	1	4	3
1분 후의 위치 (m)	2	10	3

(1) 위의 물체 중 운동하지 <u>않는</u> 물체의 이름을 쓰시오. [4점]

(   )

(2) 위 (1)번의 답을 제외한 두 물체의 운동을 걸린 시간과 이동 거리로 바르게 나타내어 쓰시오. [8점]

_____

_____

2 다음은 운동 경기의 모습입니다. [총 12점]

9종 공통

◎ 스피드 스케이팅   ◎ 조정

(1) 위의 두 운동 경기와 같은 방법으로 빠르기를 비교하는 운동 경기를 한 가지 쓰시오. [4점]

(   )

(2) 위의 두 운동 경기에서 빠르기를 비교하는 방법을 쓰시오. [8점]

_____

_____

3 다음은 여러 가지 물체의 운동을 나타낸 것입니다.

9종 공통

[총 12점]

> ㉠ 배는 4시간 동안 160 km를 이동했습니다.
> ㉡ 비행기는 1시간 동안 500 km를 이동했습니다.
> ㉢ 자동차는 3시간 동안 150 km를 이동했습니다.

(1) 위 물체의 속력을 각각 구하여 쓰시오. [6점]

㉠ (   ) km/h

㉡ (   ) km/h

㉢ (   ) km/h

(2) 위에서 가장 빠른 물체의 이름을 쓰고, 그렇게 생각한 까닭을 쓰시오. [6점]

_____

_____

4 다음은 속력과 관련된 안전장치입니다. [총 12점]

9종 공통

◎ 어린이 보호구역 표지판   ◎ 안전띠

(1) 위 어린이 보호구역 표지판과 안전띠 중 자동차에 설치된 안전장치의 이름을 쓰시오. [4점]

(   )

(2) 위 (1)번 답 안전장치의 기능을 쓰시오. [8점]

_____

_____

5. 산과 염기

◉ 여러 가지 용액의 분류 ⑩

→ 위험할 수 있으므로 손으로 바람을 일으켜 냄새를 맡습니다.

구분		색깔	냄새	투명함	기포
식초		○	○	○	×
탄산수		×	×	○	○
석회수		×	×	○	×
레몬즙		○	○	×	×
묽은 염산		×	○	○	×
유리 세정제		○	○	○	×
묽은 수산화 나트륨 용액		×	×	○	×

→ 객관적이고 명확해야 합니다.

분류	기준	용액
색깔이 있는가?	그렇다.	식초, 레몬즙, 유리 세정제
	그렇지 않다.	탄산수, 석회수, 묽은 염산, 묽은 수산화 나트륨 용액

◉ 지시약을 이용한 용액 분류

→ 어떤 용액에 닿았을 때 그 용액의 성질에 따라 색깔의 변화가 나타나는 물질

지시약	색깔 변화	용액 ⑩
붉은색 리트머스 종이	변화 없음.	식초, 사이다, 레몬즙, 요구르트, 탄산수, 묽은 염산 등 → 산성 용액
푸른색 리트머스 종이	붉은색	
페놀프탈레인 용액 → 무색입니다.	변화 없음.	
붉은 양배추 지시약	붉은색 계열	
붉은색 리트머스 종이	푸른색	빨랫비누 물, 묽은 수산화 나트륨 용액, 석회수, 유리 세정제 등 → 염기성 용액
푸른색 리트머스 종이	변화 없음.	
페놀프탈레인 용액	붉은색	
붉은 양배추 지시약	푸른색이나 노란색 계열	

◉ 산성 용액과 염기성 용액에 여러 가지 물질 넣어 보기

구분	대리암 조각	달걀 껍데기	삶은 달걀 흰자	두부
묽은 염산 → 산성	기포가 생기면서 녹아 작아짐.		변화 없음.	
묽은 수산화 나트륨 용액 → 염기성	변화 없음.		흐물흐물해지고 뿌옇게 흐려짐.	

◉ 산성 용액과 염기성 용액을 섞을 때의 변화

① 산성 용액에 염기성 용액을 넣었을 때: 산성이 약해지다가 염기성이 됩니다.

처음(0)	1 mL	2 mL	3 mL	4 mL	5 mL	6 mL
■	■	■	■	■	■	■

◎ 붉은 양배추 지시약을 떨어뜨린 묽은 염산에 묽은 수산화 나트륨 용액을 넣었을 때

② 염기성 용액에 산성 용액을 넣었을 때: 염기성이 약해지다가 산성이 됩니다.

처음(0)	1 mL	2 mL	3 mL	4 mL	5 mL	6 mL
■	■	■	■	■	■	■

◎ 붉은 양배추 지시약을 떨어뜨린 묽은 수산화 나트륨 용액에 묽은 염산을 넣었을 때

◉ 우리 생활에서 산성 용액과 염기성 용액을 이용하는 예

① 산성 용액을 이용하는 예 → 구연산도 속합니다.
- 식초: 염기성인 생선 비린내를 약하게 합니다.
- 변기용 세제: 변기의 암모니아를 제거해 줍니다.
- 린스: 머리카락의 약한 산성 상태를 유지합니다.

② 염기성 용액을 이용하는 예 → 유리 세정제, 제빵 소다도 속합니다.
- 하수구 세척액: 하수구의 머리카락을 녹입니다.
- 제산제: 산성인 위액이 많이 나와 속이 쓰릴 때 먹어 속쓰림을 줄입니다.

정답 ○ 꼼꼼 풀이집 42쪽

01 여러 가지 용액을 분류하는 기준은 (객관적 / 주관적)이고 명확한 것이어야 합니다.

02 식초, 탄산수, 석회수는 "(투명한가? / 기포가 있는가?)"를 기준으로 하여 분류할 때 같은 무리에 속합니다.

03 [ ]은/는 어떤 용액에 닿았을 때 그 용액의 성질에 따라 색깔의 변화가 나타나는 물질입니다.

04 지시약은 겉으로 보이는 성질만으로 용액을 분류할 수 (있을 / 없을) 때 사용할 수 있습니다.

05 붉은색 리트머스 종이에 식초를 떨어뜨리면 붉은색 리트머스 종이의 색깔은 어떻게 변합니까?

06 어떤 용액을 푸른색 리트머스 종이에 떨어뜨렸더니 푸른색 리트머스 종이가 붉은색으로 변했다면 이 용액은 (산성 / 염기성) 용액입니다.

07 페놀프탈레인 용액을 붉은색으로 변하게 만드는 용액은 (탄산수 / 유리 세정제)입니다.

08 붉은 양배추 지시약을 (빨랫비누 물 / 레몬즙)에 떨어뜨리면 푸른색이나 노란색 계열의 색으로 변합니다.

09 산성 용액에 염기성 용액을 넣을수록 [ ]이/가 약해지고 염기성이 강해집니다.

10 산성 용액인 위액이 많이 나와 속이 쓰릴 때 제산제를 먹는 까닭은 제산제의 어떤 성질 때문입니까?

과
학

정답 ◐ 꼼꼼 풀이집 42쪽

* 배점이 표시되어 있지 않은 문제는 문제당 4점입니다.

01 다음 네 가지 용액의 특징을 줄로 바르게 이으시오.

9종 공통

(1) 식초 •

(2) 레몬즙 •

(3) 유리 세정제 •

(4) 묽은 수산화 나트륨 용액 •

• ㉠ 색깔 ◯ 냄새 ◯ 투명

• ㉡ 색깔 × 냄새 × 투명

• ㉢ 색깔 ◯ 냄새 ◯ 불투명

02 다음 중 여러 가지 용액을 분류하는 기준으로 가장 적절한 것을 두 가지 고르시오. (　　,　　)

9종 공통

① 투명한가?　　② 맛있는가?

③ 냄새가 좋은가?　　④ 색깔이 예쁜가?

⑤ 흔들면 거품이 5초 이상 유지되는가?

03 다음의 용액 중 "색깔이 있는가?"를 기준으로 분류할 때, 나머지와 <u>다른</u> 무리에 속하는 것의 이름을 쓰시오.

9종 공통

사이다, 석회수, 레몬즙, 묽은 염산, 묽은 수산화 나트륨 용액

(　　　　　)

04 다음 분류한 용액을 보고, ☐ 안에 들어갈 알맞은 분류 기준을 쓰시오.

김영사, 동아, 미래엔, 아이스크림

식초　레몬즙　유리 세정제　사이다　빨랫비누 물　묽은 염산　석회수　묽은 수산화 나트륨 용액

[분류 기준] ☐ 이/가 나는가?

(　　　　　)

05 다음에서 설명하는 것은 무엇입니까?

9종 공통

어떤 용액에 닿았을 때 그 용액의 성질에 따라 색깔의 변화가 나타나는 물질입니다.

(　　　　　)

06 다음 중 지시약과 용액이 만날 때, 지시약의 색깔 변화가 나타나지 않는 경우로 옳은 것은 어느 것입니까?

천재교육, 천재교과서, 금성, 김영사, 동아, 미래엔, 아이스크림, 지학사

중요!

(　　　　　)

① 페놀프탈레인 용액 – 산성 용액

② 페놀프탈레인 용액 – 염기성 용액

③ 푸른색 리트머스 종이 – 산성 용액

④ 붉은 양배추 지시약 – 산성 용액

⑤ 붉은 양배추 지시약 – 염기성 용액

서술형·논술형 문제 ✏

07 다음은 레몬즙과 석회수를 각각 붉은색 리트머스 종이에 묻혔을 때의 결과입니다. [총 12점]

9종 공통

◐ 변화 없음.　레몬즙

◐ 푸른색으로 변함.　석회수

(1) 위 결과로 알 수 있는 레몬즙의 성질은 산성과 염기성 중 무엇인지 쓰시오. [4점]

(　　　　　)

(2) 위 두 용액을 푸른색 리트머스 종이에 묻혔을 때는 어떤 변화가 나타나는지 쓰시오. [8점]

레몬즙을 묻히면 ① ☐ 으로 변하고,

석회수를 묻히면 색깔이 ② ☐ .

08 다음 중 산성 용액에 대한 설명으로 옳지 <u>않은</u> 것은 어느 것입니까? (　　　)

① 묽은 염산, 레몬즙, 식초는 산성 용액이다.
② 붉은색 리트머스 종이를 푸른색으로 변하게 한다.
③ 푸른색 리트머스 종이를 붉은색으로 변하게 한다.
④ 붉은 양배추 지시약을 붉은색 계열로 변하게 한다.
⑤ 붉은색 리트머스 종이의 색깔을 변하게 하지 않는다.

09 다음 붉은 양배추 지시약의 색깔 변화와 색깔을 변하게 한 용액의 성질을 바르게 줄로 이으시오.

(1)

● 붉은색으로 변함.

・㉠ 산성 용액

(2)

○ 노란색으로 변함.

・㉡ 염기성 용액

서술형·논술형 문제 천재교육, 천재교과서, 금성, 김영사, 동아, 미래엔, 아이스크림, 지학사

10 오른쪽은 어떤 용액에 붉은 양배추 지시약을 떨어뜨린 후의 모습입니다. 이 용액의 성질을 쓰고, 이 용액을 페놀프탈레인 용액에 떨어뜨리면 어떻게 될지 예상하여 쓰시오. [8점]

● 푸른색으로 변함.

_____

_____

천재교육, 천재교과서, 금성, 김영사, 동아, 미래엔, 비상, 지학사

11 다음 중 묽은 염산에 녹는 물질을 두 가지 고르시오.
(　　 ,　　)

① 두부
② 대리암 조각
③ 삶은 닭 가슴살
④ 달걀 껍데기
⑤ 삶은 메추리알 흰자

[12~13] 다음은 산성 용액과 염기성 용액에 여러 가지 물질을 넣은 후 모습을 관찰한 것입니다. 물음에 답하시오.

구분	묽은 염산	묽은 수산화 나트륨 용액
대리암 조각	㉠	변화 없음.
달걀 껍데기	㉡	㉣
삶은 달걀 흰자	㉢	㉤
두부	변화 없음.	㉥

12 다음 중 위의 각 기호에 알맞은 말을 잘못 짝지은 것은 어느 것입니까? (　　　)

① ㉠ – 기포가 생기면서 작아짐.
② ㉡ – 변화 없음.
③ ㉢, ㉣ – 변화 없음.
④ ㉤ – 흐물흐물해지고 뿌옇게 흐려짐.
⑤ ㉥ – 흐물흐물해지고 뿌옇게 흐려짐.

13 다음 보기 에서 위의 관찰에 대한 설명으로 옳은 것을 골라 기호를 쓰시오.

보기
㉠ 대리암 조각은 염기성 용액에 의해 녹습니다.
㉡ 삶은 달걀 흰자는 산성 용액에 녹지 않습니다.
㉢ 유리 세정제나 식초도 두부를 흐물흐물하게 만들 수 있습니다.
㉣ 달걀 껍데기를 녹인 용액은 푸른색 리트머스 종이의 색깔을 변하게 하지 않습니다.

(　　　　　　)

14 다음의 산성 용액에 염기성 용액을 섞을 때에 대한 설명 중, 옳지 <u>않은</u> 부분의 기호를 쓰고, 바르게 고쳐 쓰시오.

중요!

붉은 양배추 지시약을 떨어뜨린 산성 용액에 염기성 용액을 계속 섞어주면 용액의 색깔이 점점 ㉠ 노란색이나 푸른색 계열로 변합니다. 용액의 산성이 점점 ㉡ 강해지다가 ㉢ 염기성으로 변하기 때문입니다.

(　　　　 ,　　　　)

과학

천재교육, 천재교과서, 금성, 김영사, 동아, 미래엔, 아이스크림, 지학사

15 다음 중 붉은색으로 변한 페놀프탈레인 용액을 다시 무색으로 변하게 할 수 있는 용액을 두 가지 고르시오.

(,)

① 사이다   ② 석회수

③ 요구르트   ④ 유리 세정제

⑤ 빨랫비누 물

9종 공통

16 다음은 ㉠과 ㉡ 용액에 각각 붉은 양배추 지시약을 떨어뜨리고, 어떤 ㉢ 용액을 계속 넣어 주었을 때의 색깔 변화를 나타낸 것입니다. ㉠, ㉡ 중 ㉢ 용액과 성질이 같은 것을 골라 기호를 쓰시오.

구분	붉은 양배추 지시약을 떨어뜨렸을 때(처음)	㉢ 용액을 계속 넣어 주었을 때(나중)
㉠ 용액	붉은색	노란색
㉡ 용액	푸른색	노란색

( )

천재교과서, 금성, 김영사, 비상, 아이스크림

17 오른쪽은 서울 원각사지 십층 석탑에 유리 보호 장치를 한 모습입니다.

[총 12점]

(1) 위 석탑의 유리 보호 장치는 산성 물질과 염기성 물질 중 어느 물질로부터 보호하기 위한 것인지 쓰시오. [4점]

( ) 물질

(2) 위(1)번 답 물질이 석탑에 미치는 영향을 쓰시오. [8점]

_____

_____

9종 공통

18 다음 중 우리 생활에서 염기성 용액을 이용한 예를 두 가지 고르시오. (,)

①   ❖ 생선을 손질한 도마를 식초로 닦아 비린내를 줄임.

②   ❖ 변기용 세제로 변기를 닦음.

③   ❖ 속이 쓰릴 때 제산제를 먹음.

④   ❖ 욕실용 세제로 욕실을 청소함.

천재교육, 천재교과서, 금성, 김영사, 동아, 미래엔, 비상, 지학사

19 다음 중 우리 생활에서 산성과 염기성 용액을 이용하는 예를 <u>잘못</u> 말한 친구의 이름을 쓰시오.

가영: 레몬즙을 뿌리면 생선 비린내가 줄어들어.
나윤: 머리카락의 약한 산성을 유지하려고 린스를 사용해.
다은: 하수구 세척액이 없으면 변기용 세제로 하수구를 대신 청소할 수 있어.

( )

천재교육, 금성, 김영사, 동아, 비상, 아이스크림

20 다음의 제산제에 대한 설명에서 산성인 것을 골라 기호를 쓰시오.

위에서 ㉠ 위액이 많이 나와서 속이 쓰릴 때 ㉡ 제산제를 먹습니다.

( )

1 다음은 여러 가지 용액의 분류 방법입니다. [총 12점]

9종 공통

> • 겉으로 보이는 성질을 관찰하여 분류합니다.
> • ☐☐☐을/를 통해 용액의 성질로 분류합니다.

(1) 위의 ☐ 안에 들어갈 알맞은 말을 쓰시오. [4점]

(   )

(2) 겉으로 보이는 성질을 관찰하여 분류하는 방법 대신 (1)번 답으로 용액을 분류해야 하는 경우를 한 가지 쓰시오. [8점]

_____

_____

2 다음은 현빈이가 용액의 성질을 알아보기 위해 지시약의 색깔 변화를 관찰한 결과입니다. [총 12점]

비상

구분	㉮	석회수
붉은색 리트머스 종이	변화 없음.	푸른색
푸른색 리트머스 종이	붉은색	㉠ 변화 없음.
페놀프탈레인 용액	변화 없음.	㉡ 변화 없음.
붉은 양배추 지시약	붉은색	㉢ 푸른색
BTB 용액	노란색	푸른색

(1) 위 결과를 참고하여 ㉮에 들어갈 알맞은 것에 ○표를 하시오. [4점]

> 레몬즙   제빵 소다   유리 세정제
> 묽은 수산화 나트륨 용액

(2) 위의 ㉠~㉢ 중 옳지 <u>않은</u> 부분의 기호를 쓰고, 그렇게 생각한 까닭을 쓰시오. [8점]

_____

_____

3 다음은 붉은 양배추 지시약의 색깔 변화표입니다.

9종 공통

[총 12점]

㉠	㉡

← 산성이 강하다.   염기성이 강하다. →

(1) 붉은 양배추 지시약을 넣은 유리 세정제에 식초를 계속 넣어줄 때, 지시약의 색깔이 변하는 방향의 기호를 쓰시오. [4점]

(   )

(2) 위 (1)번 답과 같이 생각한 까닭을 쓰시오. [8점]

_____

_____

4 다음은 염산 누출 사고에 대한 기사입니다. [총 12점]

천재교과서, 김영사, 미래엔

> **염산 누출 사고 발생**
>   공장에서 다량의 염산이 새어 나오는 사고가 발생했습니다. 대부분의 염산은 거두어들였으며 일부 남아 있는 염산에는 <u>소석회</u>를 뿌려 놓은 상태입니다.

(1) 위 소석회의 성질은 산성과 염기성 중 무엇인지 쓰시오. [4점]

(   )

(2) 위와 같이 염산 누출 사고가 났을 때 소석회를 뿌리는 까닭을 쓰시오. [8점]

_____

_____

* 배점이 표시되어 있지 않은 문제는 문제당 **4점**입니다.

정답 ❍ 꼼꼼 풀이집 44쪽

관련 단원: 1. 과학 탐구

01 일상생활의 궁금증을 탐구 문제로 정할 때 탐구 문제로 가장 적절한 것을 보기 에서 골라 기호를 쓰시오.

> 보기
> ㉠ 우주에서 본 지구는 어떤 모양일까?
> ㉡ 식물이 잘 자라는 온도는 몇 도일까?
> ㉢ 1분을 측정하는 모래시계를 어떻게 만들 수 있을까?

(   )

관련 단원: 2. 생물과 환경

02 다음의 숲 생태계 구성 요소를 생물 요소와 비생물 요소로 구분할 때 나머지와 <u>다른</u> 하나는 어느 것입니까?

(   )

① 돌   ② 참새   ③ 세균
④ 잠자리   ⑤ 곰팡이

관련 단원: 2. 생물과 환경

03 다음 중 생산자, 소비자, 분해자에 대한 설명으로 옳은 것은 어느 것입니까? (   )

① 세균은 소비자이다.
② 곰팡이는 분해자이다.
③ 동물과 식물은 생산자이다.
④ 생물 요소를 생물의 크기에 따라 분류한 것이다.
⑤ 다른 생물을 먹이로 하는 생물을 분해자라고 한다.

관련 단원: 2. 생물과 환경

04 다음 ☐ 안에 공통으로 들어갈 알맞은 말을 쓰시오.

> • 어떤 지역에 사는 생물의 종류와 수 또는 양이 균형을 이루며 안정된 상태를 유지하는 것을 ☐ (이)라고 합니다.
> • 자연재해나 사람에 의한 자연 파괴로 ☐ 이/가 깨어질 수 있습니다.

(   )

서술형·논술형 문제 ✏️   관련 단원: 2. 생물과 환경

05 다음은 선인장의 모습입니다. [총 12점]

(1) 위 선인장이 적응한 환경의 특징을 한 가지 쓰시오. [4점]

(   )

(2) 위 선인장은 (1)번 답과 같은 환경에 적응하기 위해 어떤 생김새를 갖게 되었는지 쓰시오. [8점]

_____

_____

관련 단원: 2. 생물과 환경

06 환경 오염의 종류를 세 가지 쓰시오.

(,   ,   )

관련 단원: 3. 날씨와 우리 생활

07 다음은 학교에 설치한 건습구 습도계의 현재 온도입니다. 아래의 습도표를 보고 현재 습도를 구하시오.

> • 건구 온도: 14 ℃   • 습구 온도: 12 ℃

(단위: %)

건구 온도 (℃)	건구 온도와 습구 온도의 차(℃)			
	0	1	2	3
14	100	90	79	70
15	100	90	80	71
16	100	90	81	71

◎ 습도표

(   ) %

관련 단원: 3. 날씨와 우리 생활

08 다음 보기에서 눈, 구름, 비가 만들어지는 과정에 대한 설명으로 옳은 것을 골라 기호를 쓰시오.

보기
㉠ 눈은 비가 내리면서 언 것입니다.
㉡ 구름은 고체 상태인 얼음 알갱이로만 이루어져 있습니다.
㉢ 비는 구름 속 작은 물방울이 합쳐지면서 무거워져 떨어지는 것입니다.

( )

서술형·논술형 문제 ✏ 관련 단원: 3. 날씨와 우리 생활

09 다음은 온도가 다른 두 공기 덩어리의 무게를 비교한 그림입니다. (단, ㉠과 ㉡의 부피는 같습니다.) [총 12점]

(1) 위의 ㉠과 ㉡ 중 차가운 공기에 해당하는 것의 기호를 쓰시오. [4점]

( )

(2) 위 (1)번의 답과 같이 생각한 까닭을 쓰시오. [8점]

_____

_____

관련 단원: 3. 날씨와 우리 생활

10 다음 중 우리나라의 계절별 날씨의 특징에 대해 잘못 말한 친구의 이름을 쓰시오.

은수: 겨울에는 북서쪽 바다에서 이동해 오는 춥고 습한 공기 덩어리의 영향을 받아.
승현: 봄, 가을에는 남서쪽 대륙에서 이동해 오는 따뜻하고 건조한 공기 덩어리의 영향을 받아.

( )

관련 단원: 4. 물체의 운동

11 다음 중 물체의 운동에 대한 설명으로 옳지 않은 것은 어느 것입니까? ( )

① 자동차는 빠르기가 변하는 운동을 한다.
② 자동길은 빠르기가 변하는 운동을 한다.
③ 케이블카는 빠르기가 일정한 운동을 한다.
④ 대관람차는 빠르기가 일정한 운동을 한다.
⑤ 빠르기가 변하는 운동을 하는 물체도 있고, 빠르기가 일정한 운동을 하는 물체도 있다.

관련 단원: 4. 물체의 운동

12 다음 중 일정한 거리를 이동하는 데 걸린 시간을 측정하여 빠르기를 비교하는 운동 경기로 옳지 않은 것은 어느 것입니까? ( )

① 조정
② 축구
③ 수영
④ 100 m 달리기
⑤ 스피드 스케이팅

관련 단원: 4. 물체의 운동

13 다음은 부채의 바람을 이용해 움직이는 종이 자동차가 일정한 거리를 이동하는 데 걸린 시간을 측정한 표입니다. 이에 대한 설명으로 옳지 않은 것은 어느 것입니까?

( )

종이 자동차	걸린 시간(초)
㉠ 자동차	10
㉡ 자동차	9
㉢ 자동차	11

① 가장 느리게 운동한 자동차는 ㉢ 자동차이다.
② 가장 빠르게 운동한 자동차는 ㉡ 자동차이다.
③ ㉠ 자동차는 ㉡ 자동차보다 빠르고, ㉢ 자동차보다 느리게 운동하였다.
④ 종이 자동차의 빠르기는 일정한 거리를 이동하는 데 걸린 시간으로 비교할 수 있다.
⑤ 세 자동차가 출발선에서 동시에 출발했다면 ㉡ 자동차가 가장 빨리 결승선에 도착한다.

관련 단원: 4. 물체의 운동

14 다음은 물체의 빠르기를 비교하는 방법입니다. ㉠과 ㉡에 들어갈 알맞은 말을 각각 쓰시오.

> • 일정한 거리를 이동한 물체의 빠르기는 물체가 이동하는 데 [㉠](으)로 비교합니다.
> • 일정한 시간 동안 이동한 물체의 빠르기는 물체가 [㉡](으)로 비교합니다.

㉠ (   )

㉡ (   )

서술형·논술형 문제 관련 단원: 4. 물체의 운동

15 다음은 여러 동물의 운동을 나타낸 것입니다. (개)~(대) 중 속력이 가장 큰 것의 기호를 쓰고, 그렇게 생각한 까닭을 함께 쓰시오. [8점]

> (개) 10초 동안 360 m를 이동한 말
> (내) 10초 동안 440 m를 이동한 타조
> (대) 10초 동안 200 m를 이동한 토끼

_____

_____

관련 단원: 5. 산과 염기

16 다음 보기 에서 묽은 수산화 나트륨 용액을 관찰한 내용으로 옳은 것을 골라 기호를 쓰시오.

> 보기
> ㉠ 노란색입니다.
> ㉡ 냄새가 있습니다.
> ㉢ 기포가 없습니다.

(   )

관련 단원: 5. 산과 염기

17 다음 중 붉은색 리트머스 종이를 푸른색으로 변하게 하는 용액을 두 가지 고르시오. (,   )

① 식초   ② 석회수

③ 탄산수   ④ 묽은 염산

⑤ 유리 세정제

관련 단원: 5. 산과 염기

18 다음 중 묽은 염산에 대리암 조각을 넣었을 때의 변화로 옳은 것은 어느 것입니까? (   )

① 묽은 염산이 증발한다.

② 대리암 조각이 점점 커진다.

③ 묽은 염산이 푸른색으로 변한다.

④ 대리암 조각 표면에서 기포가 발생한다.

⑤ 아무런 변화가 없다.

관련 단원: 5. 산과 염기

19 다음은 산성 용액과 염기성 용액을 섞을 때에 대한 설명입니다. ( ) 안의 알맞은 말에 ○표를 하시오.

> 산성 용액에 염기성 용액을 넣을수록 산성 용액의 성질이 점점 (약해 / 강해)집니다.

관련 단원: 5. 산과 염기

20 다음 중 우리 생활에서 산성 용액을 이용하는 예는 어느 것입니까? (   )

① 속이 쓰릴 때 제산제를 먹는다.

② 유리 세정제로 유리창을 닦는다.

③ 생선을 손질한 도마를 식초로 닦는다.

④ 욕실을 청소할 때 욕실용 세제를 사용한다.

⑤ 하수구가 막힐 때 하수구 세척액을 사용한다.

교육과 IT가 만나
새로운 미래를 만들어갑니다

Big Data

Edutech

빅데이터, AI, 에듀테크 저마다 기술을 말합니다.
40여 년의 교육 노하우에 IT기술을 접목한 최첨단 에듀테크!

기술이 공부의 흥미를 끌어올리고
빅데이터와 결합해 새로운 교육의 미래를 만들어 갑니다.
다음 세대의 미래가 눈부시게 빛나길, 천재교육이 함께 합니다.

AI

교육과 IT의 만남

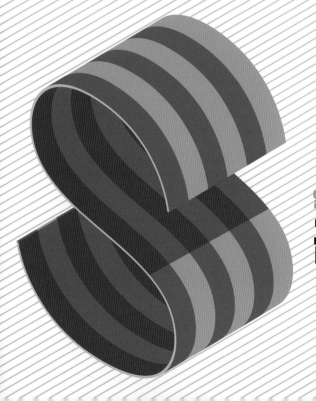

열공 전과목 단원평가

꼼꼼 풀이집

5·2

국어·수학·사회·과학

천재교육

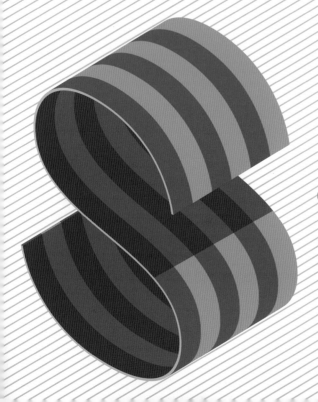

단원 평가

꼼꼼 풀이집 5·2

꼼꼼 풀이집

국어

1. 마음을 나누며 대화해요

7~9쪽 · **단원평가**

쪽지시험 1 공감 2 상대의 처지 3 경청하기
4 누리 소통망 5 ×

---

01 예 지윤이에게 섭섭하고 화가 날 것이다. **02** 예 기분
03 (1) ② (2) ③ **04** (1) 즐겁게 (2) 처지 **05** ⑤
06 예 그렇구나. 나도 너처럼 청소 구역이 넓다면 같은 마음이 들 것 같아. **07** (1) ○ (2) ○ (3) × **08** 철 수세미 **09** ⑤ **10** 예 괜찮아. 집안일을 도와주려고 한 현욱이 마음이 엄마는 정말 고마워. **11** ④
12 문자 **13** ④ **14** 예 상대가 대화방에 없다고 하여 함부로 험담하면 안 된다. **15** ② **16** 일본
17 ④ **18** ⑤ **19** 꿈을 따라서 산다는 게 행복해서 등 **20** 예 여러분도 꿈을 가지고 그 꿈을 이루기 위해 노력하는 사람이 되어 보세요.

03 ㉠에는 명준이의 이야기에 관심을 가져 주는 말을, ㉡에는 명준이의 기분을 생각해 준 말을 해야 합니다.

06 친구의 마음을 이해해 주는 대답이면 정답으로 합니다.

10 현욱이의 마음을 이해해 주는 엄마의 말을 다양하게 쓸 수 있습니다.

점수	채점 기준
8점	현욱이의 마음을 생각하여 현욱이를 위로하고 고맙다는 내용을 엄마의 말투로 씀.
4점	엄마의 마음을 정답게 나타내지 못하고 '괜찮다.'는 말만 간단히 답한 경우

11 상대를 직접 만나지 않고도 주로 문자로 정보를 주고받기 때문에 비교적 시간과 공간의 제약이 적습니다.

14 누리 소통망 대화에서 함부로 험담을 하면 안 됩니다.

점수	채점 기준
8점	함부로 험담을 하면 안 된다는 주의할 점을 씀.
4점	'지나친 줄임 말을 쓰면 안 된다.'와 같이 누리 소통망 대화의 주의할 점으로는 알맞지만 문제의 대화 상황과는 관련이 없는 답안을 씀.

20 자신의 꿈을 이룬 권기옥 선생님이라면 어떤 말씀을 해 주실지 글의 주제와 관련하여 써 봅니다.

점수	채점 기준
10점	**정답 키워드** 꿈 / 노력 꿈을 가지고 꿈을 이루기 위해 노력하라는 권기옥 선생님의 말을 실제 대화처럼 씀.
7점	꿈과 관련된 말을 하였지만 실제 대화처럼 표현하지는 못한 경우
5점	대화 상황과는 어울리지만 꿈과 관련된 내용에 대해 쓰지 않음.

부족한 답안 여러분도 꿈을 ~~가져야 한다.~~
이루기 위해 노력하는 사람이 되세요.
➡ 인물의 말처럼 실감 나게 써 주는 것이 좋아요!

10쪽 · **서술형·논술형 문제**

1 예 그랬구나. 내가 너처럼 그림 그리기를 좋아하면 나도 많이 서운했을 것 같아.
2 예 그동안 무척 힘들었겠다. 우리 좋은 방법을 한번 생각해 보자.
3 예 한 번에 여러 사람에게 정보를 전달할 수 있다.
4 예 더욱 예의 바르게 말해야 해. 함부로 말하면 다른 사람에게 마음의 상처를 줄 수 있어.

1 실망하고 서운했을 명준이의 처지를 생각해 본 말을 썼으면 정답으로 합니다.

2 문제를 해결해 보자는 말을 다양하게 쓸 수 있습니다.

3 여러 친구들에게 공지 사항을 전하는 상황입니다.

점수	채점 기준
6점	대화 상황과 관련하여 여러 사람에게 정보를 전할 수 있다는 좋은 점을 씀.
3점	누리 소통망 대화의 좋은 점으로 볼 수 있지만 제시한 대화 상황과 직접적인 관련이 없는 경우

부족한 답안 ~~편하게 대화할 수 있다.~~
여러 사람에게 정보를 전할 수 있다.
➡ 제시된 대화 상황과 직접 관련이 있는 점을 써야 해요!

4 누리 소통망 대화는 상대를 직접 보지 않기 때문에 더 예의 바르게 대화해야 합니다.

점수	채점 기준
6점	상대의 얼굴이 보이지 않기 때문에 더 조심하고 예의 바르게 대화해야 한다는 점을 씀.
4점	대화 상황과는 관련이 있지만 '예의'와 관련된 답안을 쓰지 못함.

2. 지식이나 경험을 활용해요

| 12~14쪽 | 단원평가 |

쪽지시험 ➊ 경험 ➋ ○ ➌ 비교 ➍ 인상 ➎ 솔직하게

01 경험　**02** ④　**03** ⓐ 음력 정월은 농한기라서 마을 사람들이 함께 줄을 만드는 일에만 매달릴 수 있기 때문에　**04** 줄다리기　**05** ③　**06** 소영
07 왕실의 제사에 쓰일 얼음　**08** ①　**09** ②
10 (1) ○ (2) × (3) ○　**11** (1) 화강암 (2) 진흙　**12** ⑤
13 ③　**14** ③, ④　**15** ⓒ　**16** 국립한글박물관
17 ⑤　**18** ②　**19** 2　**20** ⓐ 체험 내용에 비해 감상이 부족해 보인다. 문장 중간중간에 감상을 넣어 주면 글쓴이가 어떻게 느꼈는지 알 수 있어서 좋을 것 같다.

03 음력 정월은 농사일이 바쁘지 않은 시기라서 마을 사람들이 줄다리기를 할 수 있었습니다.

점수	채점 기준
10점	**정답 키워드** 농한기 음력 정월이 농한기라는 점을 밝히고 그래서 모두가 줄다리기를 할 수 있었다는 답안을 씀.
4점	'풍년을 바라서'와 같이 음력 정월에 줄다리기를 하는 까닭과 관련 없는 답안을 씀.

06 소영이는 글 내용과 관련하여 풍물놀이도 풍년을 바라며 해 왔다는 지식을 떠올렸습니다.

12 지붕에 있는 공기구멍은 빙실 안의 더운 공기가 빠져나가는 통로 역할을 하였습니다.

13 열로 데워진 공기와 바깥의 더운 공기가 지붕의 구멍으로 빠져나가는 현상에 대해 기체에서 열이 이동하는 원리를 활용하면 보다 쉽게 이해할 수 있습니다.

17 자신의 경험을 활용하여 글 ㈎에 더 생생하게 표현할 수 있는 내용을 넣었으면 좋겠다는 의견입니다.

19 상설 전시실 2부 주제가 '쉽게 익혀서 편히 쓰니'이므로 한글을 쉽게 배우고 쓸 수 있는 까닭은 2부 주제와 어울립니다.

20 체험 내용은 자세하지만 생각이나 느낌, 즉 감상은 부족한 글입니다.

점수	채점 기준
10점	**정답 키워드** 감상이 부족 체험에 비해 감상이 부족해 보인다는 평가를 하고, 감상을 더 보충해 주면 좋겠다는 점을 씀.
7점	체험에 비해 감상이 부족해 보인다는 평가를 하였지만 감상을 보충하자는 의견을 쓰지 않음.
3점	평가 기준에 대해 '그렇지 않다'와 같이 글에 대한 평가만 간단히 답한 경우

부족한 답안 체험에 비해 감상이 부족하다. ＜생각이나 느낌을 더 쓰면 좋겠다.
➡ 글에 대한 평가와 함께 보충할 점을 분명히 써 주면 더 좋은 점수를 받을 수 있어요!

| 15쪽 | 서술형·논술형 문제 |

1 ⓐ 줄다리기를 하는 동영상을 본 일(경험) / 줄다리기가 풍년을 기원하는 민속놀이라는 사실(지식)
2 ⓐ 영산 줄다리기가 그만큼 문화적으로 가치가 큰 문화재임을 알 수 있다.
3 (1) 열을 잘 전달하지 않는 성질
(2) 열을 잘 전달하는 성질
4 ⓐ 위로 올라가 천장의 공기구멍으로 나가고 차가운 공기는 아래에 머물게 되기 때문에 얼음을 오랫동안 보관할 수 있다.

1 줄다리기와 관련한 다양한 경험이나 지식을 구체적으로 썼으면 정답으로 합니다.

2 영산 줄다리기가 그만큼 가치가 큰 문화재임을 알 수 있습니다.

점수	채점 기준
8점	국가 무형 문화재가 무엇인지와 관련하여 영산 줄다리기가 그만큼 중요한 문화재라는 내용을 씀.
4점	영산 줄다리기가 국가 무형 문화재라는 점만 밝혀 씀.
3점	영산 줄다리기에 대한 내용이지만 국가 무형 문화재와 관련이 없는 점을 씀.

3 열전달과 관련하여 진흙과 화강암의 대비되는 성질을 쓸 수 있습니다.

4 더운 공기가 위로 올라가는 성질을 글의 내용과 관련지어 설명합니다.

점수	채점 기준
8점	더운 공기가 위로 올라가 천장의 공기구멍으로 빠져나가기 때문에 얼음을 오랫동안 보관할 수 있다는 내용을 씀.
5점	빙실 안의 더운 공기가 천장의 공기구멍으로 빠져나간다는 설명 없이, 단순히 위로 올라간다고만 설명함.

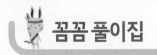 꼼꼼 풀이집

3. 의견을 조정하며 토의해요

쪽지시험 **1** 조정 **2** 모으기 **3** 문제 **4** 예측 **5** 보기

01 미세 먼지에 대처하는 방법 등 **02** (1) 마스크 (2) 공기 청정기 **03** ③ **04** ④ **05** ⑩ 상대를 배려하지 않고 무시하듯이 말하면 안 된다.(상대에게 예의를 지켜 말해야 한다.) **06** (1) ㉡ (2) ㉢ (3) ㉠ **07** 문제 파악하기 **08** 조건 **09** 결과 예측하기 **10** ③, ⑤ **11** ㉯ **12** 사진, 그림, 도표 **13** ② **14** ③ **15** ⑤ **16** ③ **17** 집중력 향상 **18** ⑩ 요일별로 운동장을 이용할 수 있는 학년을 정해 돌아가면서 운동장을 사용하자. **19** ② **20** ⑤

03 호영이와 수희는 상대의 의견을 존중하지 않고 비판하기만 하였습니다.

05 호영이는 상대를 배려하지 않고 무시하며 말하였습니다.

점수	채점 기준
10점	**정답 키워드** 배려 / 존중 / 예의 상대를 무시한 호영이의 자세와 관련하여 토의할 때에는 예의를 지키고 상대를 존중해야 한다는 점을 씀.
5점	'근거를 들어 의견을 말해야 한다.'와 같이 토의 상황에서 지켜야 할 점이지만 호영이의 대화 상황과는 관련이 없는 답안인 경우

부족한 답안 상대를 ~~무시하며 말했다~~ 존중하고 무시하며 말하지 않는다.
➡ 호영이의 자세가 어떠했는지를 쓰는 게 아니고 토의할 때 주의할 점을 써야 해요!

10 다른 이들의 생각은 어떠한지 토론 참여자의 반응을 살펴보는 과정이 [반응 살펴보기]입니다.

18 운동장을 많은 학생이 한꺼번에 이용할 때 안전사고가 일어날 수 있으므로 운동장을 학생들이 나누어 이용할 수 있는 해결 방안을 생각해 봅니다.

점수	채점 기준
10점	학년별로 운동장 이용 시간을 달리하는 방법 등 문제를 해결할 수 있는 합리적인 방안을 씀.
6점	문제 상황과 관련 있는 의견이지만 현실성이 부족하거나 합리적이지 못한 경우

19 5, 6학년 학생들이 실내 체육관만 이용하는 상황과 수업 분위기가 조용해진다는 결과는 관련성이 없습니다.

20 학년별로 하루 중 운동장을 이용하는 시간을 나누려면 학년별로 운동장을 주로 이용하는 시간대가 다르다는 조건이 있어야 합니다.

1 ⑩ 여러 가지 의견이 부딪쳐 갈등이 일어날 수 있으므로 서로의 의견을 조정할 필요가 있다.
2 ⑩ 공기 청정기를 설치하는 데 비용이 많이 들고, 하루 종일 공기 청정기를 켜 놓으면 전기 소모가 많을 수 있다.
3 ⑩ 제목을 중심으로 훑어 읽다가 의견을 뒷받침하는 기사가 나오면 자세히 읽는다.
4 ⑩ 자율 배식보다는 식판에 음식을 받을 때 남길 만한 음식은 미리 말씀드리고 조금만 받자.

1 서로 의견이 달라 갈등이 일어난 장면이므로 갈등을 조절하기 위해 의견 조정이 필요합니다.

2 곳곳에 공기 청정기를 설치하자면 어떤 문제가 일어날 수 있는지 짐작해 봅니다.

점수	채점 기준
8점	공기 청정기를 곳곳에 설치하는 데 비용이 많이 든다는 점 등 예상할 수 있는 문제점을 구체적으로 씀.
5점	'실제로 그렇게 하기 어렵다.'와 같이 실현 가능성에 대해서만 간단하게 씀.
2점	'공기의 질이 좋아질 것이다.'와 같이 사회자가 말한 '문제점'이 아닌 좋은 점에 대해 쓴 경우

3 관련 기사 중에서 필요한 기사를 추려내 골라야 하므로 제목을 중심으로 훑어 읽는 것이 좋습니다.

4 [반응 살펴보기]에서 자율 배식을 하면 남기는 음식이 늘 수 있다는 의견이 있었으므로 자율 배식을 하자는 의견을 어떻게 고칠 수 있을지 생각해 봅니다.

점수	채점 기준
10점	'자율 배식을 하되 음식을 골고루 담는다.'나 '자율 배식보다는 음식을 덜 남길 수 있게 조금만 담는다.'와 같이 자율 배식 의견에 대해 조정한 의견을 구체적으로 씀.
5점	조정한 내용을 드러내지 않고 '자율 배식을 하지 말자.'와 같이 원래의 의견을 반대하기만 한 경우
3점	'그래도 자율 배식을 하자.'와 같이 원래의 의견을 그대로 쓴 경우

4. 겪은 일을 써요

(쪽지시험) **1** 생성   **2** 호응   **3** -지 않다   **4** 주제
5 글감

01 ⑵ ×   **02** 예 그만 나는 피식 웃어 버렸다. / 그만 웃음이 나서 피식 웃어 버렸다.   **03** ⑵ ○   **04** 세연
05 서술어   **06** ⑺ 예 돌아오기 때문이다 ㈏ 예 할아버지께서는 얼른 진지를 다 잡수시고 ㈐ 예 나갔다
07 별로   **08** ⑵ ×   **09** ①, ④, ⑤   **10** ②
11 예 생각하지 않았다   **12** 도현   **13** ⑤
14 ④   **15** ①   **16** ①   **17** 예 "가는 날이 장날"이라더니 해변은 축제 때문에 사람들로 가득했다.
18 ⑴ ① ⑵ ③ ⑶ ②   **19** ①   **20** ⑤

02 '웃어 버렸다'에 대한 주어를 바르게 쓰거나 '웃음이'의 서술어가 나타나게 고쳐 씁니다.

06

점수	채점 기준
15점	㈎~㈐의 내용을 모두 알맞게 씀.
10점	㈎~㈐의 내용 중에서 두 가지만 알맞게 씀.
5점	㈎~㈐의 내용 중에서 한 가지만 알맞게 씀.

08 '전혀'는 부정하는 뜻을 나타내는 서술어와 함께 쓰이므로 '선생님 말씀은 전혀 들어 보지 못한 내용이었다.'와 같이 고쳐 써야 바릅니다.

10 '느낀 점은 ~ 느꼈다'가 되기 때문에 '느꼈다'는 '느낀 점'이라는 주어에 맞는 서술어가 아닙니다. 그러므로 '느낀 점은 ~이다'가 되도록 문장을 고쳐 써야 합니다.

12 '전혀 쉽지 않아서'와 같이 고쳐 쓰는 것이 바릅니다.

16 ②는 인물 설명으로, ③은 자신의 주장으로, ④는 의성어나 의태어로, ⑤는 상황 설명으로 시작한 문장입니다.

17 속담이나 격언을 사용하여 문장을 씁니다.

점수	채점 기준
9점	"'완전해지는 유일한 방법은 거듭된 연습이다.'라는 말처럼 나는 마라톤 대회에 나가기 위해서 오늘도 학교 운동장을 뛰었다.'와 같이 속담이나 격언을 사용한 문장을 알맞게 씀.

[부족한 답안] "가는 날이 장날이다."라는 말처럼/마침 도서관에 갔다.
도서관에 갔더니 문을 열지 않았다.
➡ 속담을 쓰는 상황과 겪은 일의 내용이 알맞아야 해요.

1 예 별로 좋아 보이지 않았다.
2 예 아버지께서 부르셨다
3 예 나는 친구의 생각을 도저히 이해할 수 없다.
4 ① 예 책을 많이 읽는 것이 좋은 것
   ② 예 책을 읽으면 지식이 생기고 재미도 있기 때문이다.
5 예 온 가족이 각자 할 일을 나누어 명절 준비를 하는 모습

1 '별로'라는 말과 어울리게 서술어를 고쳐 씁니다.

채점 기준
'별로'와 호응이 되도록 부정을 뜻하는 서술어를 사용하여 문장을 바르게 고쳐 쓴 답안만 배점을 줌.

2 아버지는 높여야 할 대상입니다.

채점 기준
'아버지께서 부르셨다'와 같이 쓴 답안만 배점을 줌.

3 '도저히'는 부정적인 뜻을 나타내는 서술어와 호응합니다.

채점 기준
부정적인 뜻을 나타내는 서술어를 사용하여 문장을 알맞게 썼으면 배점을 줌.

4 주어와 서술어의 호응 관계가 바르게 앞뒤 문장을 씁니다. ②는 '까닭은'에 어울리는 서술어가 자연스럽게 이어져야 합니다.

점수	채점 기준
10점	①에 무엇이라고 생각하는지 알맞은 내용을 자연스럽게 쓰고, ②에 '까닭은'에 알맞은 서술어 '~ 때문이다'와 같은 말을 넣어 호응이 자연스러운 문장을 씀.
5점	①에 무엇이라고 생각하는지 알맞은 내용을 썼으나 ②에 '까닭은'에 어울리는 서술어를 쓰지 못함.
3점	문장의 의미는 드러나지만 ①에 나의 생각을 구체적으로 쓰지 못하고 ②도 알맞은 서술어를 쓰지 못한 경우

5 설 명절을 보낸 후에 추석의 모습이 어떻게 달라졌는지 생각하여 간략하게 씁니다.

채점 기준
온 가족이 힘을 모아 명절 준비를 한다거나 명절 절차를 간소화했다는 내용을 쓰면 배점을 줌.

5. 여러 가지 매체 자료

27~29쪽 　　　　　　　　　　　　　　**단원평가**

쪽지시험 ❶ 인쇄 ❷ 소리 ❸ ○ ❹ 시각 ❺ 경험

01 ①, ③ **02** (2) × **03** 예 장면에 어울리는 음악을 넣어서 재미나 감동을 느끼게 했을 것이다. **04** ⑤
05 (1) 미세 먼지 (2) 일기 예보 **06** 진영 **07** 영상 매체 자료 **08** (1) ○ **09** ① **10** 지민 **11** ④
12 (2) ○ **13** 예 뇌물을 주고받는 일이 옳지 못하다는 것을 나타내기 위해서이다. **14** ③ **15** ③
16 틀렸다 **17** (1) ① (2) ② **18** ⑤ **19** 정민
20 (1) ×

01 신문과 같은 인쇄 매체 자료는 사진, 글, 그림 등을 잘 살펴보아야 합니다.

03

점수	채점 기준
10점	장면에 어울리는 음향 효과나 화면 연출 등의 방법을 씀.
5점	'생생하게 표현한다.' 등과 같이 방법을 구체적으로 쓰지 못함.

부족한 답안 장면에 어울리게 표현한다.
　　　　　음악을 넣거나 자막을 넣어
➡ 영상 매체 자료의 특징과 관련지어 쓰는 것이 좋아요.

04 휴대 전화 문자 메시지와 누리 소통망은 인터넷 매체 자료입니다.

08 밤새도록 환자들을 치료하는 상황을 나타내기 위해 치료 장면을 연달아 보여 주었습니다.

10 허준의 속마음을 그대로 들려주었습니다.

11 유도지가 과거 시험에 합격하기 위해 벼슬아치에게 뇌물을 주었습니다.

13

점수	채점 기준
10점	뇌물을 주고받는 일이 옳지 못하다는 것을 나타내기 위해서라는 내용을 씀.
5점	'재미있게 하기 위해서' 등과 같이 의도를 구체적으로 쓰지 못함.

15 흑설 공주가 핑공 카페에 서영이와 관련된 거짓 글을 올렸습니다.

18 흑설 공주와 서영이 중 누구의 말이 맞는지 알 수 없었기 때문에 서로 의견이 달랐습니다.

19 이야기의 내용과 관련된 모습을 비교해서 말한 사람은 정민이입니다.

30쪽 　　　　　　　　　　　　　**서술형·논술형 문제**

1 (1) 예 유명 영화 감독의 면담 내용을 실은 잡지를 본 적이 있다. (2) 예 부모님과 극장에 가서 영웅이 악당을 물리치는 영화를 본 적이 있다. (3) 예 친구에게 누리 소통망을 통해 사진을 전달받은 적이 있다.
2 예 인물이 두리번거리는 모습을 가까이 보여 준다. / 불안한 느낌을 주는 음악을 들려 준다.
3 예 다른 사람의 일에 관심을 가지는 것이 나쁘지는 않지만 적절하지 않은 근거로 판단하는 것은 나쁘다.
4 (1) 예 인물이 겪은 고난, 인물과 가까이 지낸 사람들, 인물이 이룬 업적 등 (2) 예 독립운동을 하신 분들을 소개한 책을 읽어 본다. / 독립운동가와 관련된 다큐멘터리를 찾아본다.

1

점수	채점 기준
15점	(1)에 인쇄 매체 자료를, (2)에 영상 매체 자료를, (3)에 인터넷 매체 자료를 이용해 본 경험을 씀.
10점	(1)~(3) 중 두 가지만 알맞게 씀.
5점	(1)~(3) 중 한 가지만 알맞게 씀.

2 허준이 처한 상황을 잘 나타낼 수 있는 표현 방법을 생각해 봅니다.

점수	채점 기준
8점	허준이 무엇인가 이상하다고 느끼는 것을 잘 표현할 수 있는 방법을 영상 매체 자료의 특성과 관련지어 씀.
4점	허준이 무엇인가 이상하다고 느끼는 것을 표현할 수 있는 방법이지만 영상 매체 자료의 특성과 관련이 없는 내용을 씀.

3 핑공 카페에서 인물들은 흑설 공주와 서영이에 대한 저마다의 의견을 댓글로 달았습니다.

점수	채점 기준
7점	댓글을 단 인물들의 태도에 대한 생각을 구체적으로 밝혀 씀.
3점	'나쁘다.' 등과 같이 생각을 너무 간단하게 씀.

4 조사할 내용을 정하고 알맞은 매체 자료를 생각합니다.

점수	채점 기준
10점	(1)에 조사할 내용을 알맞게 쓰고, (2)에 그 내용을 찾을 수 있는 매체 자료를 씀.
5점	(1)에 조사할 내용을 알맞게 썼지만, (2)에 매체 자료를 쓰지 못함.

8. 우리말 지킴이

쪽지시험 ❶ 리얼한데 ❷ 설문지 ❸ × ❹ 자료 ❺ ○

01 ㈜ 영어　　**02** ②　　**03** ㉡　　**04** ㈜ 멋진 옷　　**05** ㈜ 영어와 한글 줄임 말을 혼합해 만든 국적 불문의 말이기 때문이다.　　**06** ③, ⑤　**07** ⑴ ○ ⑶ ○　　**08** ⑶ ○　**09** ⑤　　**10** 좁혔다 **11** ①, ④ **12** ①, ②, ④　　　　**13** ㈏　　**14** ㈜ 자료를 조사하면서 다른 사람의 저작물을 가져올 때 저작자나 출처를 꼭 밝힌다.　　**15** ④　　**16** ①　　**17** 천천히 **18** ③ **19** 삼각김밥　　　　**20** ㈜ 진짜야

02 '열공했더니', '삼김'과 같은 줄임 말을 사용했습니다.
03 ㉠, ㉢은 우리말이 있는데도 영어를 그대로 사용했습니다.
04 소리 나는 대로 쓴 말을 바르게 고쳐 씁니다.
05 '노잼'은 '노(no)'와 '잼(재미)'을 혼합해 만든 말입니다.

점수	채점 기준
10점	영어와 한글 줄임 말을 합해서 만든 낱말이라는 까닭을 정확하게 씀.
6점	'올바른 우리말이 아니기 때문이다.'와 같이 까닭을 구체적으로 쓰지 않음.

06 사물인 사과주스는 높이지 않습니다.
07 지역의 모든 간판을 조사할 수 없고 몇 사람만으로 조사하기도 어렵습니다.
09 옷이 수입된 것이라면 옷에 영어가 있는 것은 당연할지도 모르니 조사 대상으로 알맞지 않다고 했습니다.
10 주제에 맞는 조사 대상을 생각하고 아이들에게 영향을 많이 주는 것으로 범위를 좁혔습니다.
13 조사한 내용을 설명하는 말이므로 ㈏ 부분에 들어가는 것이 알맞습니다.

14
점수	채점 기준
10점	저작권을 침해하지 않기 위해 저작자나 출처를 밝힌다는 내용을 구체적으로 씀.
7점	저작권을 침해하지 않는다는 내용만 간략하게 씀.
2점	발표를 하거나 들을 때 주의할 점을 씀.

15 발표자에게 빨리하라고 하거나 야유를 보내면 안 됩니다.
16 발표 내용만 보면서 읽듯이 발표하는 것이 아니라 듣는 사람을 보며 발표해야 합니다.

19 '삼김'을 바르게 고친 말은 '삼각김밥'입니다.
20 '레알'은 'real'에서 온 말입니다.

1 ㈜ 영어를 모르는 사람은 가게를 잘 찾지 못할 수 있다.
2 ⑴ ㈜ 재미가 없었어
　⑵ ㈜ 나왔습니다 / 나왔어요
　⑶ ㈜ 우아하게 옷을 입으세요
3 ㈜ 한 화면에 너무 많은 내용을 제시하고 있다.
4 ⑴ ㈜ 줄임 말을 사용한 것을 후회하는 마음
　⑵ ㈜ 이마 부분에 세로선을 여러 개 그리고 뒷머리를 만지는 동작을 그렸다.

1 우리말이 있는데도 영어를 그대로 간판에 사용하면 어떤 문제가 생길지 떠올려 씁니다.
2 ⑴은 영어와 한글 줄임 말을 혼합해 만든 신조어를, ⑵는 사물에 높임 표현을 사용했습니다. ⑶은 외국어를 지나치게 많이 사용했습니다.

점수	채점 기준
9점	⑴~⑶을 모두 올바른 우리말 표현으로 바꾸어 씀.
6점	⑴~⑶ 중에서 두 가지만 올바른 표현으로 바꾸어 씀.
3점	⑴~⑶ 중에서 한 가지만 바르게 고쳐 씀.

3 발표를 듣는 친구들이 어떤 생각을 했는지 살펴봅니다.

점수	채점 기준
8점	한 화면에 많은 내용을 제시했다거나 자료가 너무 복잡하다는 내용을 씀.
5점	'발표를 잘 알아들을 수 없다.'와 같이 여자아이가 잘못한 점을 구체적으로 쓰지 못함.
2점	발표할 때 주의할 점이지만 그림의 내용과 관련 없는 내용을 쓴 경우

4 줄임 말을 사용해서 아저씨가 말을 알아듣지 못하자 줄임 말을 사용한 것을 후회하는 상황입니다.

점수	채점 기준
10점	⑴에 줄임 말을 사용한 것을 후회하는 마음을 쓰고 ⑵에 이마 부분에 세로선을 여러 개 그리고 뒷머리를 만지는 동작을 그렸다는 내용을 모두 찾아 씀.
7점	⑴에 민수의 마음을 알맞게 썼지만 ⑵에 표정이나 몸짓을 표현한 방법을 한 가지만 씀.
3점	장면에 나타난 민수의 마음만 씀.

46~48쪽 · **2학기 총정리** **1회**

01 ⑤   **02** ⑤   **03** ⑤   **04** ㉡, ㉣, ㉠, ㉢
05 돌아오기 때문이다 등   **06** ⑤   **07** (1) 글머리 (2) 주제 (3) 글감   **08** ②, ④   **09** ④   **10** 예 착한 사람이 되겠다고 인사를 하면, 지금은 착한 사람이 아닌것 같은 기분이 들기 때문입니다.   **11** ⑤   **12** ②
13 ① 기준 ② 설문 조사 ③ 친분   **14** 예 도움
15 ⑤   **16** ②   **17** 잎차례 **18** (1) 해바라기 (2) 화살나무   **19** 예 서로 어긋나게 피우는 '어긋나기', 줄기 한 마디에 잎 두 장이 마주 보는 '마주나기'가 있다.
20 예 달콤한 찻집

01 상대의 말을 경청할 때에는 상대의 이야기에 관심을 가지고 적절히 반응하며 듣습니다. 비판적으로 듣는 것은 공감하는 대화와 관련이 없습니다.

02 조상들은 풍년을 바라는 마음에서 용을 닮은 줄을 만들어 줄다리기를 하였습니다.

03 벼농사, 농경문화 등은 줄다리기의 유래를 이해할 때 도움이 되지만 줄넘기와 체력은 글의 내용과 관련이 없습니다.

04 먼저 문제를 정확히 파악하고 의견에 대한 조건을 따져 본 뒤, 결과를 예측해 봅니다. 의견에 대한 반응을 살펴보는 것은 의견 조정하기 중 마지막 과정입니다.

05 '환경을 보호해야 하는 까닭은'으로 시작한 문장이므로, '~ 때문이다'와 같은 서술어가 이어져야 자연스럽습니다.

06 '도무지, 별로, 전혀, 결코'는 부정을 나타내는 서술어와 호응하는 말입니다.

07 글의 재료는 '글감'이고 글로 나타내고 싶은 생각은 '주제'입니다. 글을 시작하는 첫 부분을 '글머리'라고 합니다.

08 영화와 연속극이 영상 매체 자료에 해당합니다. 잡지는 인쇄 매체 자료입니다.

09 그림과 같은 인터넷 매체 자료로 파일, 그림, 사진, 영상 등을 자유롭게 주고받을 수 있습니다.

10 인사말을 바꾸면 어떤 문제점이 있는지 생각해 보고 반대 의견에 대한 근거를 쓸 수 있습니다.

점수	채점 기준
10점	인사말이 어색하다는 점이나 전통적인 인사말이 더 낫다는 까닭을 들어 반대 의견에 대한 근거를 구체적으로 씀.

5점	"착한 사람이 되겠습니다."라는 인사말의 단점에 대해 까닭을 들지 않고 '인사말을 바꿀 필요가 없다.'와 같이 씀.
2점	구체적인 근거를 들지 못하였거나 반대편의 근거가 아닌 찬성편의 근거로 볼 수도 있는 점을 쓴 경우

11 자신이 직접 조사한 자료가 아니더라도 출처나 내용이 정확하고 믿을 만한 것이면 활용할 수 있습니다.

12 이어지는 근거가 "학급 임원은 반드시 필요하다."라는 주제에 반대되는 주장을 뒷받침하고 있습니다. '재청'은 다른 사람의 의견에 찬성하여 자신도 그와 같이 청한다는 것을 뜻하는 말입니다.

13 후보들의 능력보다 친분을 우선으로 투표한다는 설문 조사를 근거 자료로 하여 학급 임원을 뽑는 기준이 올바르지 않다고 하였습니다.

14 문장의 내용으로 보아 '도움'으로 바꾸어도 뜻이 자연스럽습니다.

15 글의 전체 내용은 이어폰으로 음악을 들으며 공부하는 것이 학습에 도움이 되지 않는다는 것입니다. ①, ②와 같은 내용은 글의 내용으로 알맞지만 글 전체에서 전하고자 하는 중심 생각과는 거리가 있습니다.

16 이어지는 내용에서 '좋지 않은 소식을 전하려는 경우가 많았다'고 하였으므로 좋지 않은 소식일까 봐 깜짝 놀랐다는 뜻으로 짐작할 수 있습니다.

17 식물의 잎차례에 대해 설명한 글이므로 중심 낱말은 '잎차례'가 알맞습니다.

18 어긋나기의 잎차례를 가진 식물과 마주나기의 잎차례를 가진 식물로 구분할 수 있습니다.

19 글에서 소개한 '잎차례'의 종류 두 가지를 간추려 쓸 수 있습니다.

점수	채점 기준
10점	🖑 정답 키워드 어긋나기 / 마주나기 잎차례의 종류로 '어긋나기', '마주나기'를 밝히고, 그 잎차례의 특징을 간단히 정리하여 씀.
7점	'어긋나기, 마주나기가 있다.'와 같이 잎차례의 특징은 쓰지 않고 잎차례에 대해서만 씀.
3점	'잎차례에는 여러 가지가 있다.'와 같이 글에서 밝힌 두 가지 잎차례를 드러내지 않음.

부족한 답안 ~~어긋나기, 마주나기가 있다.~~
잎이 어긋나는   잎이 마주 보며 나는
➡ 잎차례의 특징을 간단히 써 주는 것이 좋아요!

20 영어와 우리말이 섞여 있는 이름을 바른 우리말 표현으로 바꾸어 쓸 수 있습니다.

01 철 수세미　**02** (2) ○　**03** ㉘ 처지를 바꾸어 생각해 본다.　**04** 발길이 닿은 장소　**05** 지혜
06 ㉘ 무관심하다　**07** ①　**08** ⑤　**09** 시간
10 밀려온다 → 밀려왔다　**11** ⑤　**12** ㉘ 병을 치료해　**13** ㉘ 밤새도록 환자를 치료하는 상황을 표현하려고 뜸이나 침을 이용해 사람들을 치료하는 장면을 연달아 보여 주었다.　**14** 주장 다지기　**15** 유행
16 (2) ×　**17** ⑤　**18** (2) ○　**19** ③　**20** ④

01 현욱이는 수세미로는 잘 닦이지 않아서 철 수세미로 프라이팬을 닦았습니다.

02 현욱이 엄마는 현욱이가 실수를 해서 번거로운 일이 생겼지만 집안일을 도와주려는 현욱이의 착한 마음씨에 고마움을 느꼈을 것입니다.

03 엄마는 현욱이가 어떤 마음으로 설거지를 했는지, 현욱이의 처지에서 현욱이의 마음을 생각하여 말했습니다.

점수	채점 기준
8점	'말하는 사람의 처지가 되어 생각한다.', '자신과 상대의 처지가 어떻게 다른지 생각한다.'와 같이 처지를 바꾸어 생각한다는 내용을 씀.
4점	'말하는 사람에게 주의를 기울여 집중해서 듣는다.'와 같이 공감하며 대화하는 방법이지만 현욱이 엄마가 한 말과 관련이 적은 내용을 쓴 경우
1점	공감하며 대화하는 방법과 관련 없는 내용을 씀.

04 '발길이 닿은 장소'가 자연스럽고 바른 표현입니다.

05 지혜는 배웠던 지식을 활용하자는 의견을 제시했고, 현우는 겪은 일에 대한 감상을 충분히 쓰는 것이 좋다고 말했습니다.

06 여자아이는 토의에 관심이 없고 적극적으로 참여하지 않았습니다.

07 글을 읽어야 상세한 정보를 얻을 수 있는 자료에는 책, 보고서, 설문 조사 등이 있습니다. 그림, 도표, 사진은 눈으로 확인하기 쉽고 한눈에 이해하기 쉬운 자료입니다.

08 용준이가 '나'에게 장난을 걸어왔고, 용준이의 장난을 막다가 '내' 눈과 용준이 머리가 부딪쳤습니다.

09 시간을 나타내는 말 '어제저녁'과 서술어 '밀려온다'의 호응 관계가 바르지 않습니다.

10 과거의 일을 쓴 문장이므로 '밀려온다'를 '밀려왔다'로 고쳐 써야 합니다.

11 인쇄 매체 자료의 내용을 잘 이해하려면 글과 그림과 사진이 주는 시각 정보를 잘 살펴봐야 합니다. ①과 ②는 영상 매체 자료, ③은 인터넷 매체 자료에 대한 설명입니다. 인터넷 매체 자료는 인쇄 매체 자료와 영상 매체 자료의 정보 전달 방식을 모두 사용합니다.

12 허준은 과거 시험을 보러 가야 하는데 허준에게 병을 치료해 달라고 찾아온 사람이 많았습니다.

13 허준이 밤새도록 환자를 치료하는 상황을 표현하려고 환자를 치료하는 장면을 연달아 보여 주었습니다.

점수	채점 기준
10점	허준이 환자를 치료하는 장면을 연달아 보여 주었다는 내용을 씀.
7점	'허준의 손을 보여 주었다.'와 같이 인물이 처한 상황의 표현 방법을 구체적으로 쓰지 못함.
3점	허준이 처한 상황만 쓴 경우

부족한 답안 밤새 환자를 치료하였다. 는 상황을 표현하려고 치료 장면을 연달아 보여 주었다.
➡ 인물이 처한 상황이 아닌 그 상황을 표현한 방법을 써야 해요.

14 토론의 마지막 단계인 '주장 다지기' 단계에서 하는 일입니다.

15 글쓴이는 장래 희망 직업을 유행에 따라 결정하는 상황에 대해 말하고 있습니다.

16 부모님 직업은 글의 주제와 관련이 없으므로 근거 자료로 활용할 수 없습니다.

17 이 글에 여러 번 반복해서 나타나는 중심 낱말은 '볼주머니'입니다.

18 이 글은 볼주머니가 있는 동물을 나열하여 설명한 글입니다. 나열 구조의 글은 (2)와 같은 틀에 요약할 수 있습니다. (1)은 순서 구조의 글을 요약하기에 알맞은 틀입니다.

19 여자아이가 발표할 때 너무 작은 목소리로 말해서 듣는 사람이 잘 알아듣지 못했습니다. 발표자는 발표할 때 목소리 크기, 표정과 몸짓이 자연스러운지 생각해야 합니다.

20 '레알'은 'real'에서 온 말이므로 '진짜'로 바꾸어 쓸 수 있습니다.

수 학

1. 수의 범위와 어림하기

55~57쪽		단원평가	1회

01 5, 6, 7, 8에 ○표　　**02** ·

03 960　　**04** 300

05 이하

06 62, 80, 30, 58에 ○표, 124, 90에 △표

07 5400, 5300, 5300　　**08** 3학년, 5학년

09 ┼┼┼┼┼┼┼┼┼┼┼┼┼┼┼┼┼┼┼┼┼┼┼
　　　20　　　　30　　　　40

10 ┼┼┼┼┼┼┼┼┼┼┼┼┼┼┼┼
　　11　12　13　14　15　16　17　18　19

11 (1) 2.1　(2) 4.82

12 4000, 4000, 5000, 3000, 4722 ; 4722

13 대전, 전주, 부산

14 (1) ⓒ, 720개　(2) ⊙, 50장

15 ⊙, ㉣　　**16** 6100, >, 6000

17 예 17 초과 21 이하인 자연수는 18, 19, 20, 21입니다.
　　➡ 18+19+20+21=78 ; 78

18 5개　　**19** 4000원

20 예 올림하여 천의 자리까지 나타내면 70000이 되는 가장 작은 자연수는 6001, 가장 큰 자연수는 7000입니다. 따라서 두 수의 차는 7000−6001=999입니다. ; 999

12

점수	채점 기준
4점	풀이 과정을 완성하고 답을 바르게 구했음.
2점	풀이 과정을 완성했지만 일부가 틀림.

15 2 m=200 cm이므로 높이가 200 cm 미만인 자동차를 모두 찾으면 ⊙, ㉣입니다.

16 6128 ➡ 6100, 6594 ➡ 6000

17

점수	채점 기준
6점	정답 키워드 18+19+20+21=78 풀이 과정을 쓰고 답을 바르게 구했음.
3점	풀이 과정에서 실수가 있어 답이 틀림.

18 □ 안에 들어갈 수 있는 수는 5, 6, 7, 8, 9이므로 모두 5개입니다.

19 부모님은 어른이므로 1500×2=3000(원)이고 수영이와 동생은 12세 이하로 어린이이므로 500×2=1000(원)입니다. 따라서 수영이네 가족의 입장료는 모두 3000+1000=4000(원)입니다.

20

점수	채점 기준
10점	정답 키워드 7000−6001=999 풀이 과정을 쓰고 답을 바르게 구했음.
6점	풀이 과정에서 실수가 있어 답이 틀림.

58~60쪽		단원평가	2회

01 이상　　**02** 18에 ×표

03 ⊙, ㉡　　**04** 미만

05 (1) 520　(2) 6240　　**06** ④

07 3명　　**08** 꼬마 자동차

09 2개

10 ┼┼┼┼┼┼┼┼┼┼┼┼┼┼┼┼┼┼┼┼┼┼┼┼┼┼
　　24　　25　　26　　27　　28　　29

11 9.9, 9.81　　**12** 이모, 누나, 삼촌

13 2001

14 예 수 카드로 만든 가장 큰 네 자리 수는 7520입니다. 이 수를 반올림하여 백의 자리까지 나타내면 7500입니다. ; 7500

15 ⊙, ㉡, ㉢　　**16** 8장

17 예 학생 146명이 케이블카가 한 번 운행할 때 10명씩 탄다면 14번 운행하고 남은 6명이 타고 한 번 더 운행해야 합니다. 따라서 케이블카를 최소 15번 운행해야 합니다. ; 15번

18 ④　　**19** 35, 36, 37, 38, 39

20 예 지우개 5272개는 한 상자에 100개씩 52상자에 넣어 팔 수 있고 남은 72개는 팔 수 없습니다. 따라서 팔 수 있는 지우개의 값은 최대 5000×52=260000(원)입니다. ; 260000원

13 2001 ➡ 3000, 3001 ➡ 4000,
　　3010 ➡ 4000, 3100 ➡ 4000

14

점수	채점 기준
4점	정답 키워드 7520 / 7500 풀이 과정을 쓰고 답을 바르게 구했음.
2점	풀이 과정에서 실수가 있어 답이 틀림.

15 72 이상인 수와 72 이하인 수에는 72가 포함되고, 71 초과인 수는 71보다 큰 수이므로 72가 포함됩니다.

16 8250을 버림하여 천의 자리까지 나타내면 8000입니다. 따라서 8250원을 1000원짜리 지폐로 최대 8장까지 바꿀 수 있습니다.

17

점수	채점 기준
6점	풀이 과정을 쓰고 케이블카는 최소 몇 번 운행해야 하는지 바르게 구했음.
3점	풀이 과정에서 실수가 있어 답이 틀림.

18 ① 62540 ② 62600 ③ 62500 ④ 63000 ⑤ 60000

19 ㉠과 ㉡에 공통으로 들어가는 자연수의 범위는 35 이상 40 미만인 수이므로 35, 36, 37, 38, 39입니다.

20

점수	채점 기준
10점	정답 키워드 52상자, 5000×52=260000(원) 풀이 과정을 쓰고 팔 수 있는 지우개의 값은 최대 얼마인지 바르게 구했음.
6점	풀이 과정에서 실수가 있어 답이 틀림.

61쪽	서술형·논술형 문제 1회

1 4.7, 5 ; 5 cm

2 ⓔ 색 테이프를 10 m씩 12묶음을 사면 120 m이므로 125 m를 사려면 13묶음을 사야 합니다. 따라서 돈은 최소 1500×13=19500(원) 필요합니다. ; 19500원

3 (1) 7 (2) 9 (3) 6, 7, 8 / 6 / 6

(4) ⓔ 비밀번호는 796□이고 일의 자리 수는 5 초과인 수인 6, 7, 8, 9 중 하나입니다. 각 자리 수는 서로 다르므로 일의 자리 수는 8이고 비밀번호는 7968입니다. ; 7968

1

점수	채점 기준
6점	풀이 과정을 완성하고 답을 바르게 구했음.
3점	풀이 과정을 완성했지만 일부가 틀림.

2

점수	채점 기준
8점	풀이 과정을 쓰고 돈은 최소 얼마가 필요한지 바르게 구했음.
4점	풀이 과정에서 실수가 있어 답이 틀림.

3

점수	채점 기준
20점	(1), (2), (3), (4)를 모두 바르게 구했음.
12점	(1), (2), (3)의 답만 구했음.
8점	(4)의 풀이 과정과 답만 구했음.
각 3점	(1), (2) 중 한 가지만 구했음.

62쪽	서술형·논술형 문제 2회

1 초과 / 미만 / 11, 12, 13, 14, 15 / 5 ; 5개

2 ⓔ 나이가 7살과 같거나 적은 경우는 ㉠ 7살입니다. 나이가 65살과 같거나 많은 경우는 ㉣ 65살, ㉤ 68살입니다. 따라서 입장료를 내지 않아도 되는 나이는 ㉠ 7살, ㉣ 65살, ㉤ 68살입니다. ; ㉠, ㉣, ㉤

3 (1) 1950, 2060, 4970, ㉡ ; ㉡

(2) ⓔ 반올림하여 백의 자리까지 나타내면 ㉠은 1900, ㉡은 2100, ㉢은 5000입니다. 따라서 세희가 타고 싶어 하는 자동차는 백의 자리 수가 가장 큰 ㉠입니다. ; ㉠

1

점수	채점 기준
6점	풀이 과정을 완성하고 수의 범위에 속하는 자연수의 개수를 바르게 구했음.
3점	풀이 과정을 완성했지만 일부가 틀림.

2

점수	채점 기준
8점	풀이 과정을 쓰고 입장료를 내지 않아도 되는 나이를 모두 바르게 구했음.
4점	풀이 과정에서 실수가 있어 답이 틀림.

3 (1) ㉠ 1945 ➡ 1950, ㉡ 2060 ➡ 2060, ㉢ 4961 ➡ 4970
➡ 십의 자리 수가 6인 자동차는 ㉡입니다.

(2) ㉠ 1945 ➡ 1900, ㉡ 2060 ➡ 2100, ㉢ 4961 ➡ 5000
➡ 백의 자리 수가 가장 큰 자동차는 ㉠입니다.

점수	채점 기준
14점	(1), (2)를 모두 바르게 구했음.
8점	(2)의 풀이 과정을 쓰고 세희가 타고 싶어 하는 자동차를 구했음.
6점	(1)의 풀이 과정을 완성하고 영주가 타고 싶어 하는 자동차를 구했음.

2. 분수의 곱셈

01 $2, 6, 1\frac{1}{5}$ **02** $2, 3, 6, 3, 6\frac{3}{4}$

03 $\frac{24}{25} \times \frac{5}{36} = \frac{\overset{2}{\cancel{24}} \times \overset{1}{\cancel{5}}}{\underset{5}{\cancel{25}} \times \underset{3}{\cancel{36}}} = \frac{2}{15}$

04 $\frac{1}{20}$ **05** $1\frac{2}{3}$에 ○표   **06** 규민

07 $11\frac{2}{3}, 3\frac{3}{4}$ **08** ②, ⑤

09 $5 \times 1\frac{2}{5}, 5 \times 3\frac{1}{4}$에 ○표, $5 \times \frac{4}{9}$에 △표

10 $<$ **11** $\frac{6}{25}$ **12** $2\frac{1}{2}$ m²

13 $1\frac{1}{4} \times 7 = 8\frac{3}{4}$; $8\frac{3}{4}$ L   **14** ㉢

15 4개   **16** $\frac{2}{7} \times \frac{1}{3} \times \frac{3}{4} = \frac{1}{14}$; $\frac{1}{14}$

17 $\frac{1}{4}$ **18** $12\frac{5}{6}$ **19** $11\frac{1}{9}$ L

20 ㈎ (타일 한 장의 넓이)$= 3\frac{1}{4} \times 3\frac{1}{4} = 10\frac{9}{16}$ (cm²)

따라서 붙인 타일의 넓이는 모두

$10\frac{9}{16} \times 8 = \frac{169}{\underset{2}{\cancel{16}}} \times \overset{1}{\cancel{8}} = \frac{169}{2} = 84\frac{1}{2}$ (cm²)입니다.

; $84\frac{1}{2}$ cm²

13

점수	채점 기준
4점	식 $1\frac{1}{4} \times 7 = 8\frac{3}{4}$을 쓰고 답을 바르게 구했음.
2점	식 $1\frac{1}{4} \times 7$만 썼음.
2점	답 $8\frac{3}{4}$ L만 썼음.

16

점수	채점 기준
6점	식 $\frac{2}{7} \times \frac{1}{3} \times \frac{3}{4} = \frac{1}{14}$을 쓰고 답을 바르게 구했음.
3점	식 $\frac{2}{7} \times \frac{1}{3} \times \frac{3}{4}$만 썼음.
3점	답 $\frac{1}{14}$만 썼음.

17 $\frac{2}{3}\left(=\frac{16}{24}\right) > \frac{13}{24} > \frac{3}{8}\left(=\frac{9}{24}\right)$이므로 가장 큰 수

는 $\frac{2}{3}$, 가장 작은 수는 $\frac{3}{8}$입니다. ➡ $\frac{\overset{1}{\cancel{2}}}{\underset{1}{\cancel{3}}} \times \frac{\overset{1}{\cancel{3}}}{\underset{4}{\cancel{8}}} = \frac{1}{4}$

18 $4\frac{2}{3} \times 2\frac{3}{4} = \frac{14}{3} \times \frac{11}{\underset{2}{\cancel{4}}}{}^{\!7} = \frac{77}{6} = 12\frac{5}{6}$

19 2시간 30분 $= 2\frac{30}{60}$시간 $= 2\frac{1}{2}$시간

➡ $4\frac{4}{9} \times 2\frac{1}{2} = \frac{40}{9}{}^{\!20} \times \frac{5}{\underset{1}{\cancel{2}}} = \frac{100}{9} = 11\frac{1}{9}$ (L)

20

점수	채점 기준
10점	풀이 과정을 쓰고 붙인 타일의 넓이를 바르게 구했음.
6점	풀이 과정에서 실수가 있어 답이 틀림.

01 $11, 3, 33, 16\frac{1}{2}$ **02** $5, 5, 25, 4\frac{1}{6}$

03 $3\frac{3}{5}$ **04** $\frac{1}{56}$

05 (선 연결)   **06** 상호

07 ④   **08** $31\frac{1}{4}$ **09** $<$

10 ㈎ $\frac{7}{8} \times \frac{5}{8} = \frac{7 \times 5}{8 \times 8} = \frac{35}{64}$

11 $3\frac{1}{8} \times 6 = 18\frac{3}{4}$; $18\frac{3}{4}$ cm

12 (1) 11 (2) 9   **13** $\frac{8}{15}$ m

14 (1) $1\frac{7}{12}$ cm (2) $3\frac{1}{6}$ cm²

15 $1\frac{5}{7} \times 4\frac{2}{3} = 8$; 8 kg   **16** $\frac{1}{30}$

17 $\frac{4}{15}$ **18** 혜민, 지원, 경훈   **19** $36\frac{3}{4}$

20 ㈎ • 첫 번째로 튀어 오른 높이: $\overset{18}{\cancel{54}} \times \frac{1}{\underset{1}{\cancel{3}}} = 18$ (m)

• 두 번째로 튀어 오른 높이: $\overset{6}{\cancel{18}} \times \frac{1}{\underset{1}{\cancel{3}}} = 6$ (m)

• 세 번째로 튀어 오른 높이: $\overset{2}{\cancel{6}} \times \frac{1}{\underset{1}{\cancel{3}}} = 2$ (m) ; 2 m

11

점수	채점 기준
4점	식 $3\frac{1}{8}\times6=18\frac{3}{4}$을 쓰고 답을 바르게 구했음.
2점	식 $3\frac{1}{8}\times6$만 썼음.
2점	답 $18\frac{3}{4}$ cm만 썼음.

15

점수	채점 기준
4점	식 $1\frac{5}{7}\times4\frac{2}{3}=8$을 쓰고 답을 바르게 구했음.
2점	식 $1\frac{5}{7}\times4\frac{2}{3}$만 썼음.
2점	답 8 kg만 썼음.

19 ㉠ $18\times2\frac{5}{6}=\overset{3}{\cancel{18}}\times\frac{17}{\cancel{6}}=51$

㉡ $9\times1\frac{7}{12}=\overset{3}{\cancel{9}}\times\frac{19}{\cancel{12}_4}=\frac{57}{4}=14\frac{1}{4}$

➡ ㉠－㉡ $=51-14\frac{1}{4}=50\frac{4}{4}-14\frac{1}{4}=36\frac{3}{4}$

20

점수	채점 기준
10점	풀이 과정을 쓰고 공이 세 번째로 튀어 오른 높이를 바르게 구했음.
6점	풀이 과정에서 실수가 있어 답이 틀림.

70쪽 **서술형·논술형 문제 1회**

1 4, 5, 4, 5, 20 ; $\frac{1}{20}$ m²

2 $\frac{2}{5}\times\frac{5}{6}=\frac{1}{3}$; $\frac{1}{3}$

3 (1) 56 kg

(2) ⑩ (아버지의 몸무게)$=56\times1\frac{3}{8}=\overset{7}{\cancel{56}}\times\frac{11}{\cancel{8}_1}$

$=77$ (kg) ; 77 kg

(3) ⑩ (가은이의 몸무게)$=\overset{8}{\cancel{56}}\times\frac{4}{\cancel{7}_1}=32$ (kg) ; 32 kg

1

점수	채점 기준
6점	풀이 과정을 완성하고 나누어진 한 칸의 넓이를 바르게 구했음.
3점	풀이 과정을 완성했지만 일부가 틀림.

2

점수	채점 기준
8점	식 $\frac{2}{5}\times\frac{5}{6}=\frac{1}{3}$을 쓰고 답을 바르게 구했음.
4점	식 $\frac{2}{5}\times\frac{5}{6}$만 썼음.
4점	답 $\frac{1}{3}$만 썼음.

3

점수	채점 기준
16점	(1), (2), (3)을 모두 바르게 구했음.
각 6점	(2), (3) 중 한 가지만 풀이 과정을 쓰고 답을 구했음.
4점	(1)의 답만 구했음.

71쪽 **서술형·논술형 문제 2회**

1 $24\times\frac{5}{8}=15$; 15시간

2 ⑩ (정사각형 가의 넓이)$=\frac{7}{10}\times\frac{7}{10}=\frac{49}{100}$ (cm²)

(직사각형 나의 넓이)$=\frac{3}{5}\times\frac{13}{20}=\frac{39}{100}$ (cm²)

➡ $\frac{49}{100}>\frac{39}{100}$이므로 가의 넓이가 더 넓습니다.

; 가

3 (1) $2\frac{5}{8}$, $1\frac{3}{7}$ (2) $2\frac{5}{8}\times1\frac{3}{7}=3\frac{3}{4}$; $3\frac{3}{4}$

1

점수	채점 기준
6점	식 $24\times\frac{5}{8}=15$를 쓰고 답을 바르게 구했음.
3점	식 $24\times\frac{5}{8}$만 썼음.
3점	답 15시간만 썼음.

2

점수	채점 기준
8점	풀이 과정을 쓰고 가와 나 중에서 더 넓은 것을 바르게 구했음.
4점	풀이 과정에서 실수가 있어 답이 틀림.

3

점수	채점 기준
10점	(1), (2)를 모두 바르게 구했음.
6점	(2)의 식과 답만 구했음.
4점	(1)의 답만 구했음.

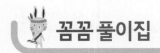

3. 합동과 대칭

01 사   **02** 나

03 4쌍   **04** ㅇㅅ ; ㅅㅂㅁ

05 예 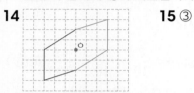   **06** 직선 ㅁㅂ

07 ④

08 ㉠, ㉢, ㉣, ㉤ ; ㉡, ㉣, ㉤, ㉦

09 ㉣, ㉥   **10** 10, 13, 10, 13, 29 ; 29 cm

11 ②   **12**

13 예 어떤 점을 중심으로 180° 돌렸을 때 처음 도형과 완전히 겹치지 않기 때문입니다.

14   **15** ③

16 예 선대칭도형이므로 변 ㄱㄴ과 변 ㄱㄷ의 길이가 같습니다.

따라서 (변 ㄱㄴ)=(42−12)÷2=15 (cm)입니다.
; 15 cm

17 ②, ⑤   **18** 80   **19** 33 cm²   **20** 44 cm

10

점수	채점 기준
4점	풀이 과정을 완성하고 삼각형 ㄹㅁㅂ의 둘레를 바르게 구했음.
2점	풀이 과정을 썼지만 일부가 틀림.

13

점수	채점 기준
4점	점대칭도형이 아닌 이유를 바르게 썼음.
2점	점대칭도형이 아닌 이유를 썼지만 미흡함.

15 ③ 대칭축은 6개입니다.

16

점수	채점 기준
6점	풀이 과정을 쓰고 변 ㄱㄴ의 길이를 바르게 구했음.
3점	풀이 과정에서 실수가 있어 답이 틀림.

18 선대칭도형에서 각각의 대응각의 크기는 같고, 사각형의 네 각의 크기의 합은 360°이므로
□=360°−105°−100°−75°=80°입니다.

19

➡ (4+7)×3÷2×2=33 (cm²)

20 삼각형 1개에서 겹쳐진 부분의 길이가 10 cm이므로 삼각형 2개에서 겹쳐진 부분의 길이는 20 cm입니다.
따라서 점대칭도형의 둘레는 32×2−20=44 (cm)입니다.

01 (1) × (2) ◯   **02** 다, 라

03 대응점, 대응변, 대응각   **04** 점 ㄹ

05 변 ㄷㄴ   **06** 각 ㄷㄹㄱ

07   **08** ㉠, ㉡, ㉢, ㉤

09 ㉢, ㉣, ㉥

10 (위에서부터) 6, 3

11   **12** 7 cm

13 예 사각형 ㄱㄴㄷㄹ에서
(각 ㄴㄷㄹ)=(각 ㅅㅂㅁ)=75°입니다.
따라서 사각형의 네 각의 크기의 합은 360°이므로
(각 ㄴㄱㄹ)=360°−60°−75°−100°=125°입니다. ; 125°

14 65   **15** ②

16 예 점대칭도형에서 각각의 대응변의 길이는 서로 같습니다.
(변 ㄱㄴ)=(변 ㄹㅁ)=7 cm,
(변 ㄱㅂ)=(변 ㄹㄷ)=8 cm,
(변 ㅂㅁ)=(변 ㄷㄴ)=4 cm
따라서 점대칭도형의 둘레는
(7+8+4)×2=38 (cm)입니다. ; 38 cm

17 90°   **18** 25°

19 예 완성한 점대칭도형은 두 대각선의 길이가 12 cm, 8 cm인 마름모입니다.
따라서 (마름모의 넓이)=12×8÷2=48 (cm²)입니다. ; 48 cm²

20 128 cm²

13

점수	채점 기준
4점	정답 키워드 (각 ㄴㄷㄹ)=75°, (각 ㄴㄱㄹ)=360°−60°−75°−100°=125° 풀이 과정을 쓰고 각 ㄴㄱㄹ의 크기를 바르게 구했음.
2점	풀이 과정에서 실수가 있어 답이 틀림.

16

점수	채점 기준
6점	풀이 과정을 쓰고 점대칭도형의 둘레를 바르게 구했음.
3점	풀이 과정에서 실수가 있어 답이 틀림.

19

4 cm
6 cm 6 cm
4 cm

점수	채점 기준
10점	풀이 과정을 쓰고 완성한 점대칭도형의 넓이를 바르게 구했음.
6점	풀이 과정에서 실수가 있어 답이 틀림.

79쪽 **서술형 · 논술형 문제** **1회**

1 가, 마 ; 예 가와 마는 모양과 크기가 같아서 포개었을 때 완전히 겹치기 때문입니다.

2 예 점대칭도형에서 각각의 대응변의 길이는 서로 같으므로 (변 ㄷㄹ)=(변 ㄱㄴ)=7 cm입니다.
(변 ㄱㄹ)=(변 ㄷㄴ)이므로
(변 ㄱㄹ)=(32−7−7)÷2=9 (cm)입니다. ; 9 cm

3 (1) 3개 (2) 2개
(3) 예 가은이가 그린 선대칭도형에서 대칭축의 수는 4개, 진기가 그린 선대칭도형에서 대칭축의 수는 1개, 연실이가 그린 선대칭도형에서 대칭축의 수는 4개입니다. ➡ 4+1+4=9(개) ; 9개

1

점수	채점 기준
6점	서로 합동인 도형을 찾아 기호를 쓰고 이유를 바르게 썼음.
3점	서로 합동인 도형을 찾아 기호를 썼지만 이유를 쓰지 못함.

2

점수	채점 기준
8점	정답 키워드 (변 ㄷㄹ)=7 cm, (변 ㄱㄹ)=9 cm 풀이 과정을 쓰고 변 ㄱㄹ의 길이를 바르게 구했음.
4점	풀이 과정에서 실수가 있어 답이 틀림.

3

점수	채점 기준
18점	(1), (2), (3)을 모두 바르게 구했음.
8점	(3)의 풀이 과정과 답만 구했음.
6점	(2)의 답만 구했음.
4점	(1)의 답만 구했음.

80쪽 **서술형 · 논술형 문제** **2회**

1 다 ; 예 한 직선을 따라 접었을 때 완전히 겹치기 때문입니다.

2 예 서로 합동인 삼각형에서 대응변의 길이는 각각 같으므로 (선분 ㄱㄴ)=8 m, (선분 ㄹㄷ)=15 m입니다.
따라서 울타리를 15+8+15+8+24=70 (m) 쳐야 합니다. ; 70 m

3 (1) 50°
(2) 예 대칭의 중심은 대응점끼리 이은 선분을 둘로 똑같이 나눕니다.
➡ (선분 ㄷㅂ)=(선분 ㄷㅇ)×2=10×2=20 (cm) ; 20 cm
(3) 예 (선분 ㄱㄴ)=(선분 ㄹㅁ)=6 cm, (선분 ㄷㄹ)=(선분 ㅂㄱ)=12 cm입니다.
➡ (선분 ㄴㄷ)=(52−6−6−12−12)÷2 =8 (cm) ; 8 cm

1

점수	채점 기준
6점	선대칭도형을 찾아 기호를 쓰고 이유를 바르게 썼음.
3점	선대칭도형을 찾아 기호를 썼지만 이유를 쓰지 못함.

2

점수	채점 기준
8점	정답 키워드 15+8+15+8+24=70 (m) 풀이 과정을 쓰고 울타리를 몇 m 쳐야 하는지 바르게 구했음.
4점	풀이 과정에서 실수가 있어 답이 틀림.

3

점수	채점 기준
18점	(1), (2), (3)을 모두 바르게 구했음.
8점	(3)의 풀이 과정과 답만 구했음.
6점	(2)의 풀이 과정과 답만 구했음.
4점	(1)의 답만 구했음.

4. 소수의 곱셈

82~84쪽 ·· 단원평가 1회

01 0.6, 0.6, 0.6, 1.8 **02** 3, 21, 2.1

03 72, $\frac{1}{100}$, 0.72 **04** 12, 작은에 ○표, 0.12

05 7.5, 0.75, 0.075 **06** (1) 0.045 (2) 8.51

07 ③ **08** ㉡

09 11.07

10

11 0.71×6=4.26 ; 4.26 m

12 ②

13 5.3×3.8=20.14 ; 20.14 m²

14 수성 **15** ③, ④

16 45.9 kg

17 (1) 0.09 (2) 1.8, 0.5 (또는 0.18, 5)

18 0.01배 (또는 $\frac{1}{100}$배)

19 104.4 cm²

20 ㉖ 1분은 20초의 3배이므로 뜨거운 물은 1분 동안
8.24×3=24.72 (L) 받고 6분 동안
24.72×6=148.32 (L) 받습니다.
찬물은 6분 동안 17.25×6=103.5 (L) 받으므로
6분 동안 받은 물의 양은 모두
148.32+103.5=251.82 (L)입니다. ; 251.82 L

11

점수	채점 기준
4점	식 0.71×6=4.26을 쓰고 답을 바르게 구했음.
2점	식 0.71×6만 썼음.
2점	답 4.26 m만 썼음.

13

점수	채점 기준
4점	식 5.3×3.8=20.14를 쓰고 답을 바르게 구했음.
2점	식 5.3×3.8만 썼음.
2점	답 20.14 m²만 썼음.

17 (1) 0.18×0.5=0.09
(2) 0.18×0.5=0.09이어야 하는데 진수가 잘못 눌러서 0.9가 나왔으므로 1.8과 0.5를 눌렀거나 0.18과 5를 누른 것입니다.

18 0.71은 71의 0.01배(=$\frac{1}{100}$배)이므로 잘못 계산한 값은 바르게 계산한 값의 0.01배(=$\frac{1}{100}$배)입니다.

19 만들어진 직사각형의 가로는 5.8×2=11.6 (cm),
세로는 4.5×2=9 (cm)입니다.
➡ (직사각형의 넓이)=11.6×9=104.4 (cm²)

20

점수	채점 기준
10점	풀이 과정을 쓰고 받은 물의 양을 바르게 구했음.
6점	풀이 과정에서 실수가 있어 답이 틀림.

85~87쪽 ·· 단원평가 2회

01 1.5 **02** 0.48 m²

03 0.4×0.03=$\frac{4}{10}$×$\frac{3}{100}$=$\frac{12}{1000}$=0.012

04 ㉡

05 (1) 0.01 (2) 100 **06** ④

07 0.6×0.94=0.564 ; 0.564 kg

08 <

09 1.84×3.1=5.7 0 4 ; ㉖ 1.84×3.1을 1.8의 3배로 어림하면 5.4보다 큰 값이기 때문입니다.

10 8.61 kg **11** 148.39 m²

12 ② **13** 0.373

14 (1) 1.8 L (2) 4.5 L

15 ㉡, ㉢ **16** 4.634

17 (1) 6.6 m, 5.4 m (2) 35.64 m²

18 5.43 L **19** 1.96 m

20 ㉖ 혜진이가 가진 돈은 5800×0.75=4350(원), 민정이가 가진 돈은 4350×1.8=7830(원)이므로 민정이와 혜진이가 가진 돈의 합은
7830+4350=12180(원)입니다. ; 12180원

07

점수	채점 기준
4점	식 0.6×0.94=0.564를 쓰고 답을 바르게 구했음.
2점	식 0.6×0.94만 썼음.
2점	답 0.564 kg만 썼음.

09

점수	채점 기준
4점	결괏값에 소수점을 찍고 이유를 바르게 썼음.
2점	결괏값에 소수점을 찍었지만 이유를 쓰지 못함.

17 (1) (새로운 놀이터의 가로)=5.5×1.2=6.6 (m)

(새로운 놀이터의 세로)=4.5×1.2=5.4 (m)

(2) (새로운 놀이터의 넓이)=6.6×5.4=35.64 (m²)

18 200 m=0.2 km이므로 36 km 200 m=36.2 km
입니다. 따라서 필요한 휘발유의 양은
36.2×0.15=5.43 (L)입니다.

19 (테이프 9개의 길이의 합)=0.28×9=2.52 (m)

(겹쳐진 8군데의 길이의 합)=0.07×8=0.56 (m)

➡ (이어 붙인 테이프의 전체 길이)
=2.52-0.56=1.96 (m)

20

점수	채점 기준
10점	🔑정답 키워드 5800×0.75=4350(원), 4350×1.8=7830(원) 풀이 과정을 쓰고 민정이와 혜진이가 가진 돈의 합을 바르게 구했음.
6점	풀이 과정에서 실수가 있어 답이 틀림.

서술형·논술형 문제 **1회**

1 100, 650, 10, 286.5, 준서, 650, 286.5, 363.5
; 준서, 363.5 g

2 (1) 0.25, 7.42

(2) 0.25×7.42=1.855 ; 1.855

3 (1) 50.1×1.6=80.16 ; 80.16

(2) 39.2×2.35=92.12 ; 92.12

1

점수	채점 기준
6점	풀이 과정을 완성하고 누가 포장한 것이 몇 g 더 무거운지 바르게 구했음.
3점	풀이 과정을 완성했지만 일부가 틀림.

2 (1) 상혁: 0<2<5이므로 가장 작은 소수 두 자리 수는 0.25입니다.

가은: 7>4>2이므로 가장 큰 소수 두 자리 수는 7.42입니다.

점수	채점 기준
10점	(1), (2)를 모두 바르게 구했음.
6점	(2)의 식 0.25×7.42=1.855를 쓰고 답을 바르게 구했음.
4점	(1)의 답만 구했음.

3

점수	채점 기준
12점	(1), (2)의 식과 답을 모두 바르게 구했음.
각 6점	(1) 또는 (2)의 식과 답을 구했음.
3점	(1)에서 식 50.1×1.6 또는 답 80.16 중 한 가지만 썼음.
3점	(2)에서 식 39.2×2.35 또는 답 92.12 중 한 가지만 썼음.

서술형·논술형 문제 **2회**

1 준영 ; 예 0.61과 5의 곱은 3 정도가 돼.

2 예 천둥소리는 1초에 0.34 km를 가므로 8.5초 동안에는 0.34×8.5=2.89 (km)를 갑니다. 따라서 천둥소리를 들은 곳은 2.89 km 떨어져 있습니다.
; 2.89 km

3 (1) 2.1×2.1=4.41 ; 4.41 m²

(2) 6.8×1.5=10.2 ; 10.2 m²

(3) 3.25×2.8=9.1 ; 9.1 m²

1

점수	채점 기준
6점	잘못 말한 친구의 이름을 쓰고 바르게 고쳤음.
3점	잘못 말한 친구의 이름을 썼지만 바르게 고치지 못함.

2

점수	채점 기준
8점	🔑정답 키워드 0.34×8.5=2.89 (km) 풀이 과정을 쓰고 번개가 친 곳에서 몇 km 떨어져 있는지 바르게 구했음.
4점	풀이 과정에서 실수가 있어 답이 틀림.

3

점수	채점 기준
18점	(1), (2), (3)의 식과 답을 모두 바르게 구했음.
각 6점	(1), (2), (3) 중 한 가지만 식과 답을 구했음.
3점	(1)에서 식 2.1×2.1 또는 답 4.41 m² 중 한 가지만 썼음.
3점	(2)에서 식 6.8×1.5 또는 답 10.2 m² 중 한 가지만 썼음.
3점	(3)에서 식 3.25×2.8 또는 답 9.1 m² 중 한 가지만 썼음.

5. 직육면체

91~93쪽   단원평가 1회

01 (   )(○)(   )
02 (1) × (2) ○   **03** ⑤
04 6, 12   **05** (   )(○)
06 면 ㅁㅂㅅㅇ   **07** 4개
08

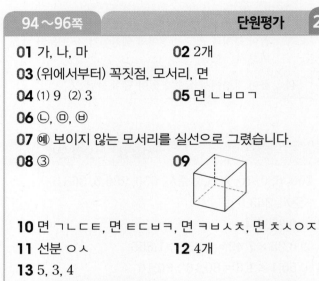

09 선분 ㅂㅁ

10 면 ㅍㅂㅅㅊ   **11** 12, 72 ; 72 cm
12 ⓒ, ⓒ   **13** (왼쪽에서부터) 8, 4
14 90°   **15** 12 cm
16 예

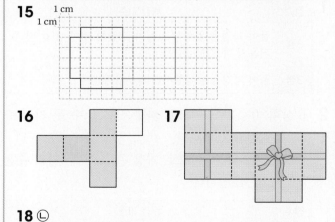

17 예 보이지 않는 모서리 3개의 길이는 9 cm, 16 cm, 7 cm이므로 길이의 합은 9+16+7=32 (cm)입니다. ; 32 cm
18

19 예 색칠한 면과 평행한 면의 모서리 길이는 각각 15 cm, 11 cm, 15 cm, 11 cm이므로 길이의 합은 (15+11)×2=52 (cm)입니다. ; 52 cm
20 172 cm

11

점수	채점 기준
4점	식 6×12=72를 완성하고 답을 바르게 구했음.
2점	식 6×12만 완성했음.
2점	답 72 cm만 썼음.

12 ㉠, ㉣: 전개도를 접었을 때 서로 겹치는 면이 있습니다.

14 직육면체에서 서로 만나는 두 면은 수직입니다.

15 ㉠=5 cm, ㉡=7 cm
➡ ㉠+㉡=5+7=12 (cm)

17

점수	채점 기준
6점	풀이 과정을 쓰고 보이지 않는 모서리의 길이의 합을 바르게 구했음.
3점	풀이 과정에서 실수가 있어 답이 틀림.

19

점수	채점 기준
10점	풀이 과정을 쓰고 색칠한 면과 평행한 면의 모서리 길이의 합을 바르게 구했음.
6점	풀이 과정에서 실수가 있어 답이 틀림.

20 12×2+30×4+14×2
=24+120+28=172 (cm)

94~96쪽   단원평가 2회

01 가, 나, 마   **02** 2개
03 (위에서부터) 꼭짓점, 모서리, 면
04 (1) 9 (2) 3   **05** 면 ㄴㅂㅁㄱ
06 ⓒ, ⓓ, ⓔ
07 예 보이지 않는 모서리를 실선으로 그렸습니다.
08 ③   **09**

10 면 ㄱㄴㄷㄹ, 면 ㅌㄷㅂㅋ, 면 ㅋㅂㅅㅊ, 면 ㅊㅅㅇㅈ
11 선분 ㅇㅅ   **12** 4개
13 5, 3, 4
14 예 정육면체의 전개도의 둘레는 모서리 14개의 길이와 같으므로 4×14=56 (cm)입니다. ; 56 cm
15

16   **17**

18 ⓒ
19 예 정육면체의 모서리는 12개이고 길이가 모두 같습니다. 따라서 한 모서리의 길이는 60÷12=5 (cm)입니다. ; 5 cm
20 12

07

점수	채점 기준
4점	직육면체의 겨냥도를 잘못 그린 이유를 바르게 썼음.
2점	직육면체의 겨냥도를 잘못 그린 이유를 썼지만 미흡함.

14

점수	채점 기준
4점	【정답 키워드】 $4 \times 14 = 56$ (cm) 풀이 과정을 쓰고 전개도의 둘레를 바르게 구했음.
2점	풀이 과정에서 실수가 있어 답이 틀림.

19

점수	채점 기준
10점	풀이 과정을 쓰고 한 모서리의 길이를 바르게 구했음.
6점	풀이 과정에서 실수가 있어 답이 틀림.

20 $(\square + 4 + 6) \times 4 = 88$, $\square + 10 = 22$, $\square = 12$

97쪽	**서술형·논술형 문제** **1회**

1 예 전개도를 접었을 때 서로 겹치는 면이 있습니다.

2
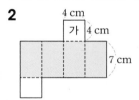

; 예 색칠한 도형은 가로가 $4 \times 4 = 16$ (cm), 세로가 7 cm인 직사각형입니다.

➡ $(16 + 7) \times 2 = 46$ (cm) ; 46 cm

3 (1) 6

(2) 【방법 1】 예
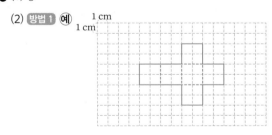

【방법 2】 예
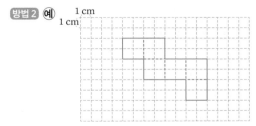

1

점수	채점 기준
6점	정육면체의 전개도가 잘못된 이유를 바르게 썼음.
3점	정육면체의 전개도가 잘못된 이유를 썼지만 미흡함.

2

점수	채점 기준
8점	【정답 키워드】 $(16 + 7) \times 2 = 46$ (cm) 면 가와 수직인 면을 모두 찾아 색칠한 후 풀이 과정을 쓰고 답을 바르게 구했음.
4점	면 가와 수직인 면을 모두 찾아 색칠하고 풀이 과정을 썼지만 실수가 있어 답이 틀림.
3점	면 가와 수직인 면만 모두 찾아 색칠하였음.

3

점수	채점 기준
11점	(1), (2)를 모두 바르게 구했음.
8점	(2)에서 정육면체의 전개도를 두 가지 방법으로 그렸음.
4점	(2)에서 정육면체의 전개도를 한 가지 방법으로만 그렸음.
3점	(1)의 답만 구했음.

98쪽	**서술형·논술형 문제** **2회**

1 원석 ; 예 직육면체는 정육면체라고 할 수 없습니다.

2 예 면 라와 평행한 면은 면 마입니다.
따라서 면 마는 가로가 5 cm, 세로가 12 cm인 직사각형이므로
(모서리 길이의 합) $= (5 + 12) \times 2 = 34$ (cm)입니다.
; 34 cm

3 (1) 예 보이는 모서리를 점선으로 그렸습니다.
(2) 면 가, 면 나, 면 라, 면 마 ; 면 다

1

점수	채점 기준
6점	잘못 말한 사람의 이름을 쓰고 바르게 고쳤음.
3점	잘못 말한 사람의 이름을 썼지만 바르게 고치지 못함.

2

점수	채점 기준
8점	【정답 키워드】 $(5 + 12) \times 2 = 34$ (cm) 풀이 과정을 쓰고 면 라와 평행한 면의 모서리 길이의 합을 바르게 구했음.
4점	풀이 과정에서 실수가 있어 답이 틀림.

3

점수	채점 기준
12점	(1), (2)를 모두 바르게 구했음.
각 6점	(1), (2) 중 한 가지만 구했음.
3점	(1)에서 이유를 썼지만 미흡함.

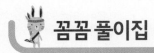

6. 평균과 가능성

| 100~102쪽 | 단원평가 | 1회 |

01 95, 79, 264
02 264, 88
03 (위에서부터) ~일 것 같다, 불가능하다
04 (1) 0 (2) 1 (3) $\frac{1}{2}$
05 ㉠
06 ㉢
07 50, 50, 55, 50
08
● ●
 ╳
● ●
09 222, 6, 37 ; 37명
10
$$\underset{0}{\rule{0pt}{0pt}}\quad\underset{\frac{1}{2}}{\downarrow}\quad\underset{1}{\rule{0pt}{0pt}}$$
11 불가능하다, 0
12 확실하다, 1
13 15회, 14회
14 남경이네 모둠, 1회
15 나, 라, 가, 다
16 11900 킬로칼로리
17 ㉘ ㉠ 주사위 눈의 수 6가지 중 3가지가 홀수이므로 가능성은 '반반이다'입니다.
㉡ 주사위 눈의 수 중 8의 배수는 없으므로 가능성은 '불가능하다'입니다.
㉢ 주사위 눈의 수는 모두 9보다 작은 수이므로 가능성은 '확실하다'입니다.
따라서 일이 일어날 가능성이 가장 높은 것은 ㉢입니다. ; ㉢
18 은미
19 ㉘ (수혁이네 모둠의 몸무게의 합)=39×4=156 (kg)
(수혁이와 지민이의 몸무게의 합)
=156−(36+44)=76 (kg)
(지민이의 몸무게)=76÷2=38 (kg) ; 38 kg
20 275 cm

09

점수	채점 기준
4점	풀이 과정을 완성하고 버스 한 대에 탄 사람은 평균 몇 명인지 바르게 구했음.
2점	풀이 과정을 완성했지만 일부가 틀림.

17

점수	채점 기준
6점	풀이 과정을 쓰고 일이 일어날 가능성이 가장 높은 것을 바르게 구했음.
3점	풀이 과정에서 실수가 있어 답이 틀림.

19

점수	채점 기준
10점	풀이 과정을 쓰고 지민이의 몸무게를 바르게 구했음.
6점	풀이 과정에서 실수가 있어 답이 틀림.

20 (가희네 모둠의 기록의 합)=290×10=2900 (cm)
(남자 6명의 기록의 합)=300×6=1800 (cm)
(여자 4명의 기록의 합)=2900−1800=1100 (cm)
(여자 4명의 기록의 평균)=1100÷4=275 (cm)

| 103~105쪽 | 단원평가 | 2회 |

01 가능성
02 112명
03 28명
04 (1) ㉢ (2) ㉠
05 0, $\frac{1}{2}$, 1
06 0에 ○표
07 ㉘ (평균)=(28+25+27+24+26)÷5
=130÷5=26(회) ; 26회
08 1
09
$$\underset{0}{\rule{0pt}{0pt}}\quad\underset{\frac{1}{2}}{\rule{0pt}{0pt}}\quad\underset{1}{\rule{0pt}{0pt}}$$
10

불가능하다	~아닐 것 같다	반반이다	~일 것 같다	확실하다
			○	
	○			
○				

11 반반이다, $\frac{1}{2}$
12
● ●
 ╳
● ●
13 ㉘ 먹은 사탕 수의 평균을 구하면
(모둠 1의 평균)=16÷4=4(개),
(모둠 2의 평균)=24÷4=6(개),
(모둠 3의 평균)=25÷5=5(개)입니다.
따라서 1인당 먹은 사탕 수가 가장 많은 모둠은 모둠 2입니다. ; 모둠 2
14 반반이다, ~아닐 것 같다, 확실하다
15 ㉡, ㉠, ㉢
16 6개
17 5개
18 수현
19
20 ㉘ (남학생 12명의 키의 합)=155×12
=1860 (cm)
(여학생 8명의 키의 합)=150×8=1200 (cm)
➡ (선아네 반 전체 학생들의 키의 평균)
=(1860+1200)÷20=3060÷20=153 (cm)
; 153 cm

07

점수	채점 기준
4점	풀이 과정을 쓰고 윗몸 말아 올리기 횟수의 평균을 바르게 구했음.
2점	풀이 과정에서 실수가 있어 답이 틀림.

13

점수	채점 기준
4점	정답 키워드 $16 \div 4 = 4(개)$, $24 \div 4 = 6(개)$, $25 \div 5 = 5(개)$ 풀이 과정을 쓰고 1인당 먹은 사탕 수가 가장 많은 모둠을 바르게 구했음.
2점	풀이 과정에서 실수가 있어 답이 틀림.

19 화살이 초록색에 멈출 가능성이 가장 높기 때문에 회전판에서 가장 넓은 곳에 초록색을 색칠합니다. 화살이 노란색에 멈출 가능성이 파란색에 멈출 가능성의 2배이므로 가장 좁은 부분에 파란색을 색칠하고, 파란색을 색칠한 부분보다 넓이가 2배 넓은 부분에 노란색을 색칠합니다.

20

점수	채점 기준
10점	정답 키워드 $155 \times 12 = 1860 \,(cm)$, $150 \times 8 = 1200 \,(cm)$, $(1860 + 1200) \div 20 = 3060 \div 20 = 153 \,(cm)$ 풀이 과정을 쓰고 선아네 반 전체 학생들의 키의 평균을 바르게 구했음.
6점	풀이 과정에서 실수가 있어 답이 틀림.

106쪽 **서술형·논술형 문제** **1회**

1 $\frac{1}{2}$, $\frac{1}{2}$, $\frac{1}{2}$, $\frac{1}{2}$, 1 ; 1

2 예 (네 농장의 고구마 생산량의 합)
$= 350 \times 4 = 1400 \,(kg)$
(다 농장의 고구마 생산량)
$= 1400 - (410 + 380 + 360) = 250 \,(kg)$; 250 kg

3 (1) 89점 (2) 수학, 과학
(3) 다섯 과목의 평균 점수가 90점 이상이 되려면 다섯 과목의 점수의 합은 $90 \times 5 = 450(점)$ 이상이어야 합니다. 따라서 영어 점수는 적어도 $450 - (88 + 92 + 80 + 96) = 94(점)$을 받아야 합니다. ; 94점

1

점수	채점 기준
6점	풀이 과정을 완성하고 답을 바르게 구했음.
3점	풀이 과정을 완성했지만 일부가 틀림.

2

점수	채점 기준
8점	정답 키워드 $350 \times 4 = 1400 \,(kg)$, $1400 - (410 + 380 + 360) = 250 \,(kg)$ 풀이 과정을 쓰고 다 농장의 고구마 생산량을 바르게 구했음.
4점	풀이 과정에서 실수가 있어 답이 틀림.

3

점수	채점 기준
16점	(1), (2), (3)을 모두 바르게 구했음.
8점	(3)의 풀이 과정과 답만 구했음.
각 4점	(1) 또는 (2)의 답만 구했음.

107쪽 **서술형·논술형 문제** **2회**

1 9, 4, 18, 3, 18, 3, 6 ; 6권

2 예 (평균) $= (22 + 28 + 26 + 20) \div 4 = 96 \div 4 = 24(회)$
➡ 24회는 25회보다 적으므로 5학년 1반은 결승에 올라갈 수 없습니다. ; 결승에 올라갈 수 없습니다.

3 (1) 다솜
(2) 예 지금은 오후 4시니까 1시간 전에는 3시였을 거야.
(3) 예 일이 일어날 가능성을 말로 표현하면 진하: 반반이다, 상민: 확실하다, 은정: ~일 것 같다, 다솜: 불가능하다입니다. 따라서 일이 일어날 가능성이 높은 순서대로 이름을 쓰면 상민, 은정, 진하, 다솜입니다. ; 상민, 은정, 진하, 다솜

1

점수	채점 기준
6점	풀이 과정을 완성하고 읽은 책 수의 평균을 바르게 구했음.
3점	풀이 과정을 완성했지만 일부가 틀림.

2

점수	채점 기준
8점	정답 키워드 $(22 + 28 + 26 + 20) \div 4 = 24(회)$ 풀이 과정을 쓰고 답을 바르게 구했음.
4점	풀이 과정에서 실수가 있어 답이 틀림.

3

점수	채점 기준
18점	(1), (2), (3)을 모두 바르게 구했음.
10점	(1), (2)의 답만 구했음.
8점	(3)의 풀이 과정과 답만 구했음.
4점	(1)의 답만 구했음.

108~110쪽 | **2학기 총정리** | **1회**

01 ④　　　　**02** ②　　　**03**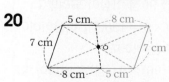

04 $\dfrac{35}{96}$

05 ├──┼──┼──┼──┼──┼──┼──┤
　　　5　6　7　8　9　10　11　12

06 4700, 4600, 4700

07 $\dfrac{12}{25} \times 5 = 2\dfrac{2}{5}$; $2\dfrac{2}{5}$ kg　　　**08** ③

09 ├──────┼──────┤↓
　　0　　　　$\dfrac{1}{2}$　　　　1　　　**10** $\dfrac{5}{84}$

11 54상자　　　**12** $2.7 \times 2.7 = 7.29$; 7.29 cm²

13 115　　　**14** (1) $45\dfrac{9}{16}$ cm²　(2) 1458 cm²

15 ♣　　　　**16** 21.15 km　　**17** 52 cm

18 89점　　　**19** 95점

20 예) 점대칭도형에서 각각의 대응변의 길이는 서로 같으므로 점대칭도형의 둘레는 $(5+7+8) \times 2 = 40$ (cm) 입니다. ; 40 cm

---

01 36 이상인 수는 36과 같거나 큰 수입니다.

03 보이는 모서리는 실선으로, 보이지 않는 모서리는 점선으로 그립니다.

04 $\dfrac{7}{12} \times \dfrac{5}{8} = \dfrac{7 \times 5}{12 \times 8} = \dfrac{35}{96}$

05 초과와 미만은 점 ○을 이용하여 나타냅니다.

07 $\dfrac{12}{25} \times 5 = \dfrac{12 \times \overset{1}{\cancel{5}}}{\underset{5}{\cancel{25}}} = \dfrac{12}{5} = 2\dfrac{2}{5}$ (kg)

점수	채점 기준
4점	식 $\dfrac{12}{25} \times 5 = 2\dfrac{2}{5}$ 를 쓰고 답을 바르게 구했음.
2점	식 $\dfrac{12}{25} \times 5$만 썼음.
2점	답 $2\dfrac{2}{5}$ kg만 썼음.

08 ① $2.07 \times 10 = 20.7$　② $2.07 \times 1000 = 2070$
　　④ $400 \times 0.001 = 0.4$　⑤ $0.34 \times 0.1 = 0.034$

09 당첨 제비만 들어 있는 상자에서 제비 1개를 뽑을 때 당첨 제비를 뽑을 가능성은 '확실하다'이고 수로 표현하면 1입니다.

10 $\dfrac{1}{3} \times \dfrac{1}{4} \times \dfrac{5}{7} = \dfrac{1 \times 1 \times 5}{3 \times 4 \times 7} = \dfrac{5}{84}$

11 사과 5419개는 한 상자에 100개씩 54상자에 넣어 팔 수 있고 19개는 팔 수 없으므로 사과를 최대 54상자까지 팔 수 있습니다.

12 (정사각형의 넓이) = (한 변의 길이) × (한 변의 길이)
　　　　　　　　 = $2.7 \times 2.7 = 7.29$ (cm²)

점수	채점 기준
4점	식 $2.7 \times 2.7 = 7.29$를 쓰고 답을 바르게 구했음.
2점	식 2.7×2.7만 썼음.
2점	답 7.29 cm²만 썼음.

13 $140° + 60° + 45° + \square = 360°$이므로 $\square = 115°$입니다.

14 (1) $6\dfrac{3}{4} \times 6\dfrac{3}{4} = \dfrac{27}{4} \times \dfrac{27}{4} = \dfrac{729}{16} = 45\dfrac{9}{16}$ (cm²)

　　(2) $45\dfrac{9}{16} \times 32 = \dfrac{729}{\underset{1}{\cancel{16}}} \times \overset{2}{\cancel{32}} = 1458$ (cm²)

15 전개도를 접은 모양을 생각하면 ★ 무늬가 위에 오고, ♥ 무늬가 오른쪽에 올 때 ㉠에는 ♣ 무늬가 옵니다.

16 2시간 30분 = 2.5시간이므로
　　$8.46 \times 2.5 = 21.15$ (km)입니다.

17 (모든 모서리의 길이의 합)
　　= (보이지 않는 모서리의 길이의 합) × 4
　　= $13 \times 4 = 52$ (cm)

18 (평균) = $(80 + 95 + 95 + 85 + 90) \div 5$
　　　　 = $445 \div 5 = 89$(점)

19 6회까지의 점수의 합은 $90 \times 6 = 540$(점)이어야 하고 5회까지의 점수의 합은 445점이므로 6회 시험에서 적어도 $540 - 445 = 95$(점)을 받아야 합니다.

20

점수	채점 기준
10점	🔑 정답 키워드 $(5+7+8) \times 2 = 40$ (cm) 풀이 과정을 쓰고 완성한 점대칭도형의 둘레를 바르게 구했음.
6점	풀이 과정에서 실수가 있어 답이 틀림.

111~113쪽　　　　　　　　**2학기 총정리** **2회**

01 30, 33, 4, 40
02
03 (1) 3.2　(2) 14.7

04
```
├─┼─┼─┼─┼─┼─┼─┼─┼─┼─┼─┼─┼─┼─┤
30        40              50
```

05 ②, ④　　　**06** $3\frac{1}{3}$　　　**07** 75.9 km

08 　　　**09** 면 ㉺

10 면 ㉮, 면 ㉯, 면 ㉱, 면 ㉲　　　**11** 129, 118, 141
12 다, 가, 나
13 ⓔ 38회 이상 45회 이하이므로 횟수가 38회와 같거나 많고 45회와 같거나 적은 학생을 찾습니다.
따라서 태훈, 하나, 지수, 민서이므로 모두 4명입니다.
; 4명

14 $14\frac{1}{6}$ cm²　　　**15** (1) 0.29　(2) 3.16

16 5, 6 (또는 6, 5) ; $\frac{1}{30}$　　　**17** 7 cm

18 ⓔ
（회전판 그림）

19 ⓔ (변 ㄴㄷ)=9 cm, (변 ㄱㅂ)=6 cm이므로
(변 ㄷㅁ)=40−(6+6+9+9)=10 (cm)입니다.
➡ (선분 ㄹㅁ)=(변 ㄷㅁ)÷2=10÷2=5 (cm)
; 5 cm
20 0.864 m

06 $15 \times \frac{2}{9} = \frac{\overset{5}{15} \times 2}{\underset{3}{9}} = \frac{10}{3} = 3\frac{1}{3}$

07 0.759×100=75.9 (km)

08 대응점끼리 이은 선분들은 한 점에서 만나고 이 점이 대칭의 중심이 됩니다.

09 전개도를 접었을 때 서로 마주 보는 면이 평행한 면입니다.

10 면 ㉳와 평행한 면은 면 ㉯이므로 면 ㉯를 제외한 나머지 면이 모두 수직인 면입니다.

11 129.3 ➡ 129, 117.9 ➡ 118, 140.5 ➡ 141

12 화살이 회색에 멈출 가능성을 말로 표현하면
가: 반반이다, 나: 불가능하다, 다: 확실하다입니다.

13

점수	채점 기준
4점	풀이 과정을 쓰고 답을 바르게 구했음.
2점	풀이 과정에서 실수가 있어 답이 틀림.

14 $5\frac{5}{6} \times 2\frac{3}{7} = \frac{\overset{5}{35}}{6} \times \frac{17}{\underset{1}{7}} = \frac{85}{6} = 14\frac{1}{6}$ (cm²)

15 (1) 91.64는 9164의 0.01배이므로 □ 안에 알맞은 수는 29의 0.01배인 0.29입니다.
(2) 9.164는 9164의 0.001배인데 2.9는 29의 0.1배이므로 □ 안에 알맞은 수는 316의 0.01배인 3.16입니다.

16 $\frac{1}{\square} \times \frac{1}{\square}$ 에서 분모에 큰 수가 들어갈수록 계산 결과가 작아집니다.
따라서 두 장의 카드를 사용하여 계산 결과가 가장 작은 식을 만들려면 수 카드 5와 6을 사용해야 합니다.
➡ $\frac{1}{5} \times \frac{1}{6} = \frac{1}{5 \times 6} = \frac{1}{30}$

점수	채점 기준
6점	식 $\frac{1}{5} \times \frac{1}{6}$ (또는 $\frac{1}{6} \times \frac{1}{5}$)을 쓰고 답을 바르게 구했음.
3점	답 $\frac{1}{30}$만 썼음.

17 정육면체는 모서리 12개의 길이가 모두 같습니다.
➡ (한 모서리의 길이)=84÷12=7 (cm)

18 구슬 1개를 꺼낼 때 나올 수 있는 구슬에 적힌 수는 4가지이고 이 중에서 홀수인 경우는 3, 5로 2가지입니다.
따라서 꺼낸 구슬에 적힌 수가 홀수일 가능성은 '반반이다'이므로 회전판에서 2칸을 초록색으로 색칠합니다.

19 선대칭도형에서 각각의 대응변의 길이는 서로 같습니다.

점수	채점 기준
10점	풀이 과정을 쓰고 선분 ㄹㅁ의 길이를 바르게 구했음.
6점	풀이 과정에서 실수가 있어 답이 틀림.

20 첫 번째로 튀어오른 높이: 4×0.6=2.4 (m)
두 번째로 튀어오른 높이: 2.4×0.6=1.44 (m)
세 번째로 튀어오른 높이: 1.44×0.6=0.864 (m)

114~116쪽　　　**2학기 총정리**　**3회**

01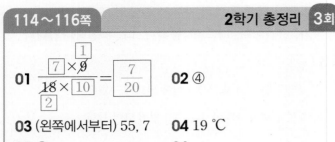
$\dfrac{\cancel{7}\times\cancel{9}}{\cancel{18}\times\boxed{10}}=\dfrac{7}{20}$

02 ④

03 (왼쪽에서부터) 55, 7

04 19 ℃

05 ③

06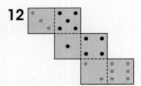

07 $32\times\dfrac{5}{8}=20$; 20장

08 >

09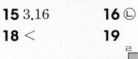

10 800원

11 4800원

12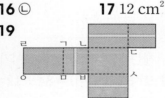

13 5.04 L

14 예 (4일 동안 섭취한 열량의 합)
$=2200\times4=8800$ (킬로칼로리)
(화요일에 섭취한 열량)
$=8800-(2000+1900+2300)$
$=2600$ (킬로칼로리)
; 2600 킬로칼로리

15 3.16　　**16** ㉡　　**17** 12 cm²

18 <　　**19**

ㄹ　ㄱ　ㄴ
　　　　　ㄷ
ㅇ　　ㅁ　ㅂ　　ㅅ

20 예 3시간 30분=3.5시간
(올라갈 때 걸은 거리)=$1.26\times3.5=4.41$ (km)
(내려올 때 걸은 거리)=$1.54\times3=4.62$ (km)
➡ (전체 거리)=$4.41+4.62=9.03$ (km)
; 9.03 km

07

점수	채점 기준
4점	식 $32\times\dfrac{5}{8}=20$을 쓰고 답을 바르게 구했음.
2점	식 $32\times\dfrac{5}{8}$만 썼음.
2점	답 20장만 썼음.

08 $2.168\times100=216.8$, $2168\times0.01=21.68$
➡ $216.8>21.68$

10 12세는 8세 이상 13세 이하에 속하므로 어린이 입장료 800원을 내야 합니다.

11 할아버지와 동생은 무료이므로 아버지, 어머니, 진영이의 입장료를 더하면 $2000\times2+800=4800$(원) 입니다.

12 전개도를 접었을 때 서로 평행한 면을 찾아 눈의 수의 합이 7이 되도록 눈을 그려 넣습니다.

13 3주일은 $3\times7=21$(일)이므로 $0.24\times21=5.04$ (L) 입니다.

14

점수	채점 기준
4점	🔑 정답 키워드 $2200\times4=8800$ (킬로칼로리), $8800-(2000+1900+2300)=2600$ (킬로칼로리) 풀이 과정을 쓰고 화요일에 섭취한 열량을 바르게 구했음.
2점	풀이 과정에서 실수가 있어 답이 틀림.

15 ㉠ 6.85$\underline{1}$ ➡ 6.86
㉡ 3.7$\underline{2}$ ➡ 3.7
➡ ㉠－㉡=$6.86-3.7=3.16$

16 ㉠ 확실하다, ㉡ 불가능하다, ㉢ 반반이다

17 (변 ㄱㄷ)=(변 ㄹㅁ)=3 cm,
(변 ㄷㅁ)=(변 ㄴㄷ)=4 cm이므로
직사각형 ㄱㄷㅁㅂ의 넓이는
$4\times3=12$ (cm²)입니다.

18 $2\dfrac{3}{4}\times2\dfrac{2}{7}=\dfrac{11}{\cancel{4}}\times\dfrac{\cancel{16}}{7}=\dfrac{44}{7}=6\dfrac{2}{7}$

$4\dfrac{1}{9}\times1\dfrac{4}{5}=\dfrac{37}{\cancel{9}}\times\dfrac{\cancel{9}}{5}=\dfrac{37}{5}=7\dfrac{2}{5}$

➡ $6\dfrac{2}{7}<7\dfrac{2}{5}$

20

점수	채점 기준
10점	🔑 정답 키워드 $1.26\times3.5=4.41$ (km), $1.54\times3=4.62$ (km), $4.41+4.62=9.03$ (km) 풀이 과정을 쓰고 해수가 산에 올라갔다 내려온 전체 거리를 바르게 구했음.
6점	풀이 과정에서 실수가 있어 답이 틀림.

사 회

1. ❶ 나라의 등장과 발전

01 고조선	**02** 신분제	**03** 백제	**04** 평양
05 진흥왕	**06** 무령왕릉	**07** 당	**08** 석굴암
09 발해	**10** 불교		

01 ㉠	**02** ④	**03** ④, ⑤	**04** ① 신분제 ② 화폐
05 ②	**06** ③	**07** ④	**08** ④ **09** ③

10 한강 유역 　**11** ㉠ 　**12** (1) ㉢ (2) ㉠ (3) ㉡
13 (1) 무령왕릉 (2) ⑩ 백제가 중국, 일본 등과 교류했다는 것을 알 수 있다. 　**14** ① 　**15** 첨성대
16 (1) ㉠ 백제 ㉡ 고구려 (2) ⑩ 백제와 고구려가 멸망하자 당은 동맹을 깨고 한반도 전체를 차지하려고 했기 때문이다.
17 세영 　**18** ② 　**19** 고구려 　**20** ②

01 바람, 비, 구름은 농사짓는 데 중요한 기후 조건으로 당시 고조선 사회가 농경 사회였다는 것을 보여 줍니다.

02 고조선은 우리나라 최초의 국가로, 단군왕검이 홍익인간의 뜻으로 세웠습니다.

03 미송리식 토기, 비파형 동검, 탁자식 고인돌은 고조선을 대표하는 문화유산입니다.

04 도둑질한 사람은 노비로 삼는다는 것으로 보아 신분 제도가 있었고, 50만 전을 내라고 하는 것으로 보아 화폐의 개념이 있었다는 것을 알 수 있습니다.

점수	채점 기준
8점	① '신분제'와 ② '화폐'를 모두 정확히 씀.
4점	① '신분제'와 ② '화폐' 중 한 가지만 정확히 씀.

05 고조선은 우리 역사 속 최초의 국가입니다.

06 백제의 근초고왕은 남쪽 지역으로 영토를 넓히고 고구려를 공격해 북쪽으로 진출했습니다. 그리고 주변 나라들과 활발하게 교류했습니다.

07 ④ 칠지도는 백제가 왜와 교류했음을 보여 주는 문화유산입니다.

08 광개토대왕 때는 백제를 공격해 남쪽으로 영토를 넓혔으며 서쪽으로는 요동 지역으로 세력을 확장했습니다.

09 신라는 박혁거세가 지금의 경주 지역을 중심으로 세운 나라입니다.

10 한반도의 중심부에 위치한 한강 유역은 농사짓기에 적합하고 교류에도 유리해 전략적으로 매우 중요했습니다.

11 ㉡은 4세기 백제의 전성기를 나타낸 지도입니다.

13 중국의 영향을 받은 벽돌무덤인 무령왕릉에서는 백제의 문화유산 외에도 왜의 소나무로 만든 관의 일부, 중국의 화폐 등이 출토되었습니다.

점수		채점 기준
(1)	3점	'무령왕릉'이라고 정확히 씀.
(2)	7점	**정답 키워드** 백제 / 중국 / 일본 / 교류 '백제가 중국, 일본 등과 교류했다는 것을 알 수 있다.' 등의 내용을 정확히 씀.

14 가야 사람들은 철을 이용해 다른 나라보다 우수한 칼과 창, 갑옷 등을 만들어 냈습니다.

15 첨성대는 하늘의 해와 달, 별의 모습 등을 관찰하던 시설로 알려졌습니다.

16 신라는 백제와 고구려를 차례로 멸망시킨 후, 한반도 전체를 차지하려던 당을 물리치고 삼국을 통일했습니다.

점수		채점 기준
(1)	3점	㉠ '백제', ㉡ '고구려'를 모두 정확히 씀.
(2)	7점	**정답 키워드** 한반도 / 전체 / 차지 '백제와 고구려가 멸망하자 당은 동맹을 깨고 한반도 전체를 차지하려고 했기 때문이다.' 등의 내용을 정확히 씀.

17 불국사에는 삼층 석탑과 다보탑과 같은 우수한 예술성을 갖춘 탑이 남아 있습니다.

18 대조영은 고구려 유민들과 말갈족을 이끌고 동모산 지역에 발해를 세웠습니다.

19 발해는 스스로 고구려를 계승한 나라임을 내세웠고, 고구려 문화를 바탕으로 당과 말갈의 문화를 받아들였습니다.

20 상경성 2호 절터 석등은 높이가 6.4m에 이르는 거대한 석등으로, 연꽃무늬에서 고구려 문화의 영향을 확인할 수 있습니다.

 꼼꼼 풀이집

123쪽 서술형·논술형 문제

1 (1) 고조선 (2) 예 고조선의 문화 범위를 짐작할 수 있다.
2 (1) 무용총 (2) 예 고구려 사회는 신분 사회였다.
3 (1) 석굴암 (2) 예 건축 기술의 우수성뿐만 아니라 석굴암 내부의 예술적 가치가 높이 평가되었기 때문이다.
4 (1) 고구려 (2) 예 바다 동쪽에서 기운차게 일어나 번성하는 나라

1 미송리식 토기, 비파형 동검, 탁자식 고인돌은 고조선을 대표하는 문화유산입니다.

점수		채점 기준
(1)	3점	'고조선'이라고 정확히 씀.
(2)	7점	정답 키워드 고조선 / 문화 범위 / 짐작 '고조선의 문화 범위를 짐작할 수 있다.' 등의 내용을 정확히 씀.

2 접객도는 시중드는 사람은 작게 그리고 신분이 높은 사람을 크게 그렸습니다.

점수		채점 기준
(1)	3점	'무용총'이라고 정확히 씀.
(2)	7점	정답 키워드 고구려 / 신분 사회 '고구려 사회는 신분 사회였다.' 등의 내용을 정확히 씀.

3 석굴암은 화강암을 쌓아 올려 동굴처럼 만든 통일신라 시대의 절입니다.

점수		채점 기준
(1)	3점	'석굴암'이라고 정확히 씀.
(2)	7점	정답 키워드 기술 / 우수성 / 예술적 가치 '건축 기술의 우수성뿐만 아니라 석굴암 내부의 예술적 가치가 높이 평가되었기 때문이다.' 등의 내용을 정확히 씀.

부족한 답안 석굴암이 ~~우수했까~~ 때문이다.
건축 기술의 우수성뿐만 아니라 석굴암 내부의 예술적 가치가 높이 평가되었기
➜ 석굴암의 우수성을 구체적으로 써야 정확한 답입니다.

4 당은 넓은 영토를 차지하고 번성해 가는 발해를 '해동성국'이라고 불렀습니다.

점수		채점 기준
(1)	3점	'고구려'라고 정확히 씀.
(2)	7점	정답 키워드 바다 / 동쪽 / 번성하다 '바다 동쪽에서 기운차게 일어나 번성하는 나라'라는 내용을 정확히 씀.

1. ❷ 독창적 문화를 발전시킨 고려

125쪽 쪽지시험

01 견훤 **02** 고려 **03** 신라 **04** 장려
05 서희 **06** 귀주 대첩 **07** 강화도 **08** 삼별초
09 몽골 **10** 『직지심체요절』

126~128쪽 단원평가

01 ③, ④ **02** 호족 **03** ㉠ 궁예 ㉡ 견훤 **04** ③
05 ㉠, ㉡, ㉢ **06** (1) 불교 (2) 세금 **07** ⑤
08 ③ **09** ⑤ **10** 강감찬 **11** (1) 강화도
(2) 예 물살이 빠르고 갯벌이 넓어 외적이 접근하기 어려웠다. 뱃길로 육지에서 거둔 세금과 물건을 옮길 수 있었다.
12 ④ **13** ㉢ **14** (1) ○ **15** (1) 몽골 (2) 예 글자의 모양이 고르고 틀린 글자도 거의 없어 고려 목판 인쇄술의 우수성을 보여 준다. **16** 합천 해인사 장경판전
17 ㉠ **18** ②, ⑤ **19** 서진 **20** ①, ④

01 신라 말에는 귀족들의 왕위 다툼으로 정치가 혼란스러웠고, 백성들의 생활이 어려웠습니다.

02 신라 말 혼란 속에 새롭게 등장한 지방의 힘 있는 세력을 호족이라고 부릅니다.

03 견훤이 후백제를, 궁예가 후고구려를 세웠습니다.

04 왕건은 궁예가 세력을 키우자 신하가 되어 후고구려의 건국을 도왔습니다.

05 고려는 신라의 항복을 받았고, 왕위 다툼으로 혼란해진 후백제를 물리쳐 후삼국을 통일했습니다.

06 왕건은 백성을 위하는 정책을 펼치고 호족을 적절히 견제하되 존중하면서 나라를 다스렸습니다.

점수	채점 기준
8점	(1) '불교'와 (2) '세금'을 모두 정확히 씀.
4점	(1) '불교'와 (2) '세금' 중 한 가지만 정확히 씀.

07 거란은 당이 멸망한 이후 당의 북쪽 지역에서 세력을 키워 나라를 세웠습니다.

08 ③ 행주 대첩은 임진왜란 때 권율이 행주산성에서 일본군을 물리친 전투입니다.

09 거란은 강동 6주를 내놓으라며 고려에 다시 침입했습니다.

10 강감찬은 거란의 침입 때 흥화진에서 강물을 막은 뒤 터뜨려 거란군에 큰 타격을 주었고, 이후 철수하는 거란군을 귀주에서 공격하여 크게 물리쳤습니다.

11 강화도는 침략이 어려운 지역이었을 뿐만 아니라 섬의 면적이 넓어 많은 사람이 지낼 수 있었으며 뱃길로 세금과 각종 물건을 옮길 수 있었습니다.

점수		채점 기준
(1)	3점	'강화도'라고 정확히 씀.
(2)	7점	🔑 정답 키워드 물살 / 빠르다 / 갯벌 / 넓다 '물살이 빠르고 갯벌이 넓어 외적이 접근하기 어려웠다.' 등의 내용을 정확히 씀.

12 김윤후는 노비 문서를 불태워 노비들의 사기를 북돋워 주었고, 끝까지 충주성을 지켜서 몽골군이 남쪽으로 진격하는 것을 막았습니다.

13 몽골의 침입으로 황룡사 9층 목탑 등의 문화유산이 불타는 피해를 입었습니다.

14 몽골과의 강화 이후 고려는 몽골(원)의 정치적인 간섭을 받았습니다.

15 팔만대장경을 통해 고려의 목판 제조, 조각술, 인쇄술 등이 매우 뛰어났음을 알 수 있습니다.

점수		채점 기준
(1)	3점	'몽골'이라고 정확히 씀.
(2)	7점	🔑 정답 키워드 틀린 글자 / 없다 / 목판 인쇄술 / 우수성 '글자의 모양이 고르고 틀린 글자도 거의 없어 고려 목판 인쇄술의 우수성을 보여 준다.' 등의 내용을 정확히 씀.

16 해인사 장경판전은 우수성을 인정받아 유네스코 세계 유산으로 등재되었습니다.

17 금속 활자는 판을 새로 짜면 새로운 책을 만들 수 있어 시간과 비용이 절약되었습니다.

18 『직지심체요절』은 불교의 가르침 중 깨달음에 관한 내용을 정리한 책으로, 유럽에서 만든 금속 활자 인쇄본보다 70여 년 이상 앞서 제작되었습니다.

19 고려청자는 고려 시대를 대표하는 공예품으로 푸른 빛깔의 도자기입니다.

20 ① 석굴암은 통일신라, ④ 금동 연가 7년명 여래 입상은 고구려의 불교 문화유산입니다.

---

1 (1) 왕건 (2) 예 고구려의 정신을 계승하기 위해서이다.
2 (1) 서희 (2) 예 압록강 동쪽에 강동 6주를 확보했다.
3 (1) ㉡ (2) 예 표면을 파서 무늬를 만들고 그 자리에 다른 색깔의 흙을 메워 넣어 굽는 방법이다.
4 (1) 팔만대장경판 (2) 예 과학적 원리에 따라 온도와 습도를 일정하게 유지할 수 있도록 설계되었기 때문이다.

1 왕건은 918년에 고려를 건국했습니다.

점수		채점 기준
(1)	3점	'왕건'이라고 정확히 씀.
(2)	7점	🔑 정답 키워드 고구려 / 계승 '고구려의 정신을 계승하기 위해서이다.' 등의 내용을 정확히 씀.

2 고려는 송과 관계를 끊고 거란과 교류할 것을 약속했고, 압록강 동쪽의 강동 6주를 차지하게 되었습니다.

점수		채점 기준
(1)	3점	'서희'라고 정확히 씀.
(2)	7점	🔑 정답 키워드 강동 6주 / 확보 '압록강 동쪽에 강동 6주를 확보했다.' 등의 내용을 정확히 씀.

3 고려는 상감이라는 공예 기법을 도자기에 적용했습니다.

점수		채점 기준
(1)	3점	'㉡'이라고 정확히 씀.
(2)	7점	🔑 정답 키워드 표면 / 무늬 / 다른 흙 / 메우다 '표면을 파서 무늬를 만들고 그 자리에 다른 색깔의 흙을 메워 넣어 굽는 방법이다.' 등의 내용을 정확히 씀.

4 장경판전은 안쪽 흙바닥에 숯과 횟가루, 소금을 모래와 섞어 넣어서 적절한 습도를 유지하게 했습니다.

점수		채점 기준
(1)	3점	'팔만대장경판'이라고 정확히 씀.
(2)	7점	🔑 정답 키워드 과학적 / 온도 / 습도 / 유지 '과학적 원리에 따라 온도와 습도를 일정하게 유지할 수 있도록 설계되었기 때문이다.' 등의 내용을 정확히 씀.

부족한 답안 과학적으로 설계되었기 때문이다.
~~온도와 습도를 일정하게 유지할 수 있도록~~
➡ 합천 해인사 장경판전이 팔만대장경판을 보존할 수 있었던 까닭을 구체적으로 써야 정확한 답입니다.

 꼼꼼 풀이집

1. ❸ 민족 문화를 지켜 나간 조선

131쪽			쪽지시험
01 권문세족	02 조선	03 유교	04 자격루
05 훈민정음	06 상민	07 한산도	08 곽재우
09 형제	10 병자호란		

132~134쪽			단원평가
01 ④, ⑤	02 신진 사대부	03 ②	04 ④
05 정도전	06 ① 한강 ② 농사	07 ④	08 집현전

09 ㉄ 한자를 몰라 어려움을 겪는 백성들의 불편함을 줄이기 위해서이다. **10** 현아 **11** ⑤ **12** ④
13 ①, ② **14** ② **15** 신사임당 **16** ③
17 ㉄ 바다로 물자를 운반하려는 일본군의 계획을 막았다. 전라도와 충청도의 곡창 지대를 지킬 수 있었다.
18 ⑤ **19** ① **20** ⑤

01 고려 말에는 권문세족의 횡포와 외적의 침입 등으로 나라 안팎이 혼란스러웠습니다.

02 신진 사대부는 고려 말에 등장한 새로운 정치 세력으로, 성리학을 공부한 뒤 과거에 합격하여 관리가 된 사람들입니다.

03 고려 말 외적의 침입을 물리치며 최영, 이성계 등이 새로운 정치 세력으로 성장했습니다.

04 요동 정벌에 반대했던 이성계는 위화도에서 군대를 돌려 개경으로 돌아와 권력을 잡았습니다.

05 정몽주는 고려 왕조를 유지하면서 개혁을 해야 한다고 주장했고, 정도전은 새로운 나라를 세워야 한다고 주장했습니다.

06 한양은 한반도의 중앙에 자리하고 한강이 흐르고 있어 교통이 편리했고, 주변이 산으로 둘러싸여 있어 적의 공격을 방어하기에 유리했습니다.

점수	채점 기준
8점	① '한강'과 ② '농사'를 모두 정확히 씀.
4점	① '한강'과 ② '농사' 중 한 가지만 정확히 씀.

07 『경국대전』은 정치 제도, 사회, 경제활동 등에 관한 기본적인 내용을 여섯 개 영역으로 나눠 담았으며 나라를 다스리는 데 기본이 되었습니다.

08 집현전은 세종이 궁궐에 설치한 기관으로, 도서의 수집과 보관, 학문 활동을 하며 왕의 질문에 대비하는 일을 했습니다.

09 우리말을 소리 나는 대로 적을 수 있는 글자가 없었던 까닭에, 한자를 모르는 사람들은 생활에 불편함이 컸습니다. 이에 세종은 오랜 연구 끝에 훈민정음 28자를 만들어 세상에 알렸습니다.

점수	채점 기준
10점	🔑 정답 키워드 한자 / 모르다 / 백성 / 불편함 / 줄이다 '한자를 몰라 어려움을 겪는 백성들의 불편함을 줄이기 위해서이다.' 등의 내용을 정확히 씀.
5점	세종이 훈민정음을 창제해 반포한 까닭을 썼으나 구체적이지 않음.

10 측우기는 전국 각지에 두고 비가 내린 양을 파악하여 재난에 대비하도록 했습니다.

11 앙부일구는 한양 거리에 설치해 백성들이 시각을 알 수 있도록 했습니다.

12 세종 대에는 인쇄술과 종이 만드는 기술이 이전보다 훨씬 발달했고, 이를 바탕으로 유교의 가르침, 농사, 의학 등 여러 분야에서 다양한 책을 펴냈습니다.

13 ① 간의는 천체 관측기구이고, ②『칠정산』은 조선에 맞는 역법책입니다.

15 신사임당은 조선 전기를 대표하는 예술가로 글과 그림에 모두 뛰어났습니다. 특히 〈초충도〉에 섬세한 그림 실력이 잘 나타나 있습니다.

16 이순신은 학이 날개를 편 듯이 적을 둘러싸고 공격하는 방법인 학익진 전법을 활용해 한산도 대첩에서 일본군에 큰 승리를 거두었습니다.

17 조선 수군의 승리는 조선군에게 희망과 용기를 주었고, 이를 계기로 전세를 뒤집을 수 있었습니다.

점수	채점 기준
10점	🔑 정답 키워드 일본군 / 계획 / 막다 / 곡창 지대 / 지키다 '바다로 물자를 운반하려는 일본군의 계획을 막았다.', '전라도와 충청도의 곡창 지대를 지킬 수 있었다.' 등의 내용을 정확히 씀.
5점	조선 수군의 활약이 전쟁에 미친 영향을 썼으나 구체적이지 않음.

19 조선은 관군과 의병이 맞서 싸웠으나 조선과 후금이 형제 관계를 맺는다는 조건으로 전쟁을 끝냈습니다.

135쪽 · 서술형 · 논술형 문제

1 (1) 경복궁 (2) 예 백성들이 모두 유교의 가르침에 따라 살아야 한다고 생각해서이다.

2 (1) 세종 (2) 예 시각을 알려 주는 시계이다.

3 (1) 중인 (2) 예 대부분 농사를 지었고, 세금을 냈으며 성인 남자 대부분은 군인으로서 나라를 지킬 의무가 있었다.

4 (1) 곽재우 (2) 예 양반에서 천민에 이르기까지 다양했다.

1 조선의 4대문은 유교의 가르침에서 중요한 덕목인 인의예지의 의미를 담아 이름 붙였습니다.

점수		채점 기준
(1)	3점	'경복궁'이라고 정확히 씀.
(2)	7점	[정답 키워드] 유교 / 가르침 / 살다 '백성들이 모두 유교의 가르침에 따라 살아야 한다고 생각해서이다.' 등의 내용을 정확히 씀.

2 앙부일구는 해시계, 자격루는 물시계입니다.

점수		채점 기준
(1)	3점	'세종'이라고 정확히 씀.
(2)	7점	[정답 키워드] 시각 / 시계 '시각을 알려 주는 시계이다.' 등의 내용을 정확히 씀.

3 조선 시대에는 태어날 때부터 신분이 정해져 있어 양인과 천인으로 나뉘었으며, 주어진 신분에 맞게 생활했습니다.

점수		채점 기준
(1)	3점	'중인'이라고 정확히 씀.
(2)	7점	[정답 키워드] 농사 / 세금 / 군인 '대부분 농사를 지었고, 세금을 냈으며 군인으로서 나라를 지켰다.' 등의 내용을 정확히 씀.

[부족한 답안] 농사를 지었다.

지었고, 세금을 냈으며 군인으로서 나라를 지켰다.

➡ 상민의 생활 모습을 구체적으로 써야 정확한 답입니다.

4 백성들은 적극적으로 의병에 참여했고, 의병은 전국으로 확대되었습니다.

점수		채점 기준
(1)	3점	'곽재우'라고 정확히 씀.
(2)	7점	[정답 키워드] 양반 / 천민 '양반에서 천민에 이르기까지 다양했다.' 등의 내용을 정확히 씀.

2. ❶ 새로운 사회를 향한 움직임

137쪽 · 쪽지시험

01 탕평책 **02** 규장각 **03** 청
04 판소리 **05** 경복궁 **06** 프랑스
07 강화도 **08** 갑신정변 **9** 동학 농민 운동
10 우금치

138~140쪽 · 단원평가

01 탕평책 **02** ㉠ **03** ② **04** ③
05 ① 중국 ② 예 역사 **06** ④ **07** ③ **08** ⑤
09 ⑤ **10** ④, ⑤ **11** ① **12** (1) ㉢ (2) ㉠
13 병호 **14** (1) 일본 (2) 예 조선이 외국과 맺은 최초의 근대적 조약이다. 조선에 불리한 불평등 조약이다.
15 (1) ○ **16** ④ **17** ⑤ **18** 동학 **19** ②
20 예 조선의 정치와 사회를 개혁하려는 시도였다. 외세의 침략을 물리치려는 움직임이었다.

01 영조는 각 붕당의 인재를 골고루 뽑아 나랏일을 맡기는 탕평책을 시행했습니다.

02 정조는 규장각을 설치해 인재들을 개혁 세력으로 길러 냈습니다.

03 정약용은 거중기를 만들어 화성을 건설하는 비용과 시간을 절약하는 데 기여했습니다.

04 실학자들은 백성의 생활을 안정시키고 나라의 힘을 기를 수 있는 방법을 연구했습니다.

05 실학이 등장하면서 우리 것을 연구하는 학자들이 늘어났습니다.

점수	채점 기준
8점	① '중국'과 ② '역사'를 모두 정확히 씀.
4점	① '중국'과 ② '역사' 중 한 가지만 정확히 씀.

06 실학자들은 청의 발달된 문물과 기술을 적극적으로 받아들여야 한다고 주장했습니다.

07 조선 후기 경제적으로 여유가 생긴 서민들이 문학과 예술에도 관심을 가지기 시작하면서 서민 문화가 발전할 수 있었습니다.

08 풍속화는 사람들의 생활 모습을 생생하게 그린 그림입니다.

09 문화를 즐길 만한 여유가 있는 사람이 많아지면서 전기수와 같은 직업이 새로 생겨났습니다.

10 흥선 대원군은 백성의 생활을 안정시키고자 개혁 정책을 시행했습니다.

11 흥선 대원군은 경복궁을 중건하기 위해 무리하게 돈과 사람을 모아 백성들의 원망을 들었습니다.

12 병인양요는 프랑스, 신미양요는 미국이 강화도를 침략한 사건입니다.

13 흥선 대원군은 척화비를 세우고 통상 수교 거부 정책을 펼쳤습니다.

14 강화도 조약은 조선과 일본이 맺은 불평등 조약입니다.

점수		채점 기준
(1)	3점	'일본'이라고 정확히 씀.
(2)	7점	📝 정답 키워드 조선 / 외국 / 최초 / 조약 / 불평등 '조선이 외국과 맺은 최초의 근대적 조약이다.', '조선에 불리한 불평등 조약이다.' 등의 내용을 정확히 씀.

15 김홍집은 예전부터 이어져 오던 청과의 관계를 인정하고 천천히 개화를 추진해야 한다고 주장했습니다.

16 김옥균은 급진 개화파의 대표적인 인물입니다.

17 갑신정변은 새로운 나라를 만들기 위한 정치 개혁 운동이었습니다.

18 동학은 최제우가 민간 신앙, 유교, 불교 등을 종합해 만든 종교입니다.

19 1894년 전봉준과 농민들은 관리들의 수탈에 맞서 동학 농민 운동을 일으켰습니다.

20 동학 농민 운동은 실패로 끝났지만 동학 농민군이 주장한 개혁 요구 중 일부는 갑오개혁에 반영되었습니다.

점수	채점 기준
10점	📝 정답 키워드 정치 / 사회 / 개혁 / 외세 / 침략 / 물리치다 '조선의 정치와 사회를 개혁하려는 시도였다.', '외세의 침략을 물리치려는 움직임이었다.' 등의 내용을 정확히 씀.
5점	동학 농민 운동의 의의를 썼으나 구체적이지 않음.

---

1 (1) 영조 (2) 예 왕권을 강화하고 정치를 안정시키기 위해서다.
2 (1) 승준 (2) 예 흥선 대원군은 세금 제도를 개혁해 양반도 세금을 내게 했다.
3 (1) 신미양요 (2) 예 서양과의 통상을 거부한다는 뜻을 굳건히 하기 위해 전국 각지에 척화비를 세웠다.
4 (1) ㉠ 청 ㉡ 일본 (2) 예 새로운 나라를 만들기 위한 정치 개혁 운동이었다.

1 영조는 여러 개혁 정책을 펼쳤습니다.

점수		채점 기준
(1)	3점	'영조'라고 정확히 씀.
(2)	7점	📝 정답 키워드 왕권 / 강화 / 정치 / 안정 '왕권을 강화하고 정치를 안정시키기 위해서다.' 등의 내용을 정확히 씀.

2 흥선 대원군은 양반에게도 세금을 걷었습니다.

점수		채점 기준
(1)	3점	'승준'이라고 정확히 씀.
(2)	7점	📝 정답 키워드 세금 / 제도 / 개혁 / 양반 '흥선 대원군은 세금 제도를 개혁해 양반도 세금을 내게 했다.' 등의 내용을 정확히 씀.

3 조선 후기 미국과 프랑스는 강화도를 침범했습니다.

점수		채점 기준
(1)	3점	'신미양요'라고 정확히 씀.
(2)	7점	📝 정답 키워드 서양 / 통상 / 거부 / 척화비 '서양과의 통상을 거부한다는 뜻을 굳건히 하기 위해 전국 각지에 척화비를 세웠다.' 등의 내용을 정확히 씀.

> 부족한 답안 전국 각지에 척화비를 세웠다.
> ~~서양과의 통상을 거부한다는 뜻을 굳건히 하기 위해~~
> ➡ 흥선 대원군이 척화비를 세웠던 까닭까지 써야 정확한 답입니다.

4 갑신정변은 나라를 개혁하려는 시도였지만 일본의 힘에 의존하려고 해 많은 사람의 지지를 얻지 못했습니다.

점수		채점 기준
(1)	3점	㉠ '청'과 ㉡ '일본'을 모두 정확히 씀.
(2)	7점	📝 정답 키워드 새로운 나라 / 정치 개혁 '새로운 나라를 만들기 위한 정치 개혁 운동이었다.' 등의 내용을 정확히 씀.

2. ❷ 일제의 침략과 광복을 위한 노력

143쪽		쪽지시험
01 을미사변	02 아관 파천	03 서재필
04 대한 제국	05 을사늑약	06 조선 총독부
07 3·1 운동	08 상하이	09 한인 애국단
10 조선어 학회		

144~146쪽		단원평가
01 ① 러시아 ② 을미사변	02 ④	03 수연
04 ① 독립문 ② 만민 공동회	05 ⑵ ○	06 ⑤
07 신돌석 08 ⓒ	9 ③	10 ③ 11 ②

12 ⓔ 독립군을 길러 내기 위해 신흥 강습소(신흥 무관 학교)를 세웠다. 13 ② 14 ⑵ ○ 15 ⑤
16 ①, ② 17 종화 18 민족 말살 정책 19 ⓔ 식량, 금속으로 된 밥그릇과 숟가락까지 빼앗아갔다. 한국인을 전쟁터와 탄광, 무기 공장에 강제로 동원했다. 20 ①

01 일본은 경복궁에 침입하여 명성황후를 무참히 시해한 을미사변을 일으켰습니다.

02 아관 파천으로 조선에서 일본의 영향력은 약해지고 러시아의 간섭이 심해졌습니다.

03 『독립신문』은 누구라도 쉽게 읽을 수 있도록 순 한글로 쓰였습니다.

04 독립 협회는 독립문을 건설하고 만민 공동회를 개최하는 등 나라의 자주독립을 위한 일을 했습니다.

점수	채점 기준
8점	① '독립문'과 ② '만민 공동회'를 모두 정확히 씀.
4점	① '독립문'과 ② '만민 공동회' 중 한 가지만 정확히 씀.

05 고종은 환구단에서 황제로 즉위한 후 여러 근대적 개혁을 실시했습니다.

06 고종은 헤이그에서 열리는 만국 평화 회의에 특사를 보내 을사늑약이 불법적으로 체결되었음을 다른 나라에 알리고자 했습니다.

07 신돌석은 '태백산 호랑이'라고 불렸던 평민 출신 의병장입니다.

08 지식인과 일부 관료들은 애국심을 높이고 민족의 실력을 키워 국권을 지키자는 애국 계몽 운동을 펼쳤습니다.

09 이토 히로부미를 처단한 안중근은 사형을 선고받아 뤼순 감옥에서 순국했습니다.

10 조선 총독부는 토지 조사 사업을 실시해 주인이 없거나 모호한 땅을 차지하여 일본인에게 싼값에 넘겼습니다.

11 이회영의 가문은 조선 시대의 명문가이자 조선에서 손꼽히는 부자였습니다.

12 신흥 강습소(신흥 무관 학교)를 통해 수많은 독립운동가와 독립군을 양성해 독립운동에 큰 도움이 되었습니다.

점수	채점 기준
10점	🔑 정답 키워드 독립군 / 신흥 강습소(신흥 무관 학교) '독립군을 길러 내기 위해 신흥 강습소(신흥 무관 학교)를 세웠다.' 등의 내용을 씀.
5점	이회영이 했던 독립운동에 관해 썼으나 구체적이지 않음.

13 3·1 운동은 한국인의 독립 의지를 전 세계에 널리 알렸던 사건입니다.

14 제암리 사건은 독립운동을 잔인하게 탄압했던 일제의 만행이 드러난 대표적인 사건입니다.

15 3·1 운동 이후 여러 임시 정부를 통합한 대한민국 임시 정부가 중국 상하이에서 수립되었습니다.

16 ①은 독립 협회가 했던 활동이고, ②는 일제가 식민 통치를 위해 실시했던 정책입니다.

17 1920년대 독립군은 봉오동 전투와 청산리 대첩을 통해 일본군을 물리쳤습니다.

18 일제는 한국인의 민족의식을 없애기 위해 민족 말살 정책을 실시했습니다.

19 1930년대 침략 전쟁을 일으킨 일제는 한국인에 대한 수탈을 강화했습니다.

점수	채점 기준
10점	🔑 정답 키워드 식량 / 금속 / 강제 / 동원 / 일본군 '위안부' '식량, 금속으로 된 밥그릇과 숟가락까지 빼앗아갔다.', '한국인을 전쟁터와 탄광, 무기 공장에 강제로 동원했다.', '여성들도 일본군 '위안부'로 강제로 끌고 갔다.' 등의 내용을 정확히 씀.
5점	1930년대 일제의 물자와 인력 수탈에 관해 썼으나 구체적이지 않음.

20 조선어 학회는 한글 맞춤법을 정리하고 강습회를 여는 등 한글 보급을 위해 노력했습니다.

1 (1) 만민 공동회 (2) ⑩ 신분과 관계없이 누구나 참여할 수 있었다.

2 (1) 을사늑약 (2) ⑩ 대한 제국의 외교권을 빼앗았다.

3 (1) 유관순 (2) ⑩ 3·1 운동은 전 민족적인 운동이었다.

4 ⑩ 일제의 역사 왜곡을 반박했다. 『을지문덕』, 『이순신』과 같은 민족 영웅 이야기를 책으로 썼다.

1 만민 공동회는 신분이나 나이에 상관없이 누구나 참여할 수 있었습니다.

점수		채점 기준
(1)	3점	'만민 공동회'라고 정확히 씀.
(2)	7점	🔑정답 키워드 신분 / 관계없다 / 나라 / 사랑 / 걱정 '신분과 관계없이 누구나 참여할 수 있었다.', '나라를 사랑하고 걱정하는 마음을 나누었다.' 등의 내용을 정확히 씀.

2 억지로 맺은 조약을 늑약이라고 합니다.

점수		채점 기준
(1)	3점	'을사늑약'이라고 정확히 씀.
(2)	7점	🔑정답 키워드 대한 제국 / 외교권 / 빼앗다 '대한 제국의 외교권을 빼앗았다.' 등의 내용을 정확히 씀.

3 3·1 운동은 전 민족적인 운동으로 발전했습니다.

점수		채점 기준
(1)	3점	'유관순'에 ○표를 함.
(2)	7점	🔑정답 키워드 전 민족 / 나라 밖 '3·1 운동은 전 민족적인 운동이었다.', '3·1 운동은 나라 밖까지 퍼져나갔다.' 등의 내용을 정확히 씀.

4 신채호는 독립운동가이자 역사학자입니다.

점수	채점 기준
8점	🔑정답 키워드 역사 왜곡 / 반박 / 민족 영웅 / 책 '일제의 역사 왜곡을 반박했다.', '『을지문덕』, 『이순신』과 같은 민족 영웅 이야기를 책으로 썼다.' 등의 내용을 정확히 씀.
4점	신채호가 우리 역사를 지키기 위해 했던 일을 썼으나 구체적이지 않음.

부족한 답안 ~~책을 썼다.~~
민족 영웅 이야기를 책으로 썼다.
➡ 신채호가 우리 역사를 지키기 위해 했던 일을 구체적으로 써야 정확한 답입니다.

2. ❸ 대한민국 정부의 수립과 6·25 전쟁

01 광복   **02** 대한민국 임시 정부
03 38도선   **04** 신탁 통치   **05** 국제 연합(UN)
06 국회의원   **07** 민주 공화국   **08** 남침
09 인천 상륙 작전   **10** 이산가족

01 ①   **02** ① ⑩ 승리 ② ⑩ 독립운동   **03** ④
04 ①   **05** ① 소련군 ② 미군   **06** ④   **07** (2) ○
08 지희   **09** (1) ㉠ (2) ㉡   **10** ④, ⑤   **11** ㉠
12 제헌 헌법   **13** ①   **14** ⑩ 대한민국의 주권은 국민에게 있고, 모든 권력은 국민으로부터 나온다.
15 (2) ○   **16** ③   **17** ③   **18** 현지   **19** ④
20 ⑩ 많은 군인과 민간인이 죽거나 다쳤다. 이산가족과 전쟁고아가 생겨났다.

01 1945년 8월 15일, 일본이 연합국에 항복하면서 우리나라는 광복을 맞이했습니다.

02 우리 민족이 끈질기게 독립운동을 전개했기 때문에 광복을 맞이할 수 있었습니다.

점수	채점 기준
8점	① '승리'와 ② '독립운동'을 모두 정확히 씀.
4점	① '승리'와 ② '독립운동' 중 한 가지만 정확히 씀.

03 국내외의 독립운동가들은 독립된 나라를 세우고자 모두 노력했습니다.

04 조선 총독부는 일제가 우리나라를 지배하기 위해 세웠던 통치 기관입니다.

05 미국과 소련은 38도선을 기준으로 한반도를 남북으로 나누고 각각 군대를 보냈습니다.

06 모스크바 3국 외상 회의에서는 한반도에 임시 정부를 세우고 일정 기간 동안 신탁 통치를 실시할 것이 결정되었습니다.

07 미국과 소련은 미소 공동 위원회를 열었지만 의견 차이를 좁히지 못했습니다.

08 소련은 남북한 총선거를 시행하는 것을 거부했고, 결국 남한 지역에서만 총선거를 실시했습니다.

09 김구는 하나의 정부를 세우기 위해 38도선을 넘어가 북한 측의 지도자를 만나 통일 문제 등을 의논하기도 했습니다.

10 국회의원들의 투표로 선출된 대한민국의 제1대 대통령은 이승만입니다. 제헌 국회는 대한민국 정부 수립에 도움을 주었습니다.

11 5·10 총선거는 21세 이상의 모든 국민이 참여할 수 있었던 우리나라 최초의 민주 선거였습니다.

12 우리나라는 제헌 헌법이 공포된 7월 17일을 제헌절로 지정했습니다.

13 대한민국 정부는 3·1 운동과 독립 정신을 계승했습니다.

14 우리나라는 국가의 권력이 국민에게 있는 민주 공화국입니다.

점수	채점 기준
10점	정답 키워드 주권 / 국민 / 권력 '대한민국의 주권은 국민에게 있고, 모든 권력은 국민으로부터 나온다.' 등의 내용을 정확히 씀.
5점	제헌 헌법 제1조 '대한민국은 민주 공화국이다'의 의미를 썼으나 구체적이지 않음.

15 (1)은 1904년 일본이 러시아를 상대로 일으켰던 러일 전쟁에 대한 설명입니다.

16 국군과 국제 연합군은 1950년 9월 15일 인천 상륙 작전을 성공시켰고, 진격해 9월 28일에는 서울을 탈환했습니다.

17 인천 상륙 작전의 성공으로 국군과 국제 연합군은 서울을 되찾고 압록강까지 다다랐습니다.

18 중국군이 전쟁에 개입하면서 국군과 국제 연합군은 서울을 내주고 다시 후퇴했습니다.

19 1953년 7월에 정전 협정이 체결되면서 군사 분계선 (휴전선)이 설정되었습니다.

20 6·25 전쟁은 남한과 북한 모두에게 큰 피해를 남겼습니다.

점수	채점 기준
10점	정답 키워드 군인 / 민간인 / 죽다 / 다치다 / 이산가족 / 전쟁고아 / 국토 / 황폐 '많은 군인과 민간인이 죽거나 다쳤다.', '이산가족과 전쟁고아가 생겨났다.', '국토가 황폐해졌다.' 등의 내용을 정확히 씀.
5점	6·25 전쟁의 피해를 썼으나 구체적이지 않음.

153쪽 **서술형·논술형 문제**

1 (1) 모스크바 3국 외상 회의 (2) 안정될 때까지
(3) 예 선거가 가능한 남한 지역에서만 선거를 실시하기로 다시 결정했다.

2 (1) ㉢ (2) 예 대한민국 임시 정부를 계승했다. 헌법을 통해 대한민국은 민주 공화국이며 주권은 국민에게 있다고 밝혔다.

3 (1) 북한 (2) 예 38도선 근처에서 싸움을 계속하다가 1953년 7월에 정전 협정이 체결되었다.

1 1948년 5월 10일 남한만의 총선거가 실시되면서 제헌 국회가 구성되어 나라 이름을 '대한민국'으로 정하고 헌법을 제정했습니다.

점수		채점 기준
(1)	2점	'모스크바 3국 외상 회의'라고 정확히 씀.
(2)	2점	'안정될 때까지'에 ○표를 함.
(3)	6점	정답 키워드 남한 / 선거 / 실시 / 결정 '선거가 가능한 남한 지역에서만 선거를 실시하기로 다시 결정했다.' 등의 내용을 정확히 씀.

2 1948년 8월 15일 대한민국 정부 수립이 정식으로 선포되었습니다. 대한민국 정부의 탄생으로 일제의 지배에서 벗어나 독립 정부와 민주 공화국을 수립하게 되었습니다.

점수		채점 기준
(1)	3점	'㉢'이라고 정확히 씀.
(2)	7점	정답 키워드 임시 정부 / 계승 / 헌법 / 민주 공화국 / 주권 / 국민 '대한민국 임시 정부를 계승했다.', '헌법을 통해 대한민국은 민주 공화국이며 주권은 국민에게 있다고 밝혔다.' 등의 내용을 정확히 씀.

3 6·25 전쟁은 1950년 6월에 시작되어 1953년 7월에 마무리되었습니다.

점수		채점 기준
(1)	3점	'북한'이라고 정확히 씀.
(2)	7점	정답 키워드 38도선 근처 / 정전 협정 '38도선 근처에서 싸움을 계속하다가 1953년 7월에 정전 협정이 체결되었다.' 등의 내용을 정확히 씀.

부족한 답안	정전 협정이 체결되었다.

38도선 근처에서 싸움을 계속하다가 1953년 7월에
➡ 정전 협정이 체결되기 이전 38도선 인근에서 이루어졌던 밀고 밀리는 싸움까지 구체적으로 써야 정확한 답입니다.

 **꼼꼼 풀이집**

154~156쪽	2학기 총정리

01 ⑤ **2** (1) 근초고왕 (2) **예** 광개토대왕비를 세워 광개토대왕의 업적을 기념했다. 도읍을 평양으로 옮기고 영토 확장에 힘써 한강 유역을 차지했다. **3** ② **4** ⑤
5 ④ **6** ①, ② **7** 『직지심체요절』 **8** ③
9 ③ **10** (2) ○ **11** ① **12** (1) 경복궁 (2) **예** 백성을 수탈하고 세금을 면제받던 서원을 정리했다.
13 ② **14** ② **15** (1) 3·1 운동 (2) **예** 한국인의 독립 의지를 전 세계에 널리 알렸다. **16** ①
17 ⑤ **18** ⑤ **19** ②, ③ **20** 민규

01 고조선은 우리나라 최초의 국가로 신분제 사회였으며, 비파형 동검, 탁자식 고인돌 등으로 문화 범위를 짐작할 수 있습니다.

02 백제는 4세기 근초고왕 때, 고구려는 5세기 광개토대왕과 장수왕 때, 신라는 6세기 진흥왕 때 전성기를 맞았습니다.

점수		채점 기준
(1)	3점	'근초고왕'이라고 정확히 씀.
(2)	7점	**정답 키워드** 광개토대왕릉비 / 평양 / 한강 유역 '광개토대왕비를 세워 광개토대왕의 업적을 기념했다.', '도읍을 평양으로 옮기고 영토 확장에 힘써 한강 유역을 차지했다.' 등의 내용을 정확히 씀.

03 첨성대는 하늘의 해와 달, 별의 모습 등을 관찰하던 시설입니다. ① 가야금은 가야, ③ 무용총은 고구려, ④ 무령왕릉과 ⑤ 익산 미륵사지 석탑은 백제의 문화유산입니다.

04 당은 '바다 동쪽의 번성한 나라'라는 뜻으로 발해를 '해동성국'이라고 불렀습니다.

05 왕건은 호족과 공신을 견제하되 존중하면서 정치의 안정을 꾀했습니다. 결혼을 하면 힘으로 싸우지 않고 자신의 편을 많이 만들 수 있었습니다.

06 서희는 거란의 1차 침입 때 거란의 장수 소손녕과 담판을 벌여 거란을 물러나게 했고, 강감찬은 거란의 3차 침입 때 귀주 대첩에서 큰 승리를 거두었습니다.

07 『직지심체요절』은 유네스코 세계 기록 유산으로 등재되어 있습니다.

08 요동 정벌을 나섰던 이성계가 위화도에서 군대를 돌려 개경으로 돌아와 권력을 잡고 조선을 건국했습니다.

09 세종은 우리나라 하늘에서 일어나는 각종 천문 현상을 연구하고자 해와 달, 별의 움직임을 관찰할 수 있는 혼천의를 만들었습니다.

10 상민은 대부분 농사를 짓고 세금을 냈으며, 성인 남자 대부분은 군인으로서 나라를 지킬 의무가 있었습니다.

11 정조가 죽은 뒤에 왕실과 혼인 관계를 맺은 몇몇 가문이 권력을 독차지하는 세도 정치가 나타났습니다.

12 흥선 대원군은 개혁 정책을 통해 세도 정치의 문제점을 해결하고자 노력했으나, 임진왜란 때 불탔던 경복궁을 다시 지어 백성들의 원망을 듣기도 했습니다.

점수		채점 기준
(1)	3점	'경복궁'이라고 정확히 씀.
(2)	7점	**정답 키워드** 백성 / 수탈 / 세금 / 면제 / 서원 / 정리 '백성을 수탈하고 세금을 면제받던 서원을 정리했다.' 등의 내용을 정확히 씀.

13 김옥균 등 급진 개화파는 일본의 지원을 약속받고 갑신정변을 일으켰습니다.

14 안중근은 이토 히로부미를 처단한 후 체포되어 사형을 선고받아 뤼순 감옥에서 순국했습니다.

15 3·1 운동은 전 민족이 참여했던 최대 규모의 독립운동입니다.

점수		채점 기준
(1)	3점	'3·1 운동'에 ○표를 함.
(2)	7점	**정답 키워드** 한국인 / 독립 / 의지 '한국인의 독립 의지를 전 세계에 널리 알렸다.' 등의 내용을 정확히 씀.

16 김구는 한인 애국단을 조직해 이봉창과 윤봉길의 의거를 지휘했습니다.

17 일제는 1930년대 후반 침략 전쟁을 확대하면서 민족 말살 정책을 펼치고 물자와 인력을 수탈했습니다. 태형 제도와 헌병 경찰 제도는 1920년대 이후 일제의 식민 통치 방법이 변화하면서 폐지되었습니다.

18 모스크바 3국 외상 회의 내용이 국내에 전해지면서 신탁 통치를 찬성하는 사람들과 반대하는 사람들 사이에서 갈등이 발생했습니다.

19 헌법을 만드는 임무를 가지고 구성되어 제헌 국회라고 불렸습니다.

20 북한을 도와 전쟁에 개입했던 나라는 중국입니다.

과 학

1. 과학 탐구

159쪽	쪽지시험

01 예 탐구 문제 **02** 스스로 탐구할 수 있는

03 예 답 **04** 예 다르게 **05** 같게 **06** 예 반복

07 쉽습니다 **08** 가설 **09** 예 궁금한 점

10 더 탐구하고 싶은 내용

160~161쪽	단원평가

01 ① **02** ⑤ **03** ② **04** ㉠ **05** ②

06 ㉡ 다르게 해야 할 조건 ㉢ 같게 해야 할 조건

07 ① 예 반복 ② 예 정확한 **08** 자료 변환

09 예 실험 결과를 체계적으로 정리할 수 있다. 등

10 ③ **11** 나은 **12** ⑤

13 예 시청각 설명, 포스터, 시연 등

14 ④, ⑤ **15** ㉢, ㉡, ㉢, ㉠, ㉤, ㉣

01 탐구 과정 중 문제 인식이란 자연 현상을 관찰하며 생기는 의문을 탐구 문제로 분명하게 나타내는 탐구 기능입니다.

02 ①은 탐구 범위가 너무 넓고, ②와 ④는 스스로 탐구하기 어려우며, ③은 간단한 조사로 쉽게 답을 찾을 수 있기 때문에 탐구 문제로 적절하지 않습니다.

03 가설은 탐구 결과에 대해 미리 생각해 본 답을 의미합니다.

04 가설은 누구나 이해할 수 있도록 쉽고 간결하게 세워야 합니다.

05 가설에는 알아보려는 내용이 분명히 드러나기 때문에, '빨래를 펼쳐서 널면 더 잘 마를 것이다.'라는 가설을 보면 빨래를 어떻게 널면 더 잘 마를지를 탐구 문제로 정했다는 것을 알 수 있습니다.

06 실험을 계획할 때 탐구를 통해 알아내려는 조건은 다르게 하고, 그 이외의 조건은 모두 같게 해야 합니다. 은영이는 빨래를 어떻게 널면 빨래가 잘 마르는지를 알고 싶은 것이므로 빨래가 놓인 모양만 다르게 하여 실험을 해야 합니다.

07 실험을 여러 번 반복하면 보다 정확한 결과를 얻을 수 있습니다.

점수	채점 기준
10점	① '반복', ② '정확한'을 모두 정확히 씀.
5점	①과 ② 중 한 가지만 정확히 씀.

08 실험 결과를 표나 그래프의 형태로 바꾸어 나타내는 것을 자료 변환이라 합니다. 자료 변환을 하면 자료를 한눈에 비교하기가 쉽고, 실험 결과의 특징을 이해하기 쉽습니다.

09 자료를 표로 변환하여 가로줄과 세로줄로 만든 칸에 결괏값을 쓰면 많은 자료를 체계적으로 정리할 수 있습니다.

점수	채점 기준
10점	정답 키워드 실험 결과 / 체계적 / 정리 '실험 결과를 체계적으로 정리할 수 있다.' 등의 내용을 정확히 씀.
5점	표의 특징을 썼으나, 표현이 부족함.

10 자료 변환을 통해 표나 그래프 등으로 변환된 자료 사이의 관계나 규칙을 찾는 탐구 기능을 자료 해석이라고 합니다.

11 결론 도출은 가설이 맞는지 틀리는지 판단하여 탐구 문제의 결론을 내는 것이므로, 실험 결과가 가설과 다르다면 왜 가설과 다르게 나왔는지 원인을 찾거나 반복적으로 실험해서 정확한 결론을 도출해야 합니다.

12 탐구 결과 발표 자료에는 탐구 문제, 탐구한 사람, 탐구 시간과 장소, 준비물, 탐구 순서, 탐구 결과, 탐구를 통해 알게 된 것과 더 알아보고 싶은 것 등이 들어가야 합니다.

13 탐구 결과를 발표할 때는 시청각 설명, 포스터, 시연 등 결과를 효과적으로 전달할 수 있는 발표 방법을 정해야 합니다.

14 탐구한 내용 중 궁금한 점이나 더 탐구하고 싶은 내용을 새로운 탐구 문제로 정합니다. 멋진 주제, 쉬운 주제, 결론을 알고 있는 주제는 모든 문제 인식 과정에서 탐구 문제로 적절하지 않습니다.

15 과학 탐구는 탐구 문제 정하기(문제 인식), 가설 세우기(가설 설정), 실험 계획하기, 실험하기, 자료 변환과 자료 해석하기 그리고 결론 도출하기의 순서로 이루어집니다.

 꼼꼼 풀이집

2. 생물과 환경

01 생물 요소   **02** 예 비생물   **03** 분해자
04 먹이 사슬   **05** 예 균형   **06** 자연재해
07 예 물   **08** 햇빛   **09** 예 털색
10 생활 하수

| 164~166쪽 | | 단원평가 |

01 생태계 **02** ②   **03** ⑤   **04** ④
05 ① 분해자 ② 예 곰팡이, 세균, 버섯 등   **06** ③
07 ㉢   **08** 예 뱀 등   **09** ㈐   **10** ㉠
11 ㉢   **12** (1) 예 사람들의 무분별한 늑대 사냥
(2) 예 사슴의 수가 조절된다. 생태계 평형이 회복된다. 등
13 ㉠   **14** ㉢   **15** (1) 박쥐 (2) 예 초음파를 들을
수 있는 귀가 있다. 등 **16** ㉢   **17** ⑤   **18** ②
19 ④   **20** ①

01 생태계는 어떤 장소에서 생물과 생물을 둘러싸고 있는 환경이 서로 영향을 주고받는 것을 말합니다.

02 흙은 살아 있지 않은 비생물 요소입니다.

03 곰팡이는 주로 죽은 생물이나 생물의 배출물을 분해하여 양분을 얻습니다.

04 배추와 검정말은 생산자, 세균은 분해자입니다.

05 곰팡이, 세균, 버섯 등은 분해자입니다.

점수	채점 기준
8점	① '분해자', ② '곰팡이, 세균, 버섯' 등을 모두 정확히 씀.
4점	①과 ② 중 한 가지만 정확히 씀.

06 토끼풀은 스스로 양분을 만드는 생산자입니다.

07 생물 요소는 서로 먹고 먹히는 관계에 있습니다.

08 개구리, 다람쥐, 참새, 토끼를 잡아먹고, 매에게 잡아 먹히는 동물에는 뱀 등이 있습니다.

09 먹이 그물에서는 어느 한 종류의 먹이가 부족해지더라도 다른 먹이를 먹고 살 수 있기 때문에 여러 생물들이 함께 살아가기에 유리합니다.

10 먹이 사슬과 먹이 그물 모두 생물들의 먹고 먹히는 관계를 나타냅니다.

11 생태계 평형은 어떤 지역에 사는 생물의 종류와 수 또는 양이 균형을 이루며 안정된 상태를 유지하는 것입니다.

12 사람들의 무분별한 늑대 사냥으로 국립 공원의 생태계 평형이 깨어졌습니다.

점수		채점 기준
(1)	4점	'사람들의 무분별한 늑대 사냥'을 정확히 씀.
(2)	8점	정답 키워드 사슴의 수 / 조절 등 '사슴의 수가 조절된다.', '생태계 평형이 회복된다.' 등과 같이 내용을 정확히 씀.
	4점	국립 공원에 늑대를 다시 데려오게 되면 일어날 수 있는 일을 썼지만, 표현이 부족함.

13 햇빛이 잘 드는 곳에서 물을 준 콩나물이 가장 잘 자랍니다.

14 동물의 털갈이, 철새의 이동, 식물의 단풍 등에 영향을 주는 것은 온도입니다.

15 박쥐는 초음파를 들을 수 있는 귀가 있습니다.

점수		채점 기준
(1)	4점	'박쥐'를 정확히 씀.
(2)	8점	정답 키워드 초음파 / 귀 등 '초음파를 들을 수 있는 귀가 있다.' 등과 같이 내용을 정확히 씀.
	4점	박쥐가 어두운 동굴 환경에 적응한 특징을 썼지만, 표현이 부족함.

16 사막여우는 사막의 모래색과 털색이 비슷하여 적으로 부터 몸을 숨기거나 먹잇감에 접근하기 유리합니다.

17 부레옥잠은 물이 많은 환경에 적응했습니다.

18 자동차의 매연은 식물의 성장에 피해를 줍니다.

19 자원 재활용은 생태계를 보전하는 방법입니다.

20 나무를 심는 것은 생태계를 보전하는 방법입니다.

| 167쪽 | 서술형·논술형 문제 |

1 (1) ㉠ 생산자 ㉡ 분해자 (2) 예 죽은 생물과 배출물이 분해되지 않을 것이다. 등
2 (1) 예 햇빛 (2) 예 햇빛을 받은 콩나물은 떡잎의 색깔이 초록색이고, 그렇지 못한 것은 노란색이다.
3 (1) 다람쥐 (2) 예 다람쥐는 추운 환경에 적응하여 겨울잠을 잔다.
4 (1) 예 공기가 오염되는 것을 막을 수 있다. (2) 예 자원을 낭비하지 않을 수 있다.

1 생태계의 생물 요소는 양분을 얻는 방법에 따라 생산자, 소비자, 분해자로 분류할 수 있습니다.

점수		채점 기준
(1)	4점	㉠ '생산자', ㉡ '분해자'를 모두 정확히 씀.
	2점	㉠과 ㉡ 중 한 가지만 정확히 씀.
(2)	8점	🗝️정답 키워드 죽은 생물 / 배출물 / 분해되지 않는다 등 '죽은 생물과 배출물이 분해되지 않을 것이다.' 등과 같이 내용을 정확히 씀.
	4점	분해자가 사라진다면 생태계에서 일어날 수 있는 일을 썼지만, 표현이 부족함.

2

점수		채점 기준
(1)	4점	'햇빛'을 정확히 씀.
(2)	8점	🗝️정답 키워드 떡잎 / 초록색 등 '햇빛을 받은 콩나물은 떡잎의 색깔이 초록색이고, 그렇지 못한 것은 노란색이다.'와 같이 내용을 정확히 씀.
	4점	햇빛이 콩나물의 자람에 미치는 영향을 썼지만, 표현이 부족함.

3

점수		채점 기준
(1)	4점	'다람쥐'를 정확히 씀.
(2)	8점	🗝️정답 키워드 추운 환경 / 겨울잠 등 '다람쥐는 추운 환경에 적응하여 겨울잠을 잔다.'와 같이 내용을 정확히 씀.
	4점	다람쥐가 추운 환경에 어떻게 적응하였는지 썼지만, 표현이 부족함.

부족한 답안 (2) 다람쥐는 ~~적응하여~~ 겨울잠을 잔다.
추운 환경에

➡ 다람쥐가 어떤 환경에 적응하여 겨울잠을 자는지 써야 정확한 답입니다.

4

점수		채점 기준
(1)	6점	🗝️정답 키워드 공기 / 오염 / 막다 등 '공기가 오염되는 것을 막을 수 있다.'와 같이 내용을 정확히 씀.
	3점	'오염되는 것을 막을 수 있다.'와 같이 어떤 오염을 막을 수 있는지 정확하게 쓰지 못함.
(2)	6점	🗝️정답 키워드 자원 / 낭비하지 않다 등 '자원을 낭비하지 않을 수 있다.'와 같이 내용을 정확히 씀.
	3점	일회용품 사용을 줄였을 때 생태계를 보전하는 데 어떻게 도움이 되는지 썼지만, 표현이 부족함.

3. 날씨와 우리 생활

169쪽			쪽지시험
01 습도	**02** 습도계		**03** 높을, 낮을
04 이슬	**05** 응결	**06** 기압	**07** 고기압, 저기압
08 바람	**09** 낮	**10** 여름	

170~172쪽	단원평가

01 ㉠ 습구 온도계 ㉡ 건구 온도계　　**02** 65
03 ④　　**04** ③, ④　　**05** ㉡　　**06** ① 수증기
② 예 응결 **07** ㉡　　**08** ①　　**09** 비　　**10** ④
11 (1) ㉠ (2) 예 차가운 공기는 따뜻한 공기보다 일정한 부피에 공기 알갱이가 더 많기 때문이다.
12 ㉠ 고기압 ㉡ 저기압　　**13** 바다　　**14** ①
15 ㉢　　**16** (1) ㉡ (2) 예 밤에는 바다가 육지보다 온도가 높으므로 바다 위는 저기압, 육지 위는 고기압이 되어 육지에서 바다로 바람이 분다.　　**17** 예 공기 덩어리
18 ④　　**19** 여름　　**20** 열사병

01 습구 온도계는 액체샘을 헝겊으로 감싼 뒤 헝겊 아랫부분이 물에 잠기도록 한 온도계입니다. 건구 온도계는 액체샘을 헝겊으로 감싸지 않은 온도계입니다.

02 건구 온도가 28 ℃이고, 건구 온도와 습구 온도의 차가 5 ℃이므로, 습도표에서 28 ℃와 5 ℃가 만나는 지점을 찾으면 습도는 65 %입니다.

03 습도가 높을 때는 음식물이 부패하기 쉽습니다. 습도가 낮을 때는 빨래가 잘 마르고, 피부가 건조해지며 산불이 발생하기 쉽고, 감기와 같은 호흡기 질환이 생기기 쉽습니다.

04 ㉠의 집기병 표면에는 물방울이 맺히고, ㉡의 집기병 안은 뿌옇게 흐려집니다.

05 안개에 대한 설명입니다.

06 이슬과 안개는 수증기가 응결해서 나타나는 현상입니다.

점수	채점 기준
8점	① '수증기', ② '응결'을 모두 정확히 씀.
4점	①과 ② 중 한 가지만 정확히 씀.

07 둥근바닥 플라스크 아랫면에 작은 물방울이 생기고 이 물방울이 점점 커집니다.

08 둥근바닥 플라스크 아랫면에서 나타나는 현상은 자연에서 비를 나타냅니다.

09 비는 구름 속 작은 물방울이 합쳐지면서 무거워져 떨어지거나, 크기가 커진 얼음 알갱이가 무거워져 떨어지면서 녹은 것입니다.

10 공기의 무게 때문에 생기는 힘을 기압이라고 합니다.

11 부피가 일정할 경우 차가운 공기가 따뜻한 공기보다 무겁습니다.

점수		채점 기준
(1)	4점	'㉠'을 씀.
(2)	8점	정답 키워드 일정한 부피 / 많다 등 '차가운 공기는 따뜻한 공기보다 일정한 부피에 공기 알갱이가 더 많기 때문이다.' 등의 내용을 정확히 씀.
	4점	단순히 '차가운 공기가 따뜻한 공기보다 무겁기 때문이다.'라고만 씀.

12 공기는 고기압에서 저기압으로 이동합니다.

13 실험에서 모래는 육지, 물은 바다, 전등은 태양을 나타냅니다.

14 하루 동안 육지가 바다보다 더 빨리 데워지고 더 빨리 식습니다.

15 모래는 바닷물보다 빨리 데워지고 빨리 식습니다.

16 밤에는 육지에서 바다로 바람이 붑니다.

점수		채점 기준
(1)	4점	'㉡'을 씀.
(2)	8점	정답 키워드 온도 / 저기압 / 고기압 / 바람 '밤에는 바다가 육지보다 온도가 높으므로 바다 위는 저기압, 육지 위는 고기압이 되어 육지에서 바다로 바람이 분다.' 등의 내용을 정확히 씀.
	4점	온도와 기압 중 한 가지 내용만 관련지어 씀.

17 공기 덩어리는 그 지역의 온도나 습도와 비슷한 성질을 갖게 됩니다.

18~19 우리나라의 여름철에는 남동쪽 바다에서 이동해 오는 공기 덩어리의 영향으로 덥고 습합니다.

20 덥고 습한 날에 장시간 야외 활동을 할 경우 열사병이나 탈진이 올 수 있습니다.

173쪽	서술형 · 논술형 문제

1 (1) 높을 (2) 예 제습제를 사용한다. 마른 숯을 놓아둔다. 등

2 (1) ㉠ 예 작은 물방울이 맺힌다. ㉡ 예 뿌옇게 흐려진다. (2) 예 수증기가 응결한다.

3 (1) 육지 (2) 예 육지는 바다보다 빨리 데워지고 빨리 식지만, 바다는 육지보다 천천히 데워지고 천천히 식기 때문이다.

4 (1) 여름 (2) 예 남동쪽 바다에서 이동해 오는 공기 덩어리로 덥고 습하다.

1

점수		채점 기준
(1)	4점	'높을'이라고 정확히 씀.
(2)	8점	정답 키워드 제습제 / 마른 숯 등 예시 답안과 같이 내용을 정확히 씀.
	4점	습도를 낮추는 방법을 썼지만 표현이 부족함.

부족한 답안 (2) 제습제를 사용한다. 등
마른 숯을 놓아둔다.
➡ 습도가 높을 때 습도를 조절할 수 있는 방법 두 가지를 모두 써야 정확한 답입니다.

2

점수		채점 기준
(1)	8점	㉠에 '작은 물방울이 맺힌다.', ㉡에 '뿌옇게 흐려진다.'와 같이 내용을 정확히 씀.
	4점	㉠과 ㉡ 중 한 가지만 정확히 씀.
(2)	6점	정답 키워드 수증기 / 응결 예시 답안과 같이 내용을 정확히 씀.
	3점	'물방울이 생긴다.' 등과 같이 '응결'이란 용어를 쓰지 못함.

3

점수		채점 기준
(1)	4점	'육지'라고 정확히 씀.
(2)	8점	정답 키워드 육지 / 빨리 데워진다(식는다) / 바다 / 느리게 데워진다(식는다) 예시 답안과 같이 내용을 정확히 씀.
	4점	데워지고 식는 것 중 한 가지만 비교하여 씀.

4

점수		채점 기준
(1)	4점	'여름'이라고 정확히 씀.
(2)	8점	정답 키워드 남동쪽 바다 / 덥다 / 습하다 예시 답안과 같이 정확히 씀.
	4점	'덥다.' 또는 '습하다.' 등과 같이 공기 덩어리의 성질을 썼지만 표현이 부족함.

4. 물체의 운동

01 예 이동한 거리　　**02** 위치　　**03** 예 빠르기

04 예 이동하는 데 걸린 시간　　**05** 이동한 거리

06 나누어　　**07** 시간　　**08** 크다　　**09** 도로

10 예 횡단보도

01 ①　　**02** ④　　**03** 예리　　**04** ④　　**05** 빠르기

06 (1) ㉢, ㉣ (2) ㉠, ㉡　**07** ① 이선우 ② 예 짧을

08 김철수　**09** ㉡　　**10** ㉠　　**11** 시내버스

12 (1) ㉠ (2) 예 출발선에서 멀어질수록 같은 시간 동안 이동한 거리가 길기 때문이다.　　**13** ②　　**14** 자전거

15 (1) ㉠, ㉡ (2) ㉢　　**16** ④　　**17** ③　　**18** ④

19 ③　　**20** (1) 민지 (2) 예 신호등의 초록색 불이 켜지면 차가 오는지 확인하고 좌우를 살핀 후 건너야 한다.

01 시간이 지남에 따라 물체의 위치가 변하는 것을 물체의 운동이라고 합니다.

02 나무, 건물, 가로등, 정지한 자동차는 시간이 지나도 위치가 변하지 않습니다.

03 물체의 운동은 이동 거리와 걸린 시간을 함께 나타냅니다.

04 기차는 빠르기가 변하는 운동을 합니다.

05 물체의 빠르기는 물체의 움직임이 빠르고 느린 정도입니다.

06 회전목마와 대관람차는 빠르기가 일정한 운동을 하고, 롤러코스터, 바이킹은 빠르기가 변하는 운동을 합니다.

07

점수	채점 기준
8점	① '이선우', ② '짧을'을 모두 정확히 씀.
4점	①과 ② 중 한 가지만 정확히 씀.

08 결승선에 가장 먼저 도착하는 사람이 가장 빠릅니다.

09 결승선에 먼저 도착할수록 결승선까지 이동하는 데 걸린 시간이 짧으며, 빠르기가 빠릅니다.

10 결승선에 가장 마지막에 도착한 조희주는 결승선까지 수영하는 데 가장 긴 시간이 걸렸으며, 가장 느립니다.

11 같은 시간 동안 긴 거리를 이동할수록 더 빠릅니다.

12

점수		채점 기준
(1)	4점	'㉠'을 정확히 씀.
(2)	8점	🔑 정답 키워드 멀어질수록 / 이동 거리 / 길다 '출발선에서 멀어질수록 같은 시간 동안 이동한 거리가 길기 때문이다.' 등의 내용을 정확히 씀.
	4점	출발선에서부터의 거리와 빠르기의 관계를 썼으나, 표현이 부족함.

13~14 같은 시간 동안 긴 거리를 이동한 물체가 짧은 거리를 이동한 물체보다 더 빠릅니다.

15 속력이 크다는 것은 같은 시간 동안 더 긴 거리를, 같은 거리를 더 짧은 시간 동안 이동한다는 의미입니다.

16 속력은 이동 거리를 걸린 시간으로 나누어 구합니다.

17 시속 오 킬로미터는 오 킬로미터 매 시와 같은 의미이고, 5 km/h라고 씁니다.

18 트럭의 속력은 100 km ÷ 2h = 50 km/h이고, 버스의 속력은 360 km ÷ 3h = 120 km/h입니다.

19 과속 방지 턱은 자동차의 속력을 줄여서 사고를 예방합니다. 과속 단속 카메라는 자동차가 일정한 속력 이상으로 달리지 못하도록 제한하여 사고를 예방합니다. 안전띠는 긴급 상황에서 탑승자의 몸을 고정합니다.

20

점수		채점 기준
(1)	4점	'민지'를 정확히 씀.
(2)	8점	🔑 정답 키워드 차 / 확인 / 좌우 / 살핀 후 '신호등의 초록색 불이 켜지면 차가 오는지 확인하고 좌우를 살핀 후 건너야 한다.' 등의 내용을 정확히 씀.
	4점	'초록색 불이 켜지자마자 건너지 않는다.', '횡단보도에서 뛰지 않는다.'와 같이 내용이 부족함.

1 (1) 가로등 (2) 예 강아지는 1분 동안 1 m를 이동했고, 자전거는 1분 동안 6 m를 이동했다.

2 (1) 예 수영, 육상 경기, 카누, 봅슬레이 등
(2) 예 같은 거리를 이동하는 데 걸린 시간을 측정하여 빠르기를 비교한다.

3 (1) ㉠ 40 ㉡ 500 ㉢ 50 (2) 비행기, 예 속력이 클수록 더 빠르기 때문이다.

4 (1) 안전띠 (2) 예 긴급 상황에서 탑승자의 몸을 고정한다.

1 시간이 지남에 따라 물체의 위치가 변하는 것을 운동한다고 합니다. 물체의 운동은 이동하는 데 걸린 시간과 이동한 거리로 나타냅니다.

점수		채점 기준
(1)	4점	'가로등'을 씀.
(2)	8점	정답 키워드 1분 / 강아지 / 1 m / 자전거 / 6 m '강아지는 1분 동안 1 m를 이동했고, 자전거는 1분 동안 6 m를 이동했다.' 등의 내용을 정확히 씀.
	4점	강아지와 자전거 중 한 가지만 정확히 씀.

2 스피드 스케이팅과 조정은 출발선에서 동시에 출발해 결승선까지 도착하는 데 짧은 시간이 걸린 순서대로 순위를 정합니다.

점수		채점 기준
(1)	4점	'수영, 육상 경기, 카누, 봅슬레이' 등에서 한 가지를 정확히 씀.
(2)	8점	정답 키워드 같은 거리 / 걸린 시간 '같은 거리를 이동하는 데 걸린 시간을 측정하여 빠르기를 비교한다.' 등의 내용을 정확히 씀.
	4점	걸린 시간으로 비교함을 썼으나, 표현이 부족함.

부족한 답안 (2) 걸린 시간을 측정하여 비교한다.
같은 거리를 이동하는 데
➡ 같은 거리를 이동하는 물체의 빠르기를 비교하기 위해 걸린 시간을 측정한다는 것을 표현해야 더 정확한 답입니다.

3 결승선까지 이동하는 데 걸린 시간과 이동 거리가 모두 다른 물체의 빠르기는 속력을 구하여 비교할 수 있습니다.

점수		채점 기준
(1)	6점	㉠ '40', ㉡ '500', ㉢ '50'을 모두 정확히 씀.
(2)	6점	정답 키워드 비행기 / 속력이 크다 / 빠르다 '비행기'를 쓰고, '속력이 클수록 더 빠르기 때문이다.' 등의 내용을 정확히 씀.
	3점	비행기가 가장 빠른 물체임은 썼으나, 그 까닭에 대한 설명이 부족함.

4 안전띠는 긴급 상황에서 탑승자의 몸을 고정합니다.

점수		채점 기준
(1)	4점	'안전띠'를 씀.
(2)	8점	정답 키워드 긴급 상황 / 탑승자 / 고정 '긴급 상황에서 탑승자의 몸을 고정한다.' 등의 내용을 씀.
	4점	안전띠의 기능을 썼으나, 표현이 부족함.

5. 산과 염기

01 객관적   **02** 투명한가?   **03** 지시약   **04** 없을
05 예 변화가 없다.   **06** 산성   **07** 유리 세정제
08 빨랫비누 물   **09** 예 산성   **10** 예 염기성

01 (1) ㉠ (2) ㉢ (3) ㉠ (4) ㉡   **02** ①, ⑤   **03** 레몬즙
04 예 냄새   **05** 지시약   **06** ①
07 (1) 산성 (2) ① 붉은색 ② 예 변하지 않는다 **08** ②
09 (1) ㉠ (2) ㉡   **10** 염기성, 예 페놀프탈레인 용액의 색깔이 붉은색으로 변한다.   **11** ②, ④   **12** ②
13 ㉡   **14** ㉡, 예 약해지다가 **15** ①, ③   **16** ㉡
17 (1) 산성 (2) 예 대리암으로 만들어진 석탑은 산성 물질에 의해 녹아 훼손될 수 있다.   **18** ③, ④   **19** 다은
20 ㉠

01 묽은 수산화 나트륨 용액은 색깔과 냄새가 없고, 나머지는 색깔과 냄새가 있습니다. 레몬즙은 투명하지 않고, 나머지는 투명합니다.

02 분류 기준은 객관적이고 명확해야 합니다.

03 레몬즙은 연한 노란색의 용액입니다.

04 석회수와 묽은 수산화 나트륨 용액은 냄새가 나지 않습니다.

05 지시약은 어떤 용액에 닿았을 때 그 용액의 성질에 따라 색깔의 변화가 나타나는 물질입니다.

06 ②, ③, ④는 붉은색, ⑤는 푸른색이나 노란색으로 변합니다.

07 푸른색 리트머스 종이는 산성 용액에서 붉은색으로, 붉은색 리트머스 종이는 염기성 용액에서 푸른색으로 변합니다.

점수		채점 기준
(1)	4점	'산성'을 씀.
(2)	8점	① '붉은색', ② '변하지 않는다'를 모두 정확히 씀.
	4점	①과 ② 중 한 가지만 정확히 씀.

08 산성 용액은 붉은색 리트머스 종이의 색깔을 변하게 하지 않습니다.

09 붉은 양배추 지시약은 산성 용액에서 붉은색 계열로, 염기성 용액에서 푸른색이나 노란색 계열로 변합니다.

10

점수	채점 기준
8점	정답 키워드 염기성 / 붉은색 '염기성'을 쓰고, '페놀프탈레인 용액의 색깔이 붉은색으로 변한다.' 등의 내용을 정확히 씀.
4점	용액의 성질과 색깔 변화 중 한 가지만 정확히 씀.

11 산성 용액은 달걀 껍데기와 대리암 조각을 녹입니다.

12 달걀 껍데기는 묽은 염산에서 녹습니다.

13 산성 용액은 푸른색 리트머스 종이를 붉은색으로 변하게 합니다.

14 산성 용액에 염기성 용액을 계속 넣으면 산성이 점점 약해지다가 염기성으로 변합니다.

15 염기성 용액에 산성 용액을 계속 넣어주면 염기성이 점점 약해집니다.

16 붉은 양배추 지시약이 붉은색으로 변한 ㉠은 산성, 푸른색으로 변한 ㉡은 염기성입니다. ㉢을 계속 넣어주고 난 뒤에는 모두 노란색으로 변했으므로 ㉢은 염기성입니다.

17

점수		채점 기준
(1)	4점	'산성'을 정확히 씀.
(2)	8점	정답 키워드 대리암 / 산성 / 녹다 / 훼손 '대리암으로 만들어진 석탑은 산성 물질에 의해 녹아 훼손될 수 있다.' 등의 내용을 씀.
	4점	대리암과 관련지어 설명하지 못함.

18 식초와 변기용 세제는 산성 용액이고, 제산제와 욕실용 세제는 염기성 용액입니다.

19 변기용 세제는 산성, 하수구 세척액은 염기성입니다.

20 염기성인 제산제는 산성인 위액으로 인해 속이 쓰린 것을 줄입니다.

185쪽 **서술형·논술형 문제**

1 (1) 예 지시약 (2) 예 눈으로 쉽게 구분하기 어려운 색깔이 없는 용액을 분류할 때 지시약을 사용한다. 등
2 (1) 레몬즙 (2) ㉡, 예 석회수는 염기성 용액이므로 페놀프탈레인 용액을 붉은색으로 변하게 만들기 때문이다.
3 (1) ㉠ (2) 예 염기성 용액에 산성 용액을 계속 넣으면 염기성은 점점 약해지고 산성으로 변하기 때문이다.
4 (1) 염기성 (2) 예 산성 용액인 염산에 염기성인 소석회를 뿌리면 산성이 점차 약해지기 때문이다.

1 지시약의 색깔 변화를 통해 용액의 성질을 쉽게 알 수 있습니다.

점수		채점 기준
(1)	4점	'지시약'을 정확히 씀.
(2)	8점	정답 키워드 색깔이 없는 / 눈으로 구분되지 않다 등 '눈으로 쉽게 구분하기 어려운 색깔이 없는 용액을 분류할 때 지시약을 사용한다.' 등의 내용을 씀.
	4점	겉으로 보이는 성질을 관찰하여 분류할 때의 어려움을 표현하지 못함.

2 염기성 용액은 붉은색 리트머스 종이, 붉은 양배추 지시약, BTB 용액을 푸른색으로 변하게 하고, 페놀프탈레인 용액을 붉은색으로 변하게 합니다.

점수		채점 기준
(1)	4점	'레몬즙'에 ○표를 함.
(2)	8점	정답 키워드 염기성 / 페놀프탈레인 용액 / 붉은색 등 '㉡'을 쓰고, '석회수는 염기성 용액이므로 페놀프탈레인 용액을 붉은색으로 변하게 만들기 때문이다.' 등의 내용을 씀.
	4점	석회수의 성질은 썼으나, 지시약의 색깔 변화에 대한 설명이 부족함.

3

점수		채점 기준
(1)	4점	'㉠'을 씀.
(2)	8점	정답 키워드 염기성 / 약해지다 / 산성 / 변하다 '염기성 용액에 산성 용액을 계속 넣으면 염기성은 점점 약해지고 산성으로 변하기 때문이다.' 등의 내용을 정확히 씀.
	4점	염기성이 약해지고 산성으로 변하는 것에 대한 설명이 부족함.

4 염기성인 소석회는 염산의 산성을 점차 약하게 합니다.

점수		채점 기준
(1)	4점	'염기성'을 씀.
(2)	8점	정답 키워드 소석회 / 염기성 / 약해지다 '산성 용액인 염산에 염기성인 소석회를 뿌리면 산성이 점차 약해지기 때문이다.' 등의 내용을 씀.
	4점	염기성이 산성을 약하게 한다는 내용이 부족함.

부족한 답안 (2) 산성이 약해지기 때문이다.
산성인 염산에 염기성인 소석회를 뿌리면
➡ 염기성인 소석회를 뿌려주었기 때문에 산성이 약해진다는 것을 표현해야 더 정확한 답입니다.

01 ㉢　　**02** ①　　**03** ②　　**04** 생태계 평형
05 (1) 예 건조하다. 등 (2) 예 굵은 줄기와 가시 모양의 잎을 통해 건조한 환경에서 살아가기 유리하게 적응되었다.
06 예 대기 오염, 수질 오염, 토양 오염 등　　**07** 79
08 ㉢　　**09** (1) ㉠ (2) 예 같은 부피일 때 차가운 공기가 따뜻한 공기보다 무겁기 때문이다.　**10** 은수
11 ②　　**12** ②　　**13** ③　　**14** ㉠ 예 걸린 시간
㉡ 예 이동한 거리　　**15** ⑷, 예 일정한 시간 동안 가장 긴 거리를 이동했기 때문이다.　　**16** ㉢　　**17** ②, ⑤
18 ④　　**19** 약해　　**20** ③

01 ㉠은 간단한 조사로 답을 찾을 수 있고, ㉡은 식물의 범위가 너무 넓어 탐구 문제로 적절하지 않습니다.

02 돌은 비생물 요소이고, 참새, 세균, 잠자리, 곰팡이는 모두 생물 요소입니다.

03 양분을 얻는 방법에 따라 생물 요소를 생산자, 소비자, 분해자로 분류합니다.

04 생태계 평형은 어떤 지역에 사는 생물의 종류와 수 또는 양이 균형을 이루며 안정된 상태를 유지하는 것입니다. 특정 생물의 수나 양이 갑자기 늘어나거나 줄어들면 생태계 평형이 깨어지기도 합니다.

05 선인장은 생김새를 통해 건조한 환경에 적응하였습니다.

점수		채점 기준
(1)	4점	'건조하다.' 등을 정확히 씀.
(2)	8점	🔑 정답 키워드 굵은 줄기 / 가시 모양의 잎 / 건조한 환경 등 '굵은 줄기와 가시 모양의 잎을 통해 건조한 환경에서 살아가기 유리하게 적응되었다.'와 같이 내용을 정확히 씀.
	4점	선인장이 건조한 환경에 적응하기 위해 갖게 된 생김새를 썼지만, 표현이 부족함.

06 우리 주변의 환경 오염의 형태는 다양합니다.

07 건구 온도가 14 ℃, 건구 온도와 습구 온도의 차가 2 ℃일 때, 습도는 79 %입니다.

08 구름은 액체(작은 물방울)나 고체(얼음 알갱이)로 이루어져 있습니다.

09 같은 부피일 때 차가운 공기가 따뜻한 공기보다 무겁습니다.

점수		채점 기준
(1)	4점	'㉠'을 정확히 씀.
(2)	8점	🔑 정답 키워드 같은 부피 / 차가운 공기 / 따뜻한 공기 / 무겁다 등 '같은 부피일 때 차가운 공기가 따뜻한 공기보다 무겁기 때문이다.'와 같이 내용을 정확히 씀.
	4점	차가운 공기가 더 무겁다고 생각한 까닭을 썼지만, 표현이 부족함.

10 겨울에는 북서쪽 대륙에서 이동해 오는 춥고 건조한 공기 덩어리의 영향을 받습니다.

11 자동길은 빠르기가 일정한 운동을 합니다.

12 축구는 골대에 공을 넣어 점수를 얻는 경기입니다.

13 ㉠ 자동차는 ㉡ 자동차보다 느리고, ㉢ 자동차보다 빠르게 운동하였습니다.

14 일정한 거리를 이동한 물체의 빠르기는 물체가 이동하는 데 걸린 시간으로 비교하고, 일정한 시간 동안 이동한 물체의 빠르기는 물체가 이동한 거리로 비교합니다.

15 일정한 시간 동안 가장 긴 거리를 이동한 동물은 타조이고, 가장 짧은 거리를 이동한 동물은 토끼입니다.

점수	채점 기준
8점	🔑 정답 키워드 일정한 시간 / 가장 긴 거리 등 '⑷'를 정확히 쓰고, '일정한 시간 동안 가장 긴 거리를 이동했기 때문이다.'와 같이 내용을 정확히 씀.
4점	'⑷'를 정확히 썼지만, '가장 긴 거리를 이동했기 때문이다.'와 같이 일정한 시간 동안 이동했다는 표현은 쓰지 못함.

16 묽은 수산화 나트륨 용액은 색깔과 냄새, 기포가 없는 용액입니다.

17 붉은색 리트머스 종이를 푸른색으로 변하게 하는 것은 염기성 용액입니다. 식초, 탄산수, 묽은 염산은 산성 용액으로 붉은색 리트머스 종이에 묻혔을 때 색깔이 변하지 않습니다.

18 묽은 염산에 대리암 조각을 넣으면 대리암 조각의 표면에서 기포가 발생하며 녹습니다.

19 산성 용액에 염기성 용액을 넣을수록 산성이 점점 약해집니다.

20 식초는 산성 용액이고, 제산제, 유리 세정제, 욕실용 세제, 하수구 세척액은 염기성 용액입니다.

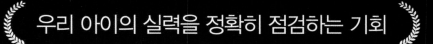
우리 아이의 실력을 정확히 점검하는 기회

40년의 역사
전국 초·중학생 213만 명의 선택

HME 학력평가
해법수학 · 해법국어

| 응시 학년 | 수학 \| 초등 1학년 ~ 중학 3학년 |
| | 국어 \| 초등 1학년 ~ 초등 6학년 |

| 응시 횟수 | 수학 \| 연 2회 (6월 / 11월) |
| | 국어 \| 연 1회 (11월) |

주최 **천재교육** \| 주관 **한국학력평가 인증연구소** \| 후원 **서울교육대학교**

*응시 날짜는 변동될 수 있으며, 더 자세한 내용은 HME 홈페이지에서 확인 바랍니다.

정답은
이안에
있어!

배움으로 행복한 내일을 꿈꾸는
천재교육 커뮤니티 안내 . . .

교재 안내부터 구매까지 한 번에!
천재교육 홈페이지

자사가 발행하는 참고서, 교과서에 대한 소개는 물론
도서 구매도 할 수 있습니다. 회원에게 지급되는 별을 모아
다양한 상품 응모에도 도전해 보세요!

다양한 교육 꿀팁에 깜짝 이벤트는 덤!
천재교육 인스타그램

천재교육의 새롭고 중요한 소식을 가장 먼저 접하고 싶다면?
천재교육 인스타그램 팔로우가 필수!
깜짝 이벤트도 수시로 진행되니 놓치지 마세요!

수업이 편리해지는
천재교육 ACA 사이트

오직 선생님만을 위한, 천재교육 모든 교재에 대한 정보가 담긴
아카 사이트에서는 다양한 수업자료 및 부가 자료는 물론
시험 출제에 필요한 문제도 다운로드하실 수 있습니다.

https://aca.chunjae.co.kr

천재교육을 사랑하는 샘들의 모임
천사샘

학원 강사, 공부방 선생님이시라면 누구나 가입할 수 있는 천사샘!
교재 개발 및 평가를 통해 교재 검토진으로 참여할 수 있는 기회는 물론
다양한 교사용 교재 증정 이벤트가 선생님을 기다립니다.

아이와 함께 성장하는 학부모들의 모임공간
튠맘 학습연구소

튠맘 학습연구소는 초·중등 학부모를 대상으로 다양한 이벤트와 함께
교재 리뷰 및 학습 정보를 제공하는 네이버 카페입니다.
초등학생, 중학생 자녀를 둔 학부모님이라면 튠맘 학습연구소로 오세요!